家からみる江戸大名

毛利家
萩藩

根本みなみ

吉川弘文館

企画編集委員

野口朋隆

兼平賢治

刊行のことば

現在、日本の行政区分は四十七の都道府県にわかれているが、各地ではそれぞれの行事や祭礼が行われ、方言が残り、また食文化に違いがあるなど、いまだ独自の地域文化が残っており、これが豊かな現代日本を形成している。こうした地域社会独自の在り方において、特に大きな影響を与えたのが、泰平の世が約二百六十年以上に渡って続いた江戸時代だったのではないだろうか。江戸時代の日本列島は、現代よりもさらに細かい陸奥国や武蔵国といった旧国六十六州にわかれ、さらに大部分が将軍のお膝元である江戸を中心とした幕府の領地や、大名の領地である藩であった。細かく言えば、さらに朝廷や寺社の領地など、支配者である領主の違いによる様々な区分があった。いずれにせよ江戸時代の地域には様々な歴史や背景が異なる領主がおり、これによる支配が行われたのである。

本シリーズでは、こうした領主の中でも、江戸幕府を開いた徳川家や地域において大きな領主であった藩・大名家を取り上げる。現代日本において、徳川家は小学校社会科の教育課程から必ず学び、東京はまさに徳川家の城下町であり、世界でも有数の都市として発展した歴史を持っている。また、たとえば岩手県の南部鉄器や佐賀県の伊万里焼、徳島県の藍染めなど、大名家によって保護され、現在まで伝えられている地域独自の殖産興業は枚挙にいとまがない。これらは江戸時代の長きに渡り、領主や住民である領民、さらには時に外部の者によって、積み重ねられていった歴史や文化であり、他の地域には見られない独自の地域を形成する大きな土台となっている。本シリーズでは、こうした地域独自の在り方に注目して、徳川家や大名家をみていくことで、より豊かな江戸時代の日本を描いていくことにしたい。

また本シリーズのタイトルは「家からみる」としている。「江戸幕府」や「藩」は、そもそも当時一般的に使われていた用語ではなく、江戸幕府であれば「公儀」「公辺」「柳営」などと呼ばれ、藩もまた江戸時代後期以降に一般化したものであり、明治四年の廃藩置県によって正式に使用され、地域においては藩もまた「公儀」と称された。少なくとも、江戸時代が始まった前期から中期にかけては、これらの政治組織は当時どのように称されていたのかというと、「家」や「御家」であった。少なくとも、江戸時代が始まった前期から中期にかけては、米沢藩よりも上杉家、薩摩藩士よりも島津家中といった方が一般的であった。徳川家では少なくとも十五世紀に遡って史料上活動が確認でき、右の上杉家や島津家さらに京極家など、中世において守護大名の系譜を引く大名家もいれば、金沢前田家や備前岡山池田家といった織田信長や豊臣秀吉に家臣として仕えて大名として取り立てられた織豊系大名など、もともと「家」が基盤にあり、これが江戸大名へと続いているのである。この中にはもともと徳川の家臣だった彦根井伊家などの譜代大名も含まれる。

日本における「家」が平安時代、藤原氏など貴族の「家」や、「兵の家」と呼ばれた源氏や平氏などの武家において誕生して以来、一部を除き、人々は「家」に属することが一般的になった。「家」は、家長（当主）を頂点として、家名、家産、家業の永続を図る世代を越えた組織であり、家長が祖先崇拝を担い、本分家という同族と婚姻による親類を軸として、非血縁の家臣・奉公人をも包み込んだ社会集団であった。江戸時代、武家をはじめとした諸身分の社会的基盤は「家」であり、現代に至るまで日本の社会に大きな影響を与えている。本シリーズでは、こうした側面から徳川家や大名家をみてみることで、江戸時代の領主とはどのような歴史的性格であったのかを従来とは異なる視角からとらえていくことを目指している。さらに、こうした「家」的支配の在り方は、日本に限られたことではない。同時代、たとえば、中央アジアから西アジアにはオスマン帝国を創建したオスマン家がスルタンを名乗りカリフの宗教的権威も兼ねて統治をしていたし、ヨーロッパでもハプスブルク家がドイツ・オーストリアを中心に広くヨーロッパを支配していた。もちろん、これらの「家」は組織形態も構成員等も異なるものであるが、当主と妻をはじめとした親族組織を中核とする「家」は世界史でもみられ、とりわけ前近代においては特徴的な支配形態であった。こうした点を踏まえて各帝国・王国などの「家」を比較していくことで、世界史レベルでの各国史の特徴を明らかにしていくことも可能となる。ただし、本シリーズではまず日本の江戸時代における「家」の特質や新しい側面を徳川家や各大名家の個性にも着目しながら明らかにしていくことを目指し、こうした点も視野に入れているという点に留めて、今後の課題としていきたい。

二〇二三年三月

野口朋隆
兼平賢治

目次

コラム

プロローグ——毛利家の二百年

江戸時代を生き抜く

毛利《もうり》という名字の由来となった土地は、中国地方ではなく、相模国（現在の神奈川県）にある毛利荘という場所である。大江広元《おおえのひろもと》の四男である季光《すえみつ》がこの土地の名をとって毛利と称し、その子孫たちは毛利荘を離れ、越後国を経て、安芸国に土着した後も毛利を称し続けた。これが安芸毛利氏である。そして、この安芸毛利氏から毛利元就が出て、その孫である毛利輝元《てるもと》は関ヶ原合戦で西軍の総大将を務めた。その結果、毛利家は防長二ヵ国に減封され、萩に居城を構え、幕末に山口へ移転するまで同地にとどまった。今日「長州藩」や「萩藩」として知られるこの大名家から吉田松陰《よしだしょういん》や高杉晋作《たかすぎしんさく》といった多くの志士たちが生まれ、萩藩毛利家自体も幕末期の動乱のなかで中心的な役割を果たしていく。

このように萩藩毛利家というと、関ヶ原合戦での動向や幕末、明治維新期の活躍などを通じて比較的多くの人に知られた大名家ではないだろうか。一方、関ヶ原の敗戦から幕末までの二百年以上、萩藩毛利家は徳川政権下の一員としてどのように江戸時代を生き抜いたのだろうか。本書では、この二百年に光を当ててみたい。

徳川政権下で生き抜いていくため、萩藩毛利家はさまざまな手段を用いた。将軍家やその一門との縁組を通じて縁戚の地位を獲得したことをはじめ、有力者への働きかけも積極的に行った。そのなかには、老中首座の松平定信《まつだいらさだのぶ》もいた。しかし、こうした行動に抵抗がなかったわけではない。九代藩主斉房《なりふさ》は家臣たちが徳川家康《とくがわいえやす》を「権現様」とは呼ばず「家康公」と呼ぶことを諌めている。また、和智東郊《わちとうこう》（明和二年〈一七六五〉没）によれば、関ヶ原合戦の戦勝日である十五日の式日に上下《かみしも》を着用するようになったのは五代藩主吉元《よしもと》の代からであるとされ、関ヶ原の敗戦以降も、萩藩毛利家の人々のなかには複雑な感情があったことをうかがわせる。

同時に、徳川政権下における一大名となる以前の萩藩毛利家の歴史も強固に意識された。特に中国十ヵ国を制し、毛利家の最盛期を作り上げた元就は、江戸時代を通じて崇敬の対象とされ、藩政改革などさまざまな場面で積極的に言及された。

その裏で、系譜問題や分家の独立運動など、分家も含めた毛利家全体の問題も江戸時代を通じて根深く残り続けた。分家に対する本家という立場から、萩藩毛利家はこうした分家の動向にも注意を払う必要があった。

本巻のねらい

そこで本書では、毛利家の「家」の歴史について、単に萩藩の通史として描くのではなく、「家」の存続を目指す数々の取り組み、平たく言えば、徳川政権下の一員として、鎌倉時代以来の歴史を持つ名家として、分家に対する本家として、萩藩毛利家がいかに江戸時代を生き抜いたのかという視点からみていくこととしたい。

中世以来の名家である毛利家は本拠地である相模国を離れ、越後国を経由し、安芸国に至った。安芸国を本拠地とする時代に毛利家の勢力を拡大したのが、毛利元就である。しかし、最盛期に中国十ヵ国に及んだ領地は関ヶ原の敗戦によって防長二ヵ国にまで削減された。こうした経緯から毛利家にとっての十七世紀は、どのようにして徳川家を中心とした新たな政治秩序に適応していくかが積極的に模索された時代であった。このなかでは、縁組や後見を通じて、有力者からの庇護を受け、大名・家臣双方が毛利家の存続と幕藩体制下での安定的地位の獲得を目指していった。一方で、江戸時代を通じて毛利家を悩ませる本分家関係をめぐる争論の芽も、この時期に誕生していた。

十八世紀の毛利家は輝元以来の正統が絶え、五代藩主吉元、七代藩主重就《しげたか》という二人の分家出身の藩主が誕生した。特に綱広《つなひろ》の血筋への回帰に向けた中継ぎとして家督を相続した重就は、毛利家の回帰すべき過去、すなわち

図1　萩城跡

「藩祖」としての毛利元就へ着目したという点で大きな意味を持っている。その一方で、この時期には毛利家の家格の衰えを回復しようという動向が顕著になり、結果として、十九世紀の混乱を生み出す背景になったという点も見逃せないであろう。

十九世紀の毛利家は、幕末期の動向が広く知られるところであるが、その前段階をみていくと、十八世紀後半から続いた「家」の格式上昇を狙った有力者との縁組が、将軍家斉《いえなり》の娘である和姫《かずひめ》との婚姻という形で結実している。この縁組によって毛利家は官位の昇進をはじめとする数々の「美目」に恵まれることとなるが、その裏では大名家の格式上昇や名誉を求める動向が家臣や領民の生活を圧迫していたことは、「皮騒動」とも呼ばれる天保二年大一揆の発生からもわかる。幕藩体制下での大名家の栄誉の追求と家臣や領民も含めた共同体としての安定をどのように両立していくのか。こうした課題に直面するなかで、相次ぐ藩主の死去によって、急遽家督を相続したのが、十三代藩主の敬親《たかちか》である。

一般的に毛利家といえば、「関ヶ原の敗戦」と「幕末維新期の尊王攘夷・討幕運動の中心」というイメージが強く、むしろこの二つをつなげて考えようとする向きもあるように見える。しかし、実際には「関ヶ原の敗戦」から「幕末維新期の尊王攘夷・討幕運動の中心」となる間には徳川家を中心とする幕藩体制を構成する一大名として生きた歴史が確かに存在しているのであり、本書ではあえて江戸時代を生きた一大名としての萩藩毛利家の「家」の歴史を描いてみたい。

一 中世から近世へ

毛利元就・隆元・輝元・秀就

1 国人領主の盟主として

毛利家の歴史

まず毛利家の始まりについてみていく。図2で示したように、毛利氏は鎌倉幕府の重臣大江広元の四男である季光から始まる。季光は相模国毛利荘を本拠地としたことから、毛利を称するようになった。しかし、宝治元年（一二四七）、三浦合戦において毛利氏は越後国へ出向いていた季光の四男経光《つねみつ》を残し、その多くが討ち死にしてしまった。以降、残された経光は本拠地である毛利荘の地頭職は奪われたものの、越後国佐橋荘《さばしのしょう》と安芸国吉田荘《よしだのしょう》の地頭職を保証され、以降越後国佐橋荘を本拠地とした。その後、経光は文永七年（一二七〇）に長男基親《もとちか》には同荘北条と一族を統轄する惣領職を与え、四男の時親《ときちか》には経光の居館がある同荘南条および安芸国吉田荘の地頭職を与えた（河合正治、一九八四）。

越後国を本拠地としていた期間には安芸国には一族を交代で代官として派遣していたが、建武三年（一三三六）、時親は本拠地を安芸国へと移し、越後の毛利氏とは次第に疎遠になり、安芸国における在地性を強めていった。以降、貞親《さだちか》―親衡《ちかひら》―元春《もとはる》―広房《ひろふさ》―光房《みつふさ》―熙元《ひろもと》―豊元《とよもと》と続くが、親衡・元春父子は南北朝の動乱に巻き込まれながら、激しい対立を続けた。この対立は親衡の死後も元春の弟たちに引き継がれた。こうした争いは康暦三年（一三八一）

図2　毛利家歴代正統系図

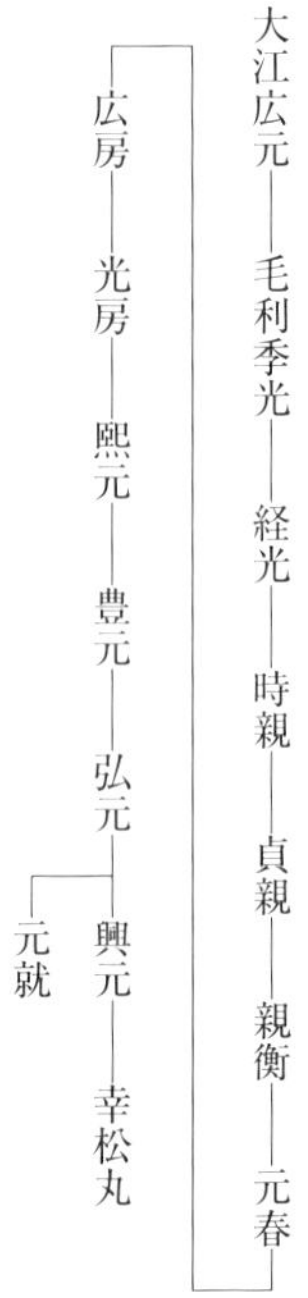

に元春が所領の分割譲与を行ったことで、一応の決着がついた。また、この時の元春の所領譲与により、吉田荘を本拠地とする惣領家と麻原・福原《ふくばら》・中馬・河本・坂の庶子家が形成された。このうち、惣領家が後の萩藩毛利家につながっていく。

しかし、惣領家がほかの庶子家に対して無条件に優位性を保ち続けたわけではない。庶子家の所領は惣領家の分割地である以上、惣領家が幕府から軍役などを課された際には庶子家がそれを分担することが求められたが、毛利家の場合、庶子家のなかでも有力であった麻原、坂氏らが惣領家からの軍役負担の求めを拒否する動きを見せている。こうした対立は、応仁の乱のなかで惣領である豊元が有力庶子家の福原氏・坂氏を惣領家の味方に取り込み、麻原氏を一族から追放したことで、終結した。しかし、豊元も文明八年（一四七六）に三十三歳で死去し、嫡男の弘元《ひろもと》が九歳で家督を相続した。この弘元の次男が元《もと》就《なり》である。

毛利元就の登場

毛利元就および毛利家の動向については、すでに多くの研究成果が蓄積されている。ここでは、これらの成果に学びながら、後の近世大名としての萩藩毛利家とのかかわりを見ていく上で重要となる部分を確認しておきたい。

室町幕府内部の権力争いに伴い、安芸国国人領主たちもその対応を迫られるなかで、安芸国国人一揆が形成され、毛利家もその一員として名を連ね、次第に存在感を増していくことになるが、それでも大内《おおうち》氏・尼子《あまこ》氏といった有力大名に囲まれた一国人領主であるという点に変わりはない。こうした情勢のなかで、毛利元就は毛利弘元の次男として明応六年（一四九七）に生まれた。生母は兄興元《おきもと》と同じ福原氏であり、幼名は松寿丸《しょうじゅまる》と称した。元就の父弘元は同九年に嫡男の興元に家督を譲ると、四歳の松寿丸を連れ、猿掛の多治比城へ隠居した。この後、弘元は永正三年（一五〇六）に三十九歳で死去し、その隠居領である多治比は松寿丸、つまり元就に譲られた。しかし、兄であり、毛利家の惣領である興元が大内氏に従い上京していたという状況もあり、本来は元就に譲られるはずであった弘元の隠居領三百貫は後見人であった井上元盛に横領されてしまった。この後、元盛の急死によって多治比三百貫は元就のもとに戻されたが、この時点では元就の立場はあくまでも惣領のもとに属する分家という立場であった。

同十三年、兄の興元が二十四歳で死去する。元就によれば、酒害によるものであったという。しかし、そのまま家督が元就の元に来たわけではなく、興元と有力国人領主の高橋氏との間に生まれた幸松丸《こうまつまる》がわずか二歳で家督を相続した。そして、大永三年（一五二三）に幸松丸が早世したことにより、元就が毛利家本家の家督を相続した。この時、元就は二十七歳であった。また、元就の本家家督相続を求めて連署した家は近世に至っても「連判」として元就との各別の由緒を持つ存在と位置づけられた（本書四章）。

当時の毛利家は大内氏・尼子氏といった有力大名の間にあり、その時々の情勢を見極め、去就を判断することが求められる、非常に困難な立場であった。元就も家督相続後の大永五年に尼子方から大内方へと転じている。享禄二年（一五二九）には兄興元の正室の実家である高橋氏を尼子方に与したとして攻め滅ぼし、大内氏からその遺領を与えられた。また、天文十二年（一五四三）には大内義隆《よしたか》に従い月山富田城の尼子晴久《はるひさ》を攻撃している。このように大内氏の麾下《きか》としての立場を強化していく一方、同十九年ころから大内氏内部の不穏な動きに伴い、毛利家の周囲を強化する動きへと変化していく。

図３　毛利元就　毛利博物館所蔵

話はさかのぼるが、元就が本家の家督を相続するにあたり、一門・譜代重臣十五名が連署しているが、この十五名の内、五名が井上を名乗っている（毛利家文書四〇一）。これらの井上一族を統轄する惣領の地位にあったのが、井上元兼《もとかね》であった。井上氏は安芸山県荘の国人と考えられ、毛利熙元代に毛利家と婚姻を結び、毛利家にとっては親類的位置づけにあった。明応八年には惣領の元兼が毛利弘元に対して、近習並の奉公を誓う起請文を提出していることから、この時期には親類的地位から家臣としての位置づけに変化したと考えられる（毛利家文書一六五）。しかし、井上氏は先述したように元就の惣領家相続に際し、一族から五名が連署して存在感を示したほか、本領以外にも多数の代官職などを含め莫大な経済力を持ち、元就にとっても看過できない存在となっていた。このため、元就は天文十九年、井上元兼を惣領とする井上一族三十名あまりを誅罰し、井上惣領家の家督を元兼の弟であり、元就の妹を正室としていた元光《もとみつ》に相続させた。さらにこの一件の後、福原貞俊《ふくばらさだとし》をはじめとする家中二百三十八人が連署の起請文を元就と嫡男の隆元《たかもと》に提出し、今回の井上一族に対する処断の正当性を受け入れ、今後は元就の下知に従うことを誓約した（松浦義則、一九八〇）。

一方、同二十年には陶隆房《すえたかふさ》が山口へ攻め入り、主君の大内義隆父子を自刃に追い込むとともに、豊後大友義鎮《よししげ》の異母弟晴英《はるひで》（義長《よしなが》）を擁立した。しかし、同二十二年、津和野の吉見《よしみ》正頼《まさより》が大内義隆の仇を討つとして、陶氏討伐の兵を挙げた。陶氏方からも反陶氏方からも協力の要請を受ける中、同二十三年、元就・隆元は陶氏討伐の挙兵を行い、弘治元年（一五五五）の厳島合戦において陶氏を討伐し、同三年大内義長を自刃させ、大内氏を滅ぼした。さらに永禄五年（一五六二）に出雲へ侵攻し、同九年に尼子氏を滅亡させた。付言すれば、尼子氏自体は佐々木と称し、毛利家家臣として存続している。結果として、毛利家の領国は急速に拡大し、芸・備・防・長・石・雲など六ヵ国以上に及び、大内・尼子両氏の旧臣も含む出自の異なる多様な家臣団を抱えることになった。

このように弘治年間の末から永禄年間にかけ、元就のもとで、毛利家は大内・尼子といった有力大名の間にあった安芸国の一国人領主から中国十ヵ国とも呼ばれる広大な領地を治める大名へと急速に変化した。こうした経緯から、元就は近世を通じて「太祖」、つまり大名家としての毛利家の基盤を確立した存在として、先祖のなかでも特に崇敬を集めることになる。

さらに、元就は京都朝廷へも接近している。永禄三年正月、延期されていた正親町《おおぎまち》天皇の即位式が毛利家の支援を受けて挙行された。この功績に対して、同年二月十二日付で正親町天皇は元就・隆元父子に対して感謝の綸旨を出すとともに、元就を陸奥守、隆元を大膳大夫に任じた。こうした朝廷との関係は後年、特に幕末期に「勤皇」の家としての萩藩毛利家の自己意識を支える重要な要因となっていった。

毛利隆元の死と輝元

ところで、元就以降、隆元―輝元と系図が続いているにもかかわらず、実は寛永期に幕府によって編纂された『寛永諸家系図伝』では隆元は正統、つまり毛利家の当主としては記載されていない。

なぜ、こうした事態になったのか。ここではまず、隆元の経歴をみておきたい。毛利隆元は大永三年（一五二三）、つまり元就が本家の家督相続を要請された年に元就と正室吉川《きっかわ》氏との間に生まれた。同母弟に吉川元春《もとはる》・小早川隆《こばやかわたか》景《かげ》、同母妹に宍戸《ししど》隆家《たかいえ》室がいたほか、同母姉が一人いたとされる。天文六年（一五三七）、隆元は大内氏の本拠地である山口に出頭し、大内義隆のもとで元服した。この義隆から偏諱《へんき》を与えられ、隆元と名乗る。以降、山口での生活を長く続けることになるが、元就は同十五年四月から翌年六月の間までに隆元に家督を譲ったとされている。しかし、その後も元就は大小さまざまな事柄に至るまで、その決定に際しては隆元と内談を行っており、隠居とは言いながらもその影響力は実質的には当主時代に劣るものではなかった。実際、井上元兼一族の誅伐などの重大事件はこの隆元の家督相続後に起きている。また、隆元自身も弘治三年（一五五七）に元就が自身の政務からの引

図４　毛利隆元　山口県文書館所蔵

退の意向を示した際、これに強く反対している（毛利家文書六五六）。

次に隆元の妻子についてみていきたい。隆元は正室に大内義隆の養女（内藤興盛の娘、尾崎局）を迎えている。隆元はこの尾崎局との間に輝元（天文二十二年生）、女子（吉見広頼室、津和野局）、徳鶴丸（夭折）をもうけた。

永禄六年（一五六三）八月四日、隆元は尼子攻めのための出兵中、安芸国佐々部で和智《わち》氏の饗応を受けた直後に急死してしまう。この時、輝元（当時は幸鶴丸）はまだ十一歳であった。このように、元就が引き続き影響力を持ち続けていたなかで、元就に先立って死去したということが、当主としての隆元の位置づけを不明確なものとした。

隆元の死後、輝元は祖父である元就やその継室の中の丸、さらに生母の尾崎局から教育を受けながら成長していくこととなる。同八年、輝元は十三歳で元服した。輝元の成長に伴い、同九年に尼子氏を討ち果たしたことを契機に、元就は改めて隠居の意向を示したが、輝元は元就の後見がなくなることに対する不安を訴え、これに反対している。これを受け、元就は、叔父の吉川元春、小早川隆景、毛利氏庶子家の福原貞俊、口羽《くちば》通良《みちよし》による「御四人」体制を作り上げ、輝元を補佐する体制を整えた（岸田裕之、二〇一四）。

元亀二年（一五七一）六月十四日に元就が死去した時、輝元は十九歳であった。この後、輝元の補佐は元就が生前に整備した「御四人」によって担われることになる。また、輝元は同年に姉の津和野局、翌年には生母の尾崎局を亡くしている。

輝元が当主の座にあった時代は織田信長、豊臣秀吉の時代であり、毛利家が中央の動向に再び巻き込まれていった時代である。永禄十一年に信長に奉じられて入京した将軍足利義昭《あしかがよしあき》は次第に信長への反抗を強め、諸大名へ救援を要請した。この時、義昭が信長打倒のための兵力として期待したのが毛利家であった。

天正元年（一五七三）、信長との関係悪化によって京都を追放された義昭が毛利家に救援を求めた際、当初、輝元は信長と義昭の和解を仲介するという立場での関与にとどまっていた。しかし、同四年に備後国鞆《とも》に到着した義昭の受け入れを輝元が決めたことを受け、毛利家は織田信長の包囲する石山本願寺へ兵糧を入れ、織田水軍と戦闘と

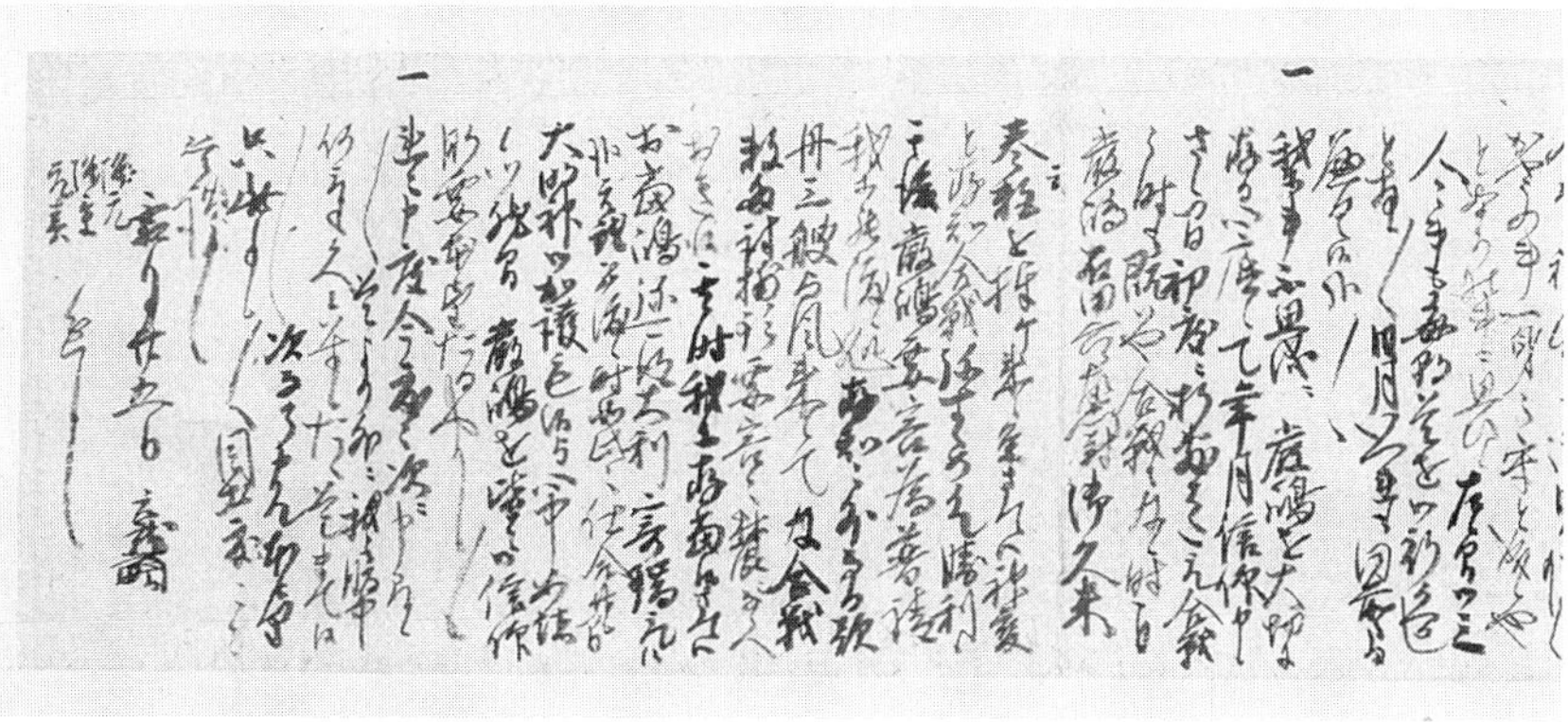

図５　毛利元就自筆書状（三子教訓状，部分）　毛利博物館所蔵

なり、これを撃破している。一方、信長も同五年には羽柴秀吉を播磨国へと派遣し、対毛利家の戦闘を指揮させている。

織田家との戦闘のなかで、毛利家は尼子勝久《かつひさ》・山中鹿介《やまなかしかのすけ》の守る上月城を落城させたものの、同七年の宇喜多《うきた》氏の離反以降、三木城の落城と別所長《べっしょなが》治《はる》の自刃・鳥取城の落城と吉川経家《つねいえ》の自刃と不利な局面が続き、同十年高松城の水攻めを受け、高松城主清水宗治《しみずむねはる》の自刃という条件のもとでの停戦を受け入れた。この講和の裏で本能寺の変が発生していたことは有名であろう。

この後、毛利家は正式な講和を経て、島津攻めや文禄・慶長の役をはじめとする豊臣政権下での軍事行動へ動員されていく。そしてこの軍事動員への参加を契機に、毛利家は配下にある国人領主への統制を強め、地縁や血縁に基づく伝統的な紐帯関係を解体し、大名を頂点とする人格的・地縁的要素に依拠しない家臣団構造へと変革を遂げていった。これは近世大名家臣団の原型ともいえる形である。しかし、一方でこれ以降近世大名としての萩藩毛利家が直面することになる課題、つまり、輝元の後継者をめぐる問題もまたこの時期には発生している。

元就の子どもたち

元就の正室吉川氏（妙玖）が天文十四年（一五四五）に死去した後、元就はそれまで妙玖《みょうきゅう》が担っていた、息子たちの仲介という役目も果たしていくことになる。実際、毛利家文書のなかには、子どもたちから送られた嘆願に対し、元就が長文の書状をし

図6　毛利元就系図

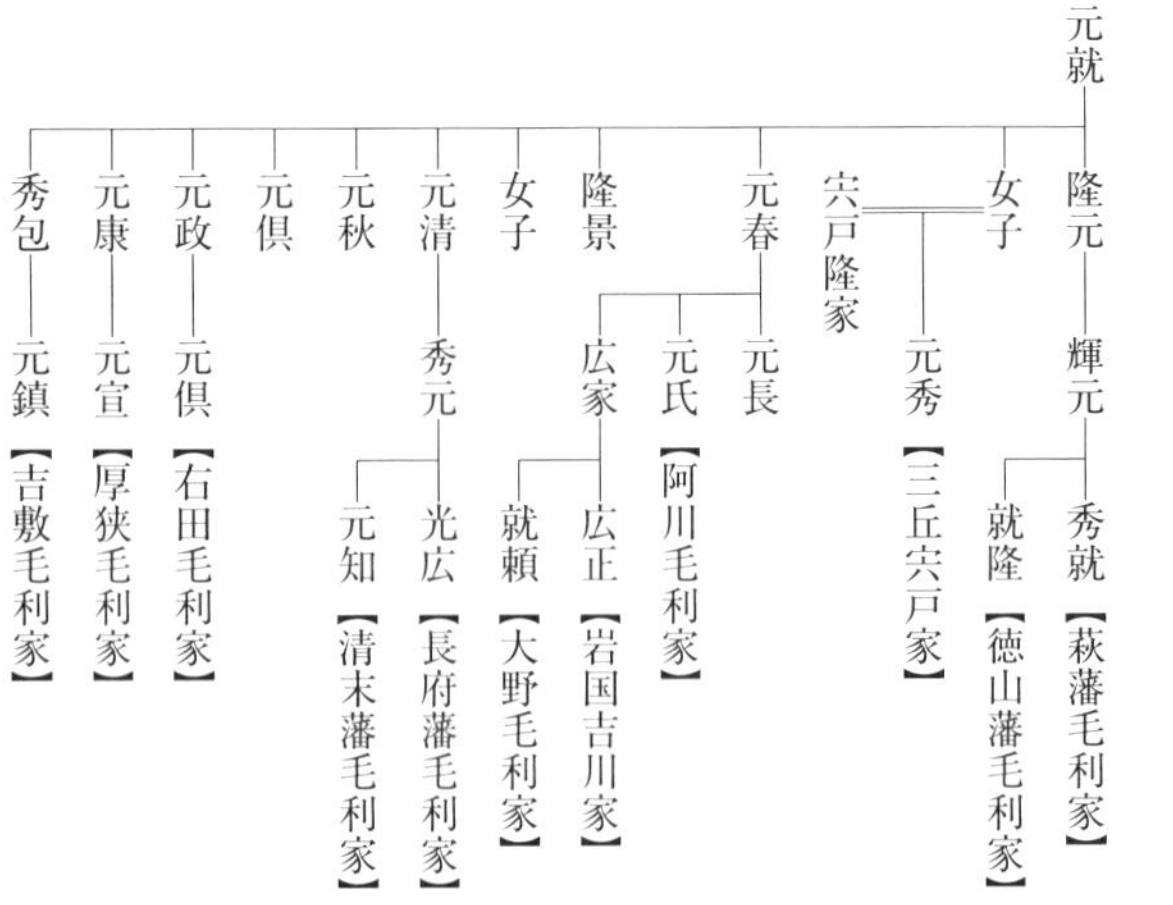

『近世防長諸家系図綜覧』より作成。

たため、対応していたことを確認できる書状が複数残されている。特に、これらのなかでも有名なものといえば、いわゆる「三子教訓状」であろう。これは弘治三年（一五五七）十一月二十五日付で元就が隆元・元春・隆景に宛ててしたためた書状であり、長さは約三メートルにも及ぶ（毛利家文書四〇五）。

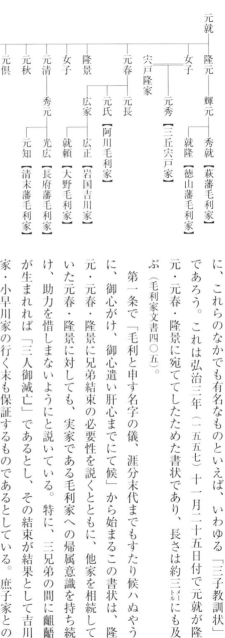

第一条で「毛利と申す名字の儀、涯分末代までもすたり候ハぬやうに、御心がけ、御心遣い肝心までにて候」から始まるこの書状は、隆元・元春・隆景に兄弟結束の必要性を説くとともに、他家を相続していた元春・隆景に対しても、実家である毛利家への帰属意識を持ち続け、助力を惜しまないようにと説いている。特に、三兄弟の間に齟齬が生まれれば「三人御滅亡」であるとし、その結束が結果として吉川家・小早川家の行く末も保証するものであるとしている。庶子家との対立を経て、周辺の国人領主層を従え、領国を拡大していった毛利家にとっては、兄弟間の内紛を避け、一族の結束を確かなものにしておくことは必要不可欠であった。だからこそ、「三子教訓状」は三兄弟の融和を説くだけではなく、まずは毛利家の当主としての隆元の地位を明確にし、元春・隆景をその下知に従う体制を作りあげることで、一族間における内紛・下克上を禁止するものであるという性格も持っているのである（岸田裕之、二〇一四）。

また、ここでこの先の萩藩毛利家の歴史的展開をみていく上で重要な点を述べるとすれば、元就が用いた「三家」という表現であろう。元就は隆元・元春・隆景への書状のなかでたびたび「三家」という表現を用いているが、ここで示されている「三家」とは先ほどの「三人」、つまり隆元・元春・隆景、ひいては毛利家・吉川家・小早川家のことを指す言葉として用いられている。ここで、元就から毛利家を支える存在として、ほかの家臣とは隔絶した存在として位置づけられたことは、近世における吉川家の自己意識の基盤となるとともに、後の家格上昇運動の際、萩藩毛利家に対して要求を行う根拠として利用された（本書三章）。

ところで、元就の子というと正室吉川氏との間に生まれた三男一女（このほか早世した一女がある）が有名であるが、このほかにも図6で示したように、正室吉川氏の死後、三吉《みよし》氏との間に三男一女、乃美《のみ》氏との間に三男をもうけている。この内、四男元清（生母乃美氏）の子孫は長府藩毛利家を興したほか、七男元政（生母乃美氏）、八男元康（生母三吉氏）・九男秀包《ひでかね》（生母乃美氏）の子孫たちは一門六家として毛利家に残った。つまり、近世大名家としての毛利家のなかに残ったのはこの継室の間に生まれた子どもたちの子孫であった（本書二章）。

後に小早川家は断絶し、吉川家は岩国を領有し、萩藩毛利家の家政には関与しなくなったことで萩藩毛利家からは距離を取ることになる。しかし、元就を太祖として定めた萩藩毛利家では、元就が繰り返し示した兄弟間の融和が元就の時代の象徴として利用されていくことになる（本書四章）。

2　近世大名としての毛利家

関ヶ原の敗戦

慶長二年（一五九七）六月十二日、小早川隆景が死去した。隆景の死去は両川という毛利家の精神的な支えの喪失だけではなく、隆景が保有していた家臣団や領地の処遇という問題を引き起こした。第二次朝鮮侵略や秀吉の病状悪化によって解決が先送りにされていたこれらの問題に対し、同三年八月一日、秀吉の意向として輝元の養子であった秀元《ひでもと》の領地を出雲・石見（銀山を除く）とし、隆景の家臣団と出雲・石見に領地を持つ給人の一部を秀元の家臣として編入することが示された。しかし、この意向が示された当初から吉川広家《ひろいえ》をはじめとして、毛利家内部でも強い反発が生じていた。特に同月十八日に秀吉が死去した後、毛利家が抱えたこの問題は政局全体のなかで翻弄されていくことになる。

同四年の石田《いしだ》三成《みつなり》失脚の後、閏三月二十一日に輝元は家康と起請文を交換した。そのなかで家康は輝元を兄弟、輝元は家康を親子と称した。しかし、輝元自身は佐和山に隠居した三成との連携を継続しており、後の関ヶ原合戦につながる動きが進んでいた。こうしたなかで家康が利用したのが、輝元の後継者としての地位を返上していた秀元の処遇問題である。秀元の養子入りにかかわる展開は後述するが、秀元の処遇は輝元への働きかけの一環として豊臣家奉行衆から輝元に有利な形での配分案が示されていたが、これに対して家康は秀吉の遺命であるとし、当初の形での実行を迫った。こうした家康の主張の背後には、当事者である秀元による働きかけもあったとされている。結果、秀元に対しては長門・周防吉敷郡と安芸・周防・備後の元清（秀元実父）旧領が与えられることが決定した。

しかし、家内部の問題に対して家康の介入を受けたことは輝元単独ではこうした家内部の問題を処理し切れない状況にあったということを示している。こうしたなかで同五年五月、家康は上杉景勝に対する会津征討を決定し、翌月に大坂を発った。一方、輝元もその直前に広島に帰国した。しかし、七月十二日付の書状で、前田《まえだ》玄以《げんい》・増田《ました》長盛《ながもり》・長束正家《なつかまさいえ》の三奉行から輝元上坂を求める連署状が届くと、輝元は早々に上坂を決定している。

従来、この連署状に先立って、安国寺恵瓊《あんこくじえけい》・石田三成・大谷吉継《おおたによしつぐ》の間で決定された反徳川の動きは輝元の承認を得ず、恵瓊の独断でなされたものであるとされてきた。また、輝元の上坂決定についても、後年に作成された当事者たちの覚書では一様に自分は輝元の上坂に反対したと記されている。しかし、大坂から広島まで書状が届く日数を勘案すれば、輝元の上坂決定は迅速になされたものであり、当初から輝元が上坂に向けた準備を進めていた可能性も考えられる。また、三成自身の動向についても、近年の研究では一時は家康への協力姿勢を取っていた三成が反徳川の姿勢を示して決起するに至った背景には輝元や宇喜多秀家による反徳川闘争に対する働きかけがあったことが指摘されており、関ヶ原合戦に至る上で輝元自身の積極的な意志があったことは間違いないと考えられる（光成準治、二〇一六)。

輝元自身は大坂に入城して以降、合戦終結時まで出陣はせず、毛利勢は秀元・広家・恵瓊を中心とし、近江瀬田の普請や伊勢安濃津《あのつ》城攻撃に参加した。一方、会津征討に向かっていた家康が岐阜城攻略の知らせを受けて西上を開始すると、毛利勢は南宮山に着陣した。しかし、この時期には吉川広家に対し、黒田《くろだ》如水《じょすい》・長政《ながまさ》親子から家康との講和を進める書状が届けられていた。彼らの仲介を受け、九月十四日に本多《ほんだ》忠勝《ただかつ》・井伊《いい》直政《なおまさ》から吉川広家・福原広俊に対して、家康が輝元を粗略に扱わないこと、また毛利家の領国をすべて安堵することなどを約束した起請文が提出された。こうした家康との内通にかかわる一連の動向は近世期における吉川家の自己意識を支える重要な要因として位置づけられていった(本書三章)。

萩への転封

合戦終結後、家康は輝元に大坂城からの退去を求め、輝元は所領の安堵を確認した上で、大坂城から退去した。しかし、慶長五年(一六〇〇)十月十日、毛利家に対して周防・長門二ヵ国への減封が命じられたのである。以降、毛利本家については、萩藩毛利家とする。輝元は出家し、宗瑞《そうずい》と名乗った(繁雑になるので、以降も本書では輝元とする)。しかし、輝元はこれ以降も実質的な当主として、萩藩毛利家の運営にあたった。

同八年、輝元は初めて国元に帰国した。ただし、この段階では居城は未定であり、まずは山口に仮居住をして家康や幕閣の意向を確認しながら居城を選定することになる。ところで、かつてはこの居城選定について、関ヶ原合戦での敵対行為から、大内氏の拠点として栄えた山口や瀬戸内沿岸の要地である防府《ほうふ》に居城を築くことが許されず、日本海側にある不便な萩を居城にすることを強制されたといわれてきた。しかし、近年の研究ではこうした説は否定されている(田中誠二、一九九二、脇正典、一九九四)。

この萩への転封後、輝元が行ったのは、かつて毛利家と同等の勢力を有していた有力国人に対する粛正であった。まず、対象となったのは、元々萩を領有していた吉見家であった。石見国国人であった吉見家は輝元の姉妹である津和野局を吉見正頼の嫡子である広頼《ひろより》の正室に迎え、その娘を元就の八男の元康に嫁がせるなど、毛利家とは縁戚

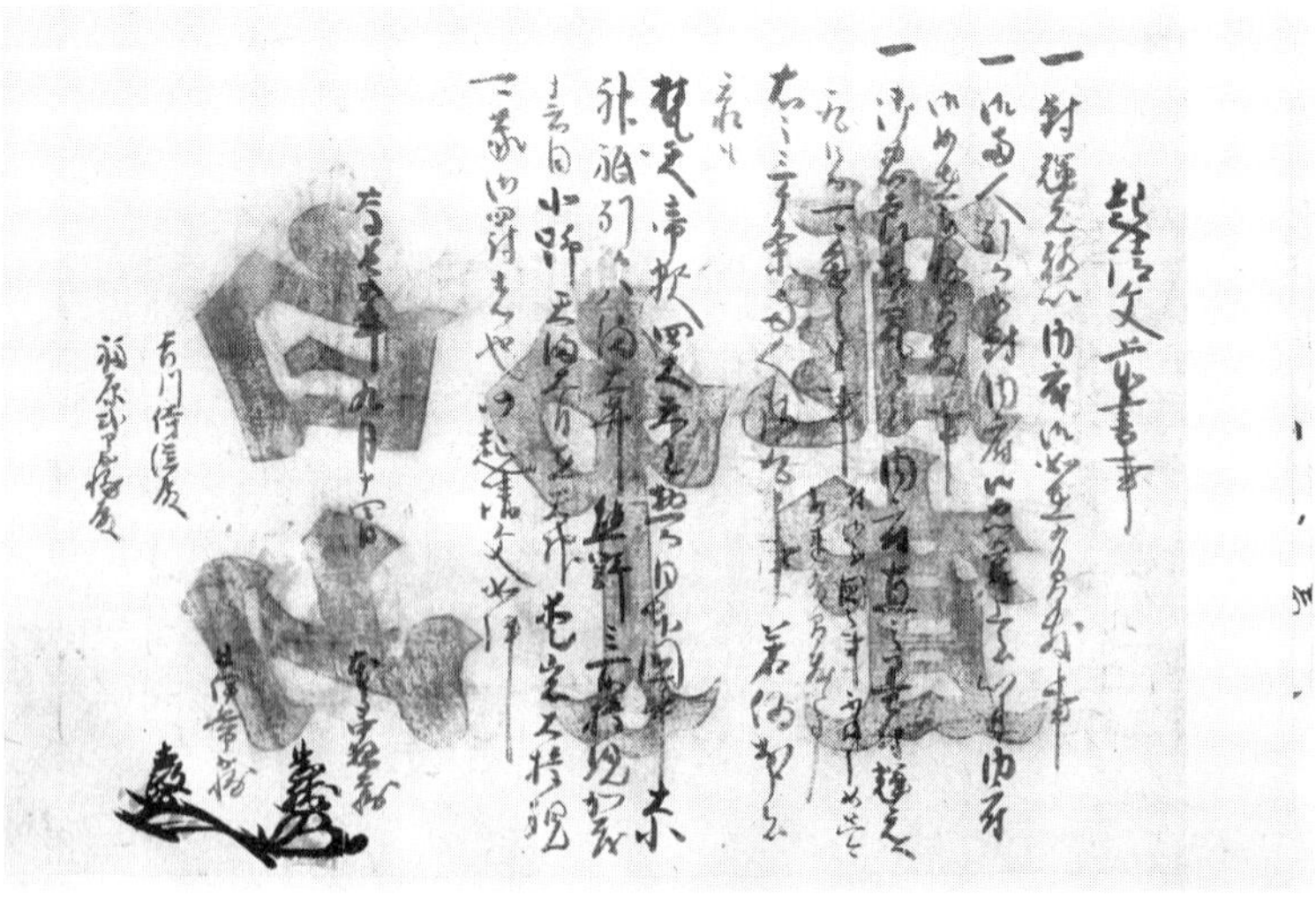

図7　井伊直政・本多忠勝連署起請文　毛利博物館所蔵

関係にあった。また、津和野局も存命中には生母の尾崎局や輝元と良好な関係を維持し、それを通じて、婚家である吉見家への配慮も求めている。これに対しては、元就自身が吉見家に対して疑念のないことを示す書状を出すなど、両家の関係が良好に保たれていた。津和野局は元就の死去から四ヵ月後の元亀二年（一五七一）十月に死去しているが、広頼は尾崎局の弟である内藤隆春《ないとうたかはる》の娘を継室に迎えている。

しかし、慶長九年、不行跡により蟄居を命じられていた吉見広長《ひろなが》（広行、広頼と継室内藤隆春娘との間の子）が出奔した。これに先立ち、吉見家は元々領地であった萩が輝元の居城となったことで、広長の父である広頼が萩城（指月山）を明け渡している。吉見家には別の給地が用意されたものの、こうした経緯に加え、防長減封以後、吉見家と同様に石見国国人だった益田《ますだ》家が輝元から厚遇を受けているという状況に対して不満を抱いたことが、広長の出奔の一因と考えられている。

広長自身は家康にもその名が知られた存在であったことから、輝元は早々に本多《ほんだ》正信《まさのぶ》・正純《まさずみ》父子らに報告し、吉見家に対しても家臣の追放など厳しい処罰を下した。さらに同十七年には広頼の娘と吉川広家の次男彦二郎（就頼）を結婚させた。一方、出奔した後、経済的な困難から萩藩毛利家への復帰を求めていた広長は元和三年（一六一七）に萩藩毛利家への帰参が許された。しかし、その翌年、輝元の命によって殺害されている。また、広頼の娘を正室として迎えた就頼《なりより》は後に毛利に改姓し、一門六席大野毛利家となった。つまり、吉見家は事実上毛利家に吸収されてしまったのである。

　さらに、旧有力国人領主らに対する厳しい粛正となったのが五郎太石《ごろたいし》事件を端緒とする熊谷《くまがい》一族の誅伐である。五郎太石事件とは萩城普請の最中に起きた事件である。慶長十年三月、熊谷元直《もとなお》の娘聟である天野《あまの》元信《もとのぶ》が管理していた五郎太石（石垣の普請に用いる石材）が盗まれた。天野家が犯人を捕まえ尋問したところ、彼らは同じく萩城普請に従事していた益田元祥《もとなが》・景祥《かげよし》父子の組の者であることが判明した。これを受け、元祥らは犯人の処分を行ったが、盗難された五郎太石の返還量に天野元信が納得せず、それを義父である熊谷元直に訴えたことから、事件は大規模化していった。

　元信の訴えを受けた元直は元信とともに縁戚関係・血縁関係にある家臣らを巻き込んで提訴に及んだ。元直らは萩藩毛利家側が示した調停を拒否し、あくまでも自分たちの主張を貫く姿勢を見せたことから、これを重く見た輝元の命により、同年七月二日、熊谷元直夫妻とその息子、天野元信夫妻が殺害され、熊谷一族・天野一族も多くが追放処分を受けた。さらに、これに連座して石見国・出雲国の旧有力国人らが処罰されたことにより、家中に残る旧国人領主たちに萩藩毛利家との主従関係を再確認させるに至った。

　ところで、最後に二つの事件に登場する益田家の立場をみていきたい。石見国有力国人であった益田家も関ヶ原合戦の後、吉見広長が家康から朱印状を受けたのと同時期に家康から独立大名となる誘いを受けた。しかし、家康との関係強化に積極的であった広長とは異なり、当主の益田元祥は即座にこの誘いを断り、毛利家家中に残る選択をした。この後、元祥は輝元から重用され、それが同じく石見国国人領主であった広長に不満を抱かせる原因ともなった。このように益田家は吉見広長・熊谷元直・天野元信といった旧有力国人とは異なり、萩藩毛利家の官僚へと立場を変えることで存続していった。益田家は石見国との境である須佐《すさ》を領地として与えられ、須佐益田家として一門に次ぐ準一門として、この後も藩政で重きをなしていった。

輝元による後継者育成

関ヶ原の敗戦後、剃髪し宗瑞と名乗った輝元であったが、実質的には毛利家当主として、秀就《ひでなり》の後見を行うことになる。秀就については、生母である輝元側室の二之丸の立場が毛利家内部でも弱かったことなどが明らかにされたほか、こうした要因から当初から毛利家家中では秀就の後継者としての正統性に対する批判的な見解が存在した可能性が指摘されている（光成準治、二〇一六）。

秀就は慶長六年（一六〇一）九月二十八日に伏見を発ち、証人として江戸へ向かった。この時、秀就に随行したのは益田元祥《もとよし》・堅田元慶・児玉元兼《もとかね》・児玉景唯《かげただ》・国司《くにし》元蔵《もとくら》らであった。この内、益田元祥・堅田元慶は江戸での政治的な役割を担う立場であり、秀就の傅役《かしづきやく》の責任者は国司元蔵が担った。国司家は代々毛利家の傅役を担った家であり、元蔵も輝元による任命を請け、当時七十歳という高齢ながら秀就の養育に当たった。また、ここでの随行者のなかには秀就の生母二之丸の兄弟である児玉元兼・景唯の名前も見られる。

しかし、江戸で成長した秀就の行動については、次第にわがままな振る舞いが目に付くようになっていった。特に、秀就が十七、十八歳ごろには後見となった福原広俊から輝元に対して、秀就の不行跡に対して輝元からの直接の異見を求める書状が度々出されるようになる。

ここで広俊が問題視したのが、秀就の生活の乱れであった。それは、江戸藩邸内の公務が滞るというだけではなく、公儀向きの対応にも影響を与えるような状態であったと言う（脇正典、二〇〇六）。広俊は秀就の不行跡を萩藩毛利家の存続に影響を与える段階にあると認識しており、輝元から直接秀就に異見を与えることを求めた。

これを受け、輝元は慶長十八年に二十一ヵ条に及ぶ異見書を作成して、秀就の行動を諫めた（毛利家文書一一五七）。この異見書のなかで、輝元は自分のやり方については「古風」「こりう（古流）」として、江戸での生活や考え方に慣れ親しんだ若年の秀就には受け入れがたいこともあるだろうとはしながらも、「毛利家の存続は秀就の分別にかかっています（家のか、ハり続候ハんハ、長門〈秀就〉分別ニ有之事候）」とし、秀就の行動を諫めた。こうした輝元の異見の中心にあったのは自分が幼少期に受けた「日頼様」、つまり元就からの教育だった。輝元は自身の幼少期を振り返り、父隆元の死後、祖父の元就や叔父の元春・隆景による厳しい教育を思い返しながら、秀就に他者の「異見」を聞くことの重要性を説くとともに、先祖以来の家風の遵守を求めている。しかし、この異見書の後も秀就の行状が改まることはなく、元和元年・同七年にも再び異見書を出している。

龍昌院との婚姻

こうした秀就の不行跡はさておき、輝元は秀就を通じて徳川家との関係強化に力を入れていた。近世後期に作成された由緒書によれば、慶長四年（一五九九）に秀就が袴着を迎えた際、家康から拝領した長袴を用いたとされている。さらに、萩藩毛利家の立場に大きく影響を与えることになったのが、龍昌院（喜佐姫）との縁組であった。龍昌院は結城《ゆうき》秀康《ひでやす》の娘であり、すなわち家康の孫娘である。このことから、同人との縁組は西軍の総大将としての責任を追及される立場にあった毛利家にとっては願ってもない良縁であったことに間違いはないであろう。この縁組は同七年六月三日に家康の意思という形で本多正純をもって萩藩毛利家に伝えられた。実際に婚礼が行われたのは同十三年七月十七日であった。

図8　萩藩毛利家と徳川家のつながり

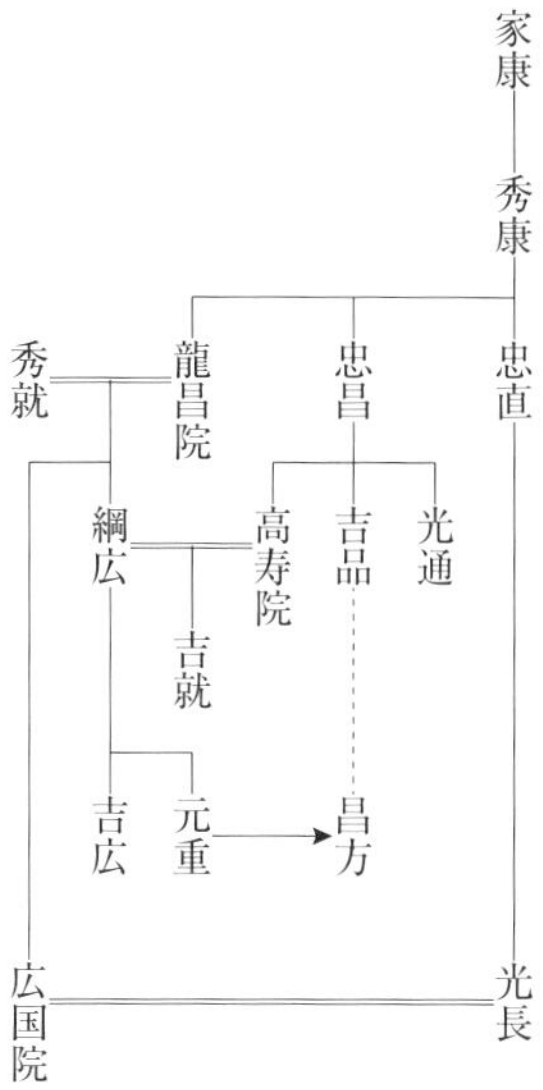

この縁組により、萩藩毛利家は松平の称号を下賜された。さらに寛永三年（一六二六）、秀就は少将に昇進した。少将への昇進は萩藩毛利家の家格では極官に相当し、これ以降の藩主にとってはこの秀就を先例とした少将への昇進が一つの目標となっていく。

龍昌院は秀就との間に四男三女をもうけ、このうち四男が二代藩主綱広である。さらに綱広は松平忠昌《ただまさ》の娘高寿院（千姫）を正室に迎え、龍昌院の長女広国院（登佐姫）は従兄である松平光長《みつなが》に嫁ぎ、綱賢《つなかた》・国姫を生んでいる。さらに綱広の五男である元重も祖母の龍昌院との関係を通じて一時期松平吉品《よしのり》（忠昌の五男）の養子となっている。これらの関係を系図で示すと図8の通りになる。こうしたつながりは萩藩毛利家も強く意識しており、自らの家筋を主張する際には、この龍昌院との縁組により、徳川家と親戚関係になったということをたびたび主張している。いわば、ここで作り上げた徳川家との関係性が、この後萩藩毛利家が近世社会を生きていく術として利用されていったのである。

図9　萩藩毛利家と佐野道可の系譜関係

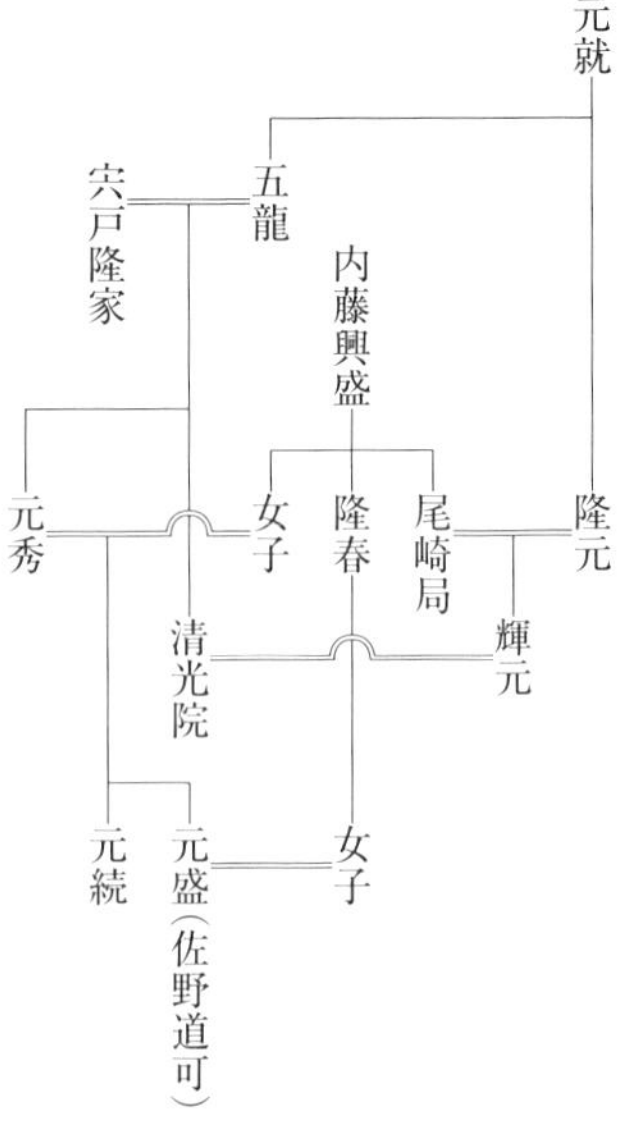

『近世防長諸家系図綜覧』より作成

佐野道可事件

慶長十九年（一六一四）八月に発生した方広寺大仏鐘銘問題を契機とする徳川家と豊臣家の緊張関係は、かつて豊臣家に属した多くの大名たちに影響を与えた。これは徳川家との関係強化に力を入れていた萩藩毛利家にとっても他人事ではなかった。秀頼による豊臣方への協力を求める呼びかけに応じ、宍戸元秀《もとひで》の次男で、内藤家を相続していた元盛《もともり》が佐野《さの》道可《どうか》と改名し、大坂城へ入城したのである。佐野道可と毛利家の系譜関係は図9の通りであり、輝元にとっても近しい親族であった。

ところで、道可の大坂入城の経緯については、従来輝元と秀元の意向によるものであるとされてきた。その真意を豊臣家に対する輝元の忠義の現れと見るか、徳川家・豊臣家どちらが勝利した場合でも毛利家が生き残る道を確保するための策略と見るかは違いがあるが、おおむね佐野道可の大坂入城は輝元の指示を受けたものであるという見解は一致していた。しかし、近年こうした説の根拠となる史料の性格から、こうした従来の見方に対する見直しも求められており、今日でも道可の大坂入城にかかわる輝元の関与の度合いについては評価が分かれている（堀智博、二〇一三、光成準治、二〇一六）。

大坂落城後、道可は一度京へ逃れたものの、切腹した。また、道可の子である内藤元珍《もとよし》・粟屋元豊も道可の行動には関与していなかったとしながらも、輝元の命により切腹した。輝元は当初は許可していた両家の家督相続を許さず、名門であった内藤家は後年元珍の孫隆昌の代に寄組に編入されるまで一時断絶となった。さらに、道可の兄であり一門一席である三丘宍戸家当主元続《もとつぐ》は道可の大坂入城の責任を取って隠居し、家督を嫡子広匡《ひろまさ》に譲った。このほかにも、道可の兄弟や内藤一族が起請文や忠誠を誓う書状を提出した。ここに佐野道可事件のもう一つの側面がある。

三丘宍戸家は、近世には一門一席、つまり家臣団のなかで最高位の立場とはなったが、国人領主時代の毛利家にとっては隣接する領地を支配し、対立を繰り返してきた有力国人領主であった。だからこそ、元就は娘の五龍《ごりゅう》を嫁がせ、「三子教訓状」のなかでもその処遇について、隆元らに対して配慮を求めた。また、道可が属していた内藤家も輝元の生母尾崎局の生家であると同時に、元は大内氏の重臣であり、毛利家よりも格上の存在であった。熊谷一族誅伐事件と同様に、佐野道可事件も旧有力国人領主たちを排除、屈服させることで、萩藩毛利家の第一者としての地位を明確にする機会として利用されているのである。

このように、旧有力国人領主たちに対する第一人者としての萩藩毛利家、ひいては輝元・秀就の地位を確立し、元和九年（一六二三）、輝元は秀就に正式に家督を譲った。その二年後、輝元は七十三歳で死去した。

3　分家の成立と系譜問題

長府藩毛利家の成り立ち

戦国大名としての毛利家を語る上で欠かすことのできない分家は吉川家・小早川家であるが、近世大名としての毛利家を語る上で外すことのできないのは、三末家、すなわち長府《ちょうふ》藩毛利家・徳《とく》山《やま》藩毛利家・清末《きよすえ》藩毛利家という三つの分家である。

図10　毛利秀元　下関市立歴史博物館所蔵

三末家の内、最初に成立したのが長府藩毛利家である。同家を興したのは、元就の四男元清の子である秀元である。秀元（幼名は宮松丸）は、天正二十年（一五九二）四月にまだ実子のなかった従兄の輝元の後継者として豊臣秀吉から承認を受けた。秀元の養子入りは豊臣秀吉が甥の秀秋を輝元の養子としようと画策していることを察した小早川隆景が秀秋を自分の養子として迎え、輝元の養子に秀元を迎えることで毛利家の血筋を維持することを企図したものであったとも伝えられている（『秀元公御養子事』）。こうした経緯は経たものの、秀元は豊臣政権下で輝元の後継者としての地位を固め、同年に侍従に昇進し「安芸侍従」と呼ばれ、翌文禄二年（一五九三）には病気の輝元に代わり、朝鮮へ出陣している。その後、同四年には参議・正三位に昇進し、「安芸宰相」と呼ばれた。

しかし、同年に輝元に実子の松寿丸（後の秀就）が誕生したことから、輝元の後継者としての秀元の地位は微妙なものになる。慶長三年（一五九八）、秀元は秀就に嫡子の地位を譲るという起請文を提出したが、輝元はこれを一旦抑えた。これは幼年の秀就の成長を不安視したためであると考えられるが、その後、同年八月に毛利家の家督は秀元ではなく、松寿丸（秀就）に継承させるように秀吉の意向が示されたことで、秀元は正式に後継者としての地位を外れることになる。後継者としての地位を返上した後の秀元の処遇について、吉川広家の反発や徳川家康の介入があったことは先述の通りである。

この後、秀元は関ヶ原合戦時には毛利家の一員として参戦し、南宮山に布陣した。しかし、吉川広家の内通により実際の戦闘に参加することはなかった。その後、毛利家の萩への転封が決まると、秀元は長門府中を居城としながら、本家である萩藩毛利家の藩政へ参与していた。ただし、従来は輝元・秀就父子に代わり藩体制の整備を主導したとされてきたが、秀元の政治的役割を検討した田中誠二氏によれば、秀元が本家である萩藩毛利家の運営に関与したのは慶長五年から寛永八年（一六三一）までであり、輝元の存命中はその人使の範囲であった（田中誠二、一九八九b）。輝元の死後、秀元は寛永検地に伴う知行替えによる毛利一門の優遇や対立する重臣の追放といった形で存在感を発揮するも、同時に秀就との対立も顕在化していった。

寛永七年ごろ、秀元の長男光広と秀就の娘の縁談が、秀就側から一方的に破談にされて以降、秀元は本家である萩藩毛利家への出入りを取りやめた。秀就の娘の内、長女の登佐姫は越後高田藩主松平光長に嫁ぎ、次女の竹姫は五摂家の鷹司房輔《たかつかさふさすけ》に嫁いでいる。いずれも御家門と五摂家という武家・公家ともに最上位の家格の家との縁組であったが、その一方で分家との確執を生み出すことにつながっていたのである。こうした秀就・秀元間の不和が原因となり、同八年には秀元は「国之仕置」を返上している。この後、秀元が長女松菊姫の夫である就隆《なりたか》と連携して、本家である萩藩毛利家からの独立を目指し、さまざまな働きかけを行っていくことになる。

ところで、秀元自身、存命中から武家社会のなかでも評判の良い人物であった。幼少期に叔父である小早川隆景からその非凡な才能を見込まれ、本家である輝元の養子として推薦され、秀吉も羽柴の姓を与え、秀吉の実弟である羽柴秀長の娘を養女として秀元に嫁がせている。

また、徳川政権下においても寛永二年から家光の御伽衆として出仕し、家光も秀元を評価し、側近くに置いていた。秀元は茶の湯の造詣も深く、秀就やほかの外様大名が招聘されなくなった後も家光の主催する茶会に招聘されており、同十七年と正保元年（一六四四）には家光により茶会で亭主の役を命じられている。これら二つの茶会は家光政権にとって重要な政治的意図を込めたものであり、その任にたえうる人物として秀元が抜擢されたのは、家光から秀元に対する信頼の厚さを物語っている（齋藤和江、二〇〇八）。

しかし、萩藩毛利家はこうした秀元の評判に対しては、冷ややかな視線を向けていた。承応二年（一六五三）に国目付として萩を訪れた旗本の石川貴成は、秀元が江戸で秀吉との関係を自分の「高名（自慢）」として至るところで話していることを萩藩毛利家の家臣たちの耳に入れた。これに対して、応対した益田元堯《もとたか》と国司就正《なりまさ》は秀元のそうした行動や主張の内容は把握しているとしながらも、「江戸では別に事情を知っている者もいないため、言いたいように言っているのでしょう（「江戸にてハ別ニ存たるもの無之付而、申度ままに被申廻もの」『承応問答』）」と突き放している。

萩藩毛利家が越前家と縁組を行うことで血筋の点から徳川家への接近を図っていた一方、長府藩毛利家は幕閣と縁戚関係を結ぶことで、有利な地位を獲得していた。例えば、秀元の四女松菊姫は永井尚政《ながいなおまさ》の嫡子尚征《なおゆき》の正室となった。永井尚政は秀忠《ひでただ》の側近として活躍した人物であり、後述する長府・徳山両藩の別朱印状発行運動の際には朱印状奉行という立場から、長府藩毛利家を支持する動きを見せている。また、六女萬菊姫は春日局の息子で老中だった稲葉正勝《いなばまさかつ》の嫡子である正則《まさのり》に嫁いだ。稲葉正則も長府藩毛利家の主張にかかわる申し入れを行うなど、長府藩毛利家を支持する動きを見せている。

しかし、長府藩毛利家はこの後、就隆と秀元の長女松菊姫との離婚問題から徳山藩毛利家と疎遠になり、萩藩毛利家からの独立運動も秀元の死後沈静化したことから、表面上は本家である萩藩毛利家との関係も安定していった。しかし、この時期の秀元の行動が、近世を通じて萩藩毛利家を悩ませ続けた二つの系譜問題を引き起こすことにつながっていった。また、特筆すべきは、長府藩毛利家が二度、萩藩毛利家の後継者を出したことである。こうした点が長府藩毛利家の自己意識、特に三末家内における自分たちの優位性の根拠として意識されていった（本書四章）。

徳山藩毛利家の成り立ち

次に成立したのが徳山藩毛利家である。同家の祖となったのは、輝元の次男就隆である。就隆は慶長七年（一六〇二）に生まれ、同十一年には駿府で大御所家康に御目見をしている。この後、長男の秀就が萩へ初入国するのと入れ替わりに、就隆が人質として江戸へ出府している。その後、元和三年（一六一七）に萩藩毛利家から三万石の分知を受け、就隆自身も同八年に従五位下・日向守に叙任されている。

この長府・徳山両藩が起こしたのが、別朱印状交付にかかわる一連の騒動、つまり萩藩毛利家からの独立運動である。近世大名の分家といっても、その領地の拝領の仕方で区別することができる。もっとも自立性の強いものが、別朱印領外分家、つまり、系譜を共有はしているが、本家と分家で領地も離れており、将軍からの領地安堵の朱印状も個別に交付される場合である。仙台藩伊達家の分家である宇和島藩伊達家がこれに該当する。これに対して、毛利家の三末家の場合は同朱印領内分家、すなわち、本家である萩藩毛利家の領地内部に自らの領地を持ち、将軍からの領地安堵の朱印状も本家である萩藩毛利家のものにまとめた上で交付されるという形式をとる。

寛永十一年（一六三四）、家光の上洛中、萩藩毛利家の公儀人（江戸留守居）福間就辰は幕府老中土井利勝・酒井忠勝から呼び出され、二条城に出向いたところ、朱印状改の実施のためにこれまでの領地朱印状があれば朱印改奉行の永井尚政・安藤重政・内藤忠重へ提出するように命じられた。これを受け、福間は秀就に確認した上で、秀忠の領地朱印状の写しと防長二ヵ国の石高書付を提出したが、その場に同席していた朱印改奉行の一人である永井から、長府藩毛利家と徳山藩毛利家の領地がこの朱印状に含まれているのか確認がなされた。先ほど説明したように、この二家は同朱印分家であることから、防長二ヵ国は秀就が一円に拝領し、そこから各家に内配するという形式を取っていた。しかし、この時、永井は福間に対して、今回発行される領地朱印状では長府藩毛利家・徳山藩毛利家は別に朱印状の発行を受ける方が良いだろうという見解を述べたという（山本博文、一九九一）。

これはまさに分家の独立に他ならなかった。事態を重く見た福間は、秀就や家老たちと相談の上、対応を協議した。朱印奉行らに面会した翌日、福間は改めて朱印奉行のもとを訪れ、領地朱印状の原本とともに、前回と同様に防長二ヵ国一円の拝領を求める嘆願書を提出した。

一方、秀就も家老の益田元堯・井原元以《いばらもともち》・阿曽沼就春を連れ、老中土井利勝のもとを訪れ、今回の経緯と防長二ヵ国一円の拝領を求める嘆願を行った。この時は萩藩毛利家の主張が認められ、朱印状は萩藩毛利家が防長二ヵ国を一円に拝領する形で発行された。しかし、こうした長府・徳山両藩の独立運動はこの後も続いていく。特に同十二〜十三年に萩藩毛利家に幕府から江戸城普請が命じられた際、普請役の分担を就隆が拒否しており、先ほどの別朱印状発行運動とあわせて、秀就・就隆兄弟は「不通」（出入りを禁じて縁切りをした状態）となるまでに関係が悪化している（田中誠二、一九八九a）。

本家分家の関係にある以上、分家に対する本家の優位性は明らかであるようにも見えるが、実際は簡単な問題ではなかった。万治三年（一六六〇）、就隆の次女と譜代大名岡部《おかべ》宣勝《のぶかつ》の子である高成との縁談が起きた際、事情を知らされていなかった萩藩毛利家は当時就隆には後継者がいなかったことから、これが聟養子ではないかと疑った。この時点では秀就は死去し、その子である綱広に代替わりしていたが、萩藩毛利家と徳山藩毛利家は相変わらず交際を絶ったままであり、就隆自身も第三者の仲介を拒否していたことから、直接事情を聞くこともできなかった。このため、萩藩毛利家は老中松平信綱《まつだいらのぶつな》に相談を持ちかけたのである。

事情を聞いた信綱は萩藩毛利家の主張に理解を示した上で、二つの案を提示した。一つは萩藩毛利家が本家という立場から分家の行動を徹底的に管理するという方法であり、もう一つはこのままにしておき、事態の推移を見守るという方法である。信綱は萩藩毛利家がどちらを希望するのかを問うた上で、もしも一つ目の方法をとるのであれば、幕府へ訴え出て裁定を受けるようにと述べた。その上で、信綱は幕府による裁定は将軍の上意によるものである以上、どういった結論が出るのかは予測ができないと付け加えている。訴訟の結果は将軍の判断であり、その内容によっては萩藩毛利家・徳山藩毛利家どちらかの存続が危うくなる可能性も示されたのである。つまり、信綱の質問は萩藩毛利家に対して、どちらかが大きな損害を被ったとしても構わないという覚悟で長府藩毛利家や徳山藩毛利家の行動を本家の統制下に置きたいのか、それとも当面は事態を見守り、何か問題が起きた際に個別に対応していくのかという問いであった。これに対して、萩藩毛利家はこのまま事態の推移を見守るという穏便な方法を選択している。このように分家の独立運動は本家である萩藩毛利家にとっても見過ごせないものであった一方、それを根本的に止めさせるために幕府に直訴することは、想定を超える厳しい沙汰を受ける可能性があり、容易な覚悟で決断できるものではなかったのである（田中誠二、一九八九ａ）。

しかし、この信綱の言葉は後年に現実のものとなる。正徳六年（一七一六）、萩藩五代藩主吉元は徳山藩主である元次《もとつぐ》の行動が本家に対する不敬であるとして、幕府に訴え出た。その結果、吉元の主張は全面的に認められた。しかし、それだけではなく、幕府は吉元が求めていた元次の隠居だけではなく、徳山藩毛利家の改易という厳しい処分を下したのである（本書三章）。これはまさに信綱の警告通りの出来事といえよう。この後、徳山藩毛利家は再興されるが、家自体が一度潰れたにもかかわらず、就隆以来続く輝元系の血筋を唯一維持した。こうした事情が幕末期の敬親の後継者選定へとつながっていくのである。

図11　毛利元知　下関市立歴史博物館所蔵

清末藩毛利家の成り立ち

こうした分家の独立運動から遅れ、最後に成立したのが、清末藩毛利家である。同家は長府藩毛利家からの分知を受ける形で成立した。つまり、毛利家から見れば分家の分家という形を取る。

承応二年（一六五三）、長府藩毛利家二代藩主の光広が死去し、その長男の綱元《つなもと》が家督を相続した。それに伴い、秀元の次男であり、綱元にとっては叔父にあたる元知《もととも》に、長府領の内から清末一万石が分知され、清末藩毛利家が成立した。この分知は本家である萩藩二代藩主綱広の斡旋をもって行われたが、元知自身はこれ以前の正保二年（一六四五）に家綱《いえつな》に拝謁して以降、側近くで召し使われ、慶安元年（一六四八）には家綱の小姓を務めている。こうした幕府との親密な関係が清末藩毛利家の分知実現の背景になったと考えられる。

長府・徳山両藩に比べ、成立時期が遅れた上、萩藩毛利家からの分知ではなく、長府藩毛利家からの分知を受ける形で成立した清末藩毛利家は前述の独立運動に関与することはなかった。しかし、この後、享保三年（一七一八）の長府藩毛利家の無子断絶に伴い、清末藩毛利家は旧長府藩毛利家の家格や家臣らを引き継ぐ形で長府藩毛利家を存続させた。結果として、清末藩毛利家も一時断絶するものの、この時長府藩毛利家に移った毛利元平《もとひら》（後の匡広）の子である匡敬《まさたか》が後に萩藩毛利家を相続し、七代藩主重就《しげたか》となった。この後、十三代藩主敬親までは重就の子孫が続いたことから、結果として見ればもっとも長く萩藩主の座にあったのは、実はこの元知から始まる清末藩毛利家の血筋ということになる。

毛利秀元の位置づけ

また、先ほどの長府藩毛利家・徳山藩毛利家の独立運動と関連しながら、この後長らく萩藩毛利家を悩ませることになる問題もこの時期に発生している。それが秀元の地位をめぐる争論である。

先ほど述べたように、輝元の養子として迎えられた秀元は着実に輝元の後継者としての地位を固めながらも、輝元に実子秀就が誕生したことで、後継者としての地位を返上した。さらに、関ヶ原合戦の後、毛利家が長門・周防二ヵ国を与えられた際の家康の起請文が輝元・秀就宛であったことからも、秀元が萩藩毛利家、つまり毛利家本家の家督を相続することがなかったということは、歴史的事実として裏付けられている。

しかし、徳川政権下での秀元の主張は異なるものだった。次の図12は『寛永諸家系図伝』に収録された萩藩毛利家の系図と長府藩毛利家の系図である。この二つを見比べてみると、輝元から秀就に至るまでの家督相続の流れに記載の違いがあることがわかる。萩藩毛利家が提出した系図では、毛利家の家督は元就→輝元→秀就と譲られたとされているが、長府藩毛利家が提出した系図では、毛利家の家督は元就→隆元→輝元→秀元→秀就と譲られたとされているのである。

『寛永諸家系図伝』は各家から提出された系図をもとにしており、この長府藩毛利家の系図は秀元自身の主張を反映したものであると考えられる。実際、秀元は公儀の普請役の分担を拒否する際に、長府藩領は自らの隠居領であるため、公儀負担の対象にはならないと萩藩毛利家に説明している。隠居領であるということはすなわち、一度萩藩毛利家の家督を相続したということに他ならない。普請役の分担拒否は萩藩毛利家にとっては本家に対する分家の反抗であると同時に、その論拠とされた長府藩領を自身の隠居領とする秀元の主張も看過できないものであった。

ところで、先ほど隆元の正統への記載について触れたが、実は隆元が正統に未記載となるに至った決定的な原因が、先ほどの朱印状交付の際の益田の発言から明らかになる。寛永十一年（一六三四）の別朱印状発行問題の解決を目指すなかで、土井利勝のもとを訪れた際、土井は益田と井原を呼び出し、これまでの毛利家の経緯、特に秀元の地位について説明を求めた。これに対して益田は朱印状については今回見せた通りであるとした上で、秀元の地位について次のように説明した（『被載隆元公於御正統並非秀元君於正統弁』）。

「秀元が輝元から一旦毛利家の家督を相続し、秀元から秀就へ相続させたということを申していますが、そうしたことはまったくありません。その事情は毛利家の旧例にあります。元就には隆元という長男が居ました。輝元の父にあたります。隆元は元就の陣代も務め、いくつかの褒も受けていますが、四十歳余で病死いたしました。その時、まだ元就は健在だったため、隆元は家督を相続しませんでした。そのため、毛利家の系図では隆元は家督を相続した正統としては記載していません。毛利家の正統はあくまでも元就から輝元へ譲られました。

図12『寛永諸家系図伝』で示された萩・長府両藩の系図

【萩藩毛利家】
●元就――隆元――●輝元――●秀就

【長府藩毛利家】
●元就――●隆元――●輝元――●秀元――●秀就

●は正統（本家家督相続者）

たとえ長男として生まれても、家督を相続しなければ正統として系図には記載しません。もしも秀元の主張が正しければ、系図に記載されているはずですが、系図では輝元から秀就へ続いています。ですので、秀元から秀就へ家督が継承されたという主張は通りません」

つまり、元就の長男である隆元でさえ家督相続前に死去すれば正統系図に記載されない以上、この正統系図に記載のない秀元が正統の地位を継承したはずはないという理屈である。この発言は史料によっては元堯（無庵）ではなく祖父の元祥（牛庵）によるものであるとされることもあるが、隆元の家督相続を否定する発言であるにもかかわらず近世を通じて批判された様子はなく、むしろ「大功」や「思慮」として称賛を受けている。それほどまでに、秀元を正統に入れるということに対する拒否感が強かったのである。しかし、ここで秀元の正統としての地位を否定する根拠として隆元の存在を示したため、直後に行われた『寛永諸家系図伝』の編纂時、萩藩毛利家は「秀元を正統として記載させないようにするためには、その根拠として位置づけた隆元も正統として記載できない」というジレンマを抱え、先の図12のような記載になった。

一方、秀元や長府藩毛利家も主張を通すために、さまざまな手段を用いていた。たとえば、承応年間に国目付として萩を訪れた石川貴成は萩来訪前に、秀元の娘聟である稲葉正則から秀元が所持している証文類を見せられている。その際、稲葉は『寛永諸家系図伝』に収録された萩・長府両藩の系図を持参した上で、次のように主張している（「福間彦右衛門覚書」）。

「この二つの系図は同じ家のものなので、内容も同じになるはずなのに違っています。萩藩毛利家の秀就が提出した系図には甲斐守（秀元）が正統として記載されていません。甲斐守（秀元）は一旦輝元の養子となり、甲斐守（秀元）から長門守（秀就）へ家督を譲ったのですから、長門守（秀就）が提出した系図が間違っているということになります」

この稲葉の申し入れは長府藩毛利家の主張に沿ったものであり、国目付として派遣される石川に対してその主張を認めさせる狙いがあったと考えられる。先ほどの別朱印状の交付の際にも永井からの協力を得ていたように、幕閣との縁戚関係を強化していた長府藩毛利家は、ここでも縁戚関係にある稲葉の協力を得て、自分たちの主張を展開していたのである。しかし、石川はすぐに萩藩毛利家公儀人の福間就辰にこの内容を伝え、真偽を確認している。これに対して、萩藩毛利家も石川に対して反論を行うなど、双方が幕閣や関係者も巻き込んで自分たちの主張を展開していった。また石川は萩に滞在中、寛永年間の朱印状交付の事情を知る益田元堯（無庵）らと対面し、直接事情を聞いている。この時期、秀元は死去し、萩藩毛利家も秀就から千代熊（後の綱広）へ代替わりしていたが、未だ秀元による正統をめぐる問題は継続していたのである。

このように近世の初期に発生した系図をめぐる二つの問題、すなわち秀元を毛利家の正統に入れないこと、そして隆元を正統に戻すことはこの後も萩藩毛利家の課題となった。

二　揺れる幕藩関係・同族関係

毛利綱広・吉就・吉広

1　模索される幕府との関係性

綱広の家督相続と由井正雪の乱

萩藩二代藩主毛利綱広（幼名千代熊丸）は寛永十六年（一六三九）に江戸で誕生した。父は秀就、母は結城秀康の娘龍昌院である。つまり、綱広にとって、父方の高祖父は毛利元就、母方の曽祖父は徳川家康ということになる。同二十年、秀就の命により椙杜《すぎもり》就幸が傅役《かしづきやく》に命じられた。

さて、綱広の経歴は母龍昌院を介して越前家、さらには徳川将軍家に連なることから、非常に安定したスタートを切ることになる。寛永十八年、髪置の儀礼は母の弟である松平直政《なおまさ》が行っている。また、正保二年（一六四五）に袴着を行った際には父秀就と同じように家康から拝領した長袴を用いた。そして、翌三年には登城し、初めての御目見を行った。

慶安三年（一六五〇）閏十月三日、長らく秀就と対立を続けてきた毛利秀元が死去した。この時、秀元の嫡子光広への跡目相続の許可が萩藩毛利家ではなく、長府藩毛利家に直接なされたことから、萩藩毛利家は幕府に対して抗議を行った。しかし、秀就も同年末、萩に帰国中に発病し、翌四年の正月五日に死去した。江戸には同十三日に秀就発病の知らせが届き、追って十七日に秀就死去の知らせが到着した。この時、綱広（千代熊丸）はいまだ十三歳であった。

秀就死去の知らせを受け、萩藩毛利家には龍昌院の弟である松平直政が駆け付け、対応に当たった。この際に、直政の指示によって、徳川家康と井伊直政の起請文が江戸に取り寄せられた。これは関ヶ原合戦後、輝元が大坂城を退去するにあたって毛利家の存続を保証したものであり、毛利家にとっては家宝ともいえる文書であった。

二月二十日には千代熊丸の家督相続が許可された。この時千代熊丸に同道したのは、龍昌院の甥にあたる松平光長と龍昌院の弟の直政であった。また、同日に吉川広正が岩国から江戸に到着し、龍昌院・千代熊丸から政事向きの補佐を依頼されている。また、一門・準一門の家が交替で江戸詰めをし、政務にあたることが定められた。さらに慶安四年四月二十日、三代将軍家光が死去した。この時、萩藩毛利家は率先して誓詞を提出することを申し出、許可されている。この誓詞は在江戸の家臣たちも作成し、吉川広正も連署している。

家光の跡を継いだ家綱は未だ十一歳の少年であったが、この家綱治世の初期に起きた大事件が慶安事件である。この事件は由井正雪《ゆいしょうせつ》らによる反乱計画であるが、計画の発覚により未然に防がれたこの事件に、萩藩毛利家も巻き込まれることとなった。事件の推移は以下の通りである（山本博文、一九九一）。

慶安四年七月二十五日、萩藩毛利家公儀人福間就辰に対し、老中松平信綱の用人石川作左衛門から事件にかかわる情報がもたらされた。石川によれば信綱の家来に正雪の知人がいたことから、どこで正雪と知り合うに至ったかを問い詰めたところ、萩藩毛利家の江戸藩邸で会ったと証言したという。また、石川は萩藩毛利家内部に正雪の弟子となって軍法稽古をしている者がいるという噂を福間に伝えた。

この知らせを受けた萩藩毛利家は急ぎ関係者の探索に乗り出した。同月二十九日、福間に登城が命じられた。同人が登城したところ、今度は老中松平信綱が直接面会した上で、金井半兵衛の捕縛および萩藩毛利家領内にいるとされる正雪の関係者七人の調査が命じられた。さらに同日再度の登城命令に応じた福間に対し、信綱は岩国領主吉川広正家臣のもとに正雪の関係者である熊谷三郎兵衛が止宿しているという情報を伝えた。これを受け、福間は即座に吉川家の江戸屋敷に赴き、熊谷三郎兵衛止宿の事実を確認し、同人が宿に戻り次第捕縛するように指示を出した。

しかし、翌日、小出吉英邸の裏で熊谷三郎兵衛が自害しているのが発見された。この知らせを受けた萩藩毛利家は即座にこのことを松平信綱に注進した。また、萩藩毛利家が探索を命じられていた金井半兵衛も八月三日に大坂で自害した。この後、萩藩毛利家は引き続き信綱からの指示を受け、萩に居住する関係者家族を江戸に護送し、幕府に提出している。

綱広の行状

こうした武家社会全体を動揺させた大事件に巻き込まれながらも、萩藩毛利家は慶安四年（一六五二）・承応元年（一六五二）・同三年の三度に及ぶ国目付の派遣を乗り切った。この間の承応二年十二月十日に千代熊丸は元服し、綱広と名乗った。この元服の際、同日ともに元服した上杉綱勝《うえすぎつなかつ》・細川綱利《ほそかわつなとし》に先んじて叙任を許されたことは、後年に至るまで萩藩毛利家の家格を示す象徴的な逸話として繰り返し幕府に対して主張されることになる。また、万治元年（一六五八）四月には福井藩松平家の松平忠昌の娘千姫（高寿院）を正室として迎え、徳川家との関係をより強固なものとしていった。そして、同年には帰国を許され、萩に初入国を果たしている。

また、藩政という点においても綱広治世には後年につながる制度の基盤が整備されていった。万治三年、萩藩毛利家では「当家制法条々」が制定された。この「当家制法条々」を中心に、万治三年から寛文元年（一六六一）に制定された法令群を万治制法と呼ぶ。「当家制法条々」は、この万治制法のなかでももっとも重要な法令とされた。同法は幕府法や元就以来の毛利家家中で定められた法を基としたものであり、条文のなかでも第一条で幕法の順守を掲げながらも、随所で元就以来の家法の順守を求めている。毎年正月十一日に萩城内で家臣に対して同法を読み聞かせる儀式が行われ、それは幕末まで続いた（山﨑一郎、二〇二〇）。

この時期に行われた綱広の特筆すべき政策として、万治三年に行われた正保の二歩減中止がある。正保三年（一六四六）十一月、秀就は知行地の二割（寺社領は三割、小身家臣の場合一割の者もいた）の上知（正保の二歩減）を行った。しかし、これは家臣たちを経済的に困難な状況に追い込むことになった。この事態を憂慮した綱広は万治三年に正保の二歩減の中止、つまり、上知した知行地の返還を決定した。これは、困窮する家臣を救済する政策を実施することで、幼年で家督を相続した綱広の権威を高め、そのもとでの結束をはかるための政治的配慮とされている(市村佑一、一九九三)。また、綱広は幼年相続であったため、幕府から国目付を派遣されたことは先に述べたが、この国目付の来訪を契機に城下町の整備も行われた。

しかし、このように初入国を果たして以降、実績を残したものの、これ以降の綱広の行状について、後年に作成された由緒書では「綱広事卅一歳より病気罷成、其後者交替得不仕、例月之登城も御断申上、十ヶ年余引篭罷有候」(『御昇進被仰入』)と記されている。実際、綱広は延宝二年(一六七四)以降、病気を理由に江戸に滞在を続けたものの、登城は行わず、屋敷に引きこもったままとなってしまった。綱広が政務を行わない期間、綱広と正室高寿院の子である吉就《よしなり》が幕府向きの役目・家臣団向きの役目双方を父綱広の名代として行うことになった。

この時期、萩藩毛利家をめぐる縁戚関係にも一つの事件が起きた。それは延宝七年から同九年に起きた越後騒動である。高田藩松平家、すなわち松平光長の家で起きたこの御家騒動は光長の後継者をめぐる対立に端を発し、光長の異母弟である永見《ながみ》大蔵《おおくら》と家老栗山大膳《くりやまだいぜん》との対立が家臣団全体を巻き込んだ対立へと発展した。延宝七年、将軍家綱の上意として、永見大蔵らは高田藩松平家の親族にお預けとなることが決定したが、高田藩松平家との縁戚関係にあった萩藩毛利家では永見大蔵の身柄を預かるように命じられた。

しかし、この処分を不服とした高田藩家中の訴えによる再審議が行われ、同九年、小栗美作とその嫡子大六が切腹、永見大蔵は八丈島へ流罪となった。さらに、松平光長とその養子綱国《つなくに》も御預けとなり、高田藩松平家は改易となる。この時、綱広も縁戚関係にある立場から遠慮を申し出るが、免除されている。この後、萩藩毛利家は八丈島に流罪になった永見大蔵や残された子どもに対し合力金を送っている(佐藤宏之、二〇一〇)。

しかし、この後も綱広は病気を理由として、帰国も登城も行わなかった。その結果、天和二年(一六八二)、綱広は多病を理由として正式に家督を吉就に譲り、隠居した。

こうした綱広の行状の理由について、史料上は多病によるものであるとされているが、『近世防長人名辞典』では次のように述べている。

「綱広は日ごろから徳川家に臣従することを恥と考え、病を理由として登城せず、また幕府も綱広が結城秀康の娘の子であることを理由に、それを咎めなかった」

（「綱広居常徳川氏に屈下するを恥じ、江戸に在るや、多く病に托して営に登らず、幕府その越前黄門の女の出なるを以て敢えて問わず」）

『泰厳公遺事』に見る綱広

同様の逸話は綱広の一代記である『泰厳公遺事』でも見ることができる。

「綱広の性質は英邁で剛直であり、有為であったものの、毛利家の名声の衰退を嘆き、ふさぎ込むことが多かった。このため、将軍家に対する伺候などをおろそかにした。さらに多病のため神経が過敏になり、突然激高することがあったが、老臣堅田就政などはよくこれを抑えて補佐し、間違いを起こさせなかった」

（「公性英邁剛直頗ル有為ノ資アリ、而シテ常ニ家声ノ衰替ヲ慨シ、鬱々トシテ楽シマス、是ヲ以柳営伺候ノ如キ動スレハ之ヲ忽諸ニ付ス、加フルニ身多病ニシテ神経ノ過敏ヲ来シ、卒然トシテ物ニ激スルコトアリシモ老臣堅田就政等能ク之を抑損補佐シ過誤アルニ至ラシメス」）

実際、綱広のこうした行状が周辺家臣に恐れられていたことはほかの逸話でも触れられている。以下は『泰厳公遺事』に記された綱広の隠居時の逸話である。

綱広が病に臥せり、怒りやすくなったことに近侍は困惑し、江戸家老である当役らを含めた詮議がなされ、この場で綱広の隠居が決定した。しかし、綱広の気性を知っている家臣たちがこれを進言しかねているところに、一門二席右田毛利家当主の毛利就信《なりのぶ》が出府してきたことから、綱広への進言を依頼したという。しかし、綱広自身は出府してきた就信と面会しようとしなかった。さらには自ら就信の滞在先を訪れ、長旅の労を労わる言葉はかけたものの自らの隠居の話はさせなかったという。このため、当役らは家臣らの総意として綱広に隠居を求めることを決め、謁見を求めた。しかし、これを察した綱広は家臣たちから隠居の求めが出る前に、自ら隠居を宣言した。

この後、正式な隠居の手続きのため幕府からの使者が派遣され、綱広自らが血判を行う必要があった。この際にまた綱広が何かの拍子に怒りを爆発させるのではないかと周辺の家臣たちは恐れていたが、綱広は長年の多病により幕府に対して礼を失したことを詫びた上で、血印に粛々と応じたという。

以上の記述は後年に作成された一代記の記述であるが、綱広自身の立場や多病という事情がこうした逸話を生むようになったといえる。

しかし、こうした気性の激しさとは別に、綱広に対しては大名として好意的な見解も見られる。六代藩主宗広《むねひろ》に仕えた和智東郊は主君である宗広を顕彰するなかで、綱広について聡明な性格であり、十分に威光を備えた大名であったとしている。

綱広自身は多病のため、父秀就と比して官位の昇進は遅く、少将への昇進は叶わなかったが、これを嘆いた周辺家臣に対しては「官位ハ長袖（公家）ノ具ノミ武人ニ於テ何ノ用カアル」としてまったく意に介さなかったという（『泰巌公遺事』）。しかし、この綱広の多病や続く吉就・吉広《よしひろ》の早世が萩藩毛利家の少将への昇進という先例を途絶えさせたという認識は後代にも引き継がれていった。

また龍昌院・高寿院と二代にわたる婚姻を通じて強化してきた越前松平家一門との関係も、元禄十二年（一六九九）綱広の子である元重が福井藩松平昌親《まさちか》（吉品）から離縁された際に悪化している。この時、福井藩側は元重の多病を理由に同人を廃嫡した。しかし、萩藩毛利家の主張によれば、元重は確かに病気の時期はあったものの、それは廃嫡の理由になるようなものではなく、昌親が元重は家督相続者とはなりえないほどの重病であると周囲に嘘を吹聴し、廃嫡したという。当時の萩藩主は元重の同母兄である吉広であり、こうした昌親の態度に憤慨し、老中の阿部《あべ》正武《まさたけ》の助力を得て、元重を萩藩毛利家に引き取った（『監物様萩御下向一巻』）。この後、萩藩六代藩主宗広が再度福井藩松平家から正室を迎えており、両家との関係が元重の離縁によって断絶したわけではないものの、宗広の一代記である『遺徳談林』でも、宗広の婚姻以前には福井藩松平家とは「表向御勤計ニテ御不和ノ御様子ニ有ケル」としており、両家の関係が元重の一件を契機に疎遠になっていたことがわかる。

2　家臣となった元就の子どもたち

岩国吉川家の動向

ところで、長府・徳山・清末が分知を受け、朱印状こそ別発行とはならなかったが、大名、すなわち将軍と直接の主従関係を結ぶ存在として認知されたのに対し、岩国を領有した岩国吉川家はこうした待遇が認められなかった。つまり、大名ではなく、あくまでも萩藩毛利家の家臣という位置づけになってしまったのである。

では、なぜこうした状況が生まれたのか。再び、萩移封直後の動向を見ていく。

慶長五年（一六〇〇）十一月十六日付の起請文の中では、吉川広家はほかの毛利家重臣とともに連署している。この時、すでに毛利秀元は連署しておらず、ここに連署しているということ自体、吉川広家がほかの毛利家重臣と同格、つまり萩藩毛利家の家臣であるということを示すものであるといえる。また、この年の十月二日付で広家は岩国を含め三万四千石あまりの領地打渡注文を受給しているが、同日に元就の子である元康・元政に対しても打渡注文が発給されていることから、この時点での広家の立場は少なくとも後に一門となる家と同格と位置づけられていたことがわかる。

一章で述べたように、関ヶ原合戦において徳川家への内通を行った広家に対しては萩藩毛利家内部での風当りも強く、輝元に対して広家自身が弁明を試みるほどであった。さらに、近年の研究成果では関ヶ原以前から従兄弟同士である輝元と広家の関係が良好ではなかったということが指摘されている（村井祐樹、二〇一〇）。広家の父元春が元就から吉川家の存続は毛利家の存続と不可分なものであり、毛利家の補佐にあたるように求められていたことは「三子教訓状」のなかでも確認できる。しかし、元春の跡を継いだ元長が早世した後、元長の弟である広家は家督を相続した後も毛利家の領国運営に参与した痕跡が見られない。これに対して、広家と同じく内通に関与し、講和に携わった福原広俊が厚遇されたことを踏まえると、広家に対する輝元の不信感は強かったと考えられる。

一方、防長移封後の岩国吉川家は、長府藩毛利家の秀元とともに両川の後継者に擬せられていた。輝元は秀元と広家の仲を取り持ち、両者を競合させ、萩藩毛利家のために働かせることを期待したものの、秀元と広家の不和もあり、両川の後継者という輝元の期待に応える役割は担えなかったとされる（田中誠二、一九八九b）。

その一方で、秀元の専横体制も輝元の望むものではなく、長府藩毛利家と岩国吉川家の均衡を維持するための手段として、元和二年（一六一六）七月には輝元の娘（高玄院）を広家の子である広正に嫁がせている。この時、輝元は高玄院に対して、他大名家ではなく、少なくとも萩藩毛利家にとっては家臣に過ぎない岩国吉川家に嫁ぐことに対して高玄院周辺に不満の声があることについて言及している（毛利家文書一一八六）。その上で輝元は、萩藩毛利家においては「ひてもと」、つまり長府藩毛利家の秀元と「きつかわ」岩国吉川家の存在が不可欠であるということを述べ、今回の縁談が「かちうのとゝのへ」のためのものであり、嫁ぐ娘に対して今回の縁談の重要性を理解することを求めた。つまり、この縁談は江戸での秀元の立場の重要性が増すなかで、将来の秀就の体制を補強する上で秀元の専横体制に陥らないように、岩国吉川家との関係を強化することを目的としたものといえよう。しかし、この縁談の後に岩国吉川家に対する処遇が急激に変化するということはなかった。さらに言えば、長府藩毛利家に対する岩国吉川家の対抗意識もくすぶり続けた。元和三年には広家が広正の在府を計画したほか、ほかの一門と同様に実子を証人として出すことを拒否するなど岩国吉川家の反発は幕府も巻き込みながら展開した。

この後、岩国吉川家に対する対応が変化したのは、秀元の動向による部分が大きい。秀元が次第に萩藩毛利家から距離を置いたことは先述の通りであるが、これに伴い再度岩国吉川家に萩藩毛利家の運営で重きをなすことが期待された。寛永八年（一六三一）、秀元は「国之仕置」を秀就へ返上した。この翌年、秀就は広家の子である広正に対して領国運営の監督を依頼している。

しかし、この時期には後年に至るまで萩藩毛利家と岩国吉川家の間で懸案となる重要な問題が生じている。それは幕藩体制下における岩国吉川家の立場である。

寛永十一年、将軍家光の上洛に伴い、吉川広正も上洛して家光への御目見を希望し、秀就のとりなしもあったことから実現した。しかし、この時に秀就が提出した広正の身上にかかわる覚書のなかで求めた月次の登城について、老中土井利勝は登城無用と返答した。この件は幕府側が岩国吉川家を将軍家に直接奉公する家ではなく、基本的には陪臣であるという理解を持っていたことの証明であるとされている（田中誠二、一九八九ａ）。

この寛永十一年という年は①就隆の将軍への直奉公が決まった、②岩国吉川家を萩藩毛利家の家臣として位置づけるという幕府の方針が明確になった、③防長両国の領有について、萩藩毛利家が一円に拝領し、その内配として末家が存在するという形が確定した年であり、萩藩毛利家を取り巻く本分家関係の枠組が確定した年とされている（田中誠二、一九八九ａ）。秀元が江戸で長府藩毛利家の家格を宣伝する活動をしていたことからも明らかなように、在江戸、ひいてはその立場を利用して将軍やその周辺の有力者との関係を作り上げておくことがそれぞれの分家の立場を決める上で重要な要素とされていた。一方、岩国吉川家の場合、将軍家との直接の奉公関係の場から排除されたことが、この後の岩国吉川家の家格を主張する上で不利に働いた。

さらに、岩国吉川家の立場に大きな影響を与えたのが、綱広の家督相続直後の動向である。慶安四年（一六五一）、吉川広正は綱広の家督相続に伴い、岩国から出府した。さらに綱広の母である龍昌院は自ら吉川広正に対して江戸・国元双方の政事向きについて広正・広嘉《ひろよし》父子の協力を求めている。これを受け、広正は江戸へ滞在し、同年に家綱への代替わりに際して幕府に提出された誓詞には、広正もほかの萩藩毛利家家老らと並んで署名している。また承応元年〜同三年にかけての国目付派遣時には老中から萩藩毛利家家老にあてた奉書の宛先に吉川広正の名が見られ、ほかの家老らとともに萩藩毛利家の運営に携わる存在として認識されていたことが確認できる。
後年、同じく幼年での家督相続となった斉房の代にはこの綱広治世初期の政治体制が参考とされたが、一方で綱広治世初期の岩国吉川家の扱いについては、あくまでも当時疎遠となっていた長府藩毛利家の存在を意識したものであったと理解された。しかし、ここでほかの家老たちとともに萩藩毛利家の政治体制に深く関与したことが、結果として岩国吉川家は萩藩毛利家の一家臣であるという位置づけを証明する根拠として利用されるようになっていった。

一門六家の来歴

また、萩藩毛利家の分家としては三末家・岩国吉川家の他に分家家臣である一門六家がある。ここではその六家の成り立ちをみていく。

六家の内訳と知行高などについては、表1の通りである。まず席次順にみていくと、一席に位置づけられたのが、三丘《みつお》宍戸《ししど》家《け》である。同家は名前の通り、宍戸隆家と五龍（元就娘）の子孫たちである。続く二席の右田《みぎた》毛利家は元就七男元政の子孫に当たる。また三席の厚狭《あさ》毛利家は血筋としては八男の元康を始祖とするが、元康同母兄で元就五男の元秋から家臣団等を継承しており、元康を元祖、元秋を始祖としている。続く四席は吉敷《よしき》毛利家であり、一時小早川隆景の養子となっていた小早川秀包を始祖とする。

一方、五席・六席は吉川家から分家した家になる。五席阿川毛利家は吉川元春次男の元氏が萩藩毛利家に召し抱えられ、毛利の称号を与えられたことから始まる家である。そして、六席大野毛利家は一章でも触れたように吉川広家の次男就頼が吉見家を継承し、後に毛利の称号を与えられたことから一門として遇されるようになった家である。

この六家をみていくと、宍戸家以外は毛利を名乗っており、また系譜関係も

表1　一門六家の内訳

	席次	石高
三丘宍戸家	第一席	約11300石
右田毛利家	第二席	約16000石
厚狭毛利家	第三席	約8300石
吉敷毛利家	第四席	約10800石
阿川毛利家	第五席	約7300石
大野毛利家	第六席	約8600石

『近世防長諸家系図綜覧』より作成。

明白であることから、毛利家の分家家臣であることに異論はないようにもみえる。しかし、たとえば使用している家紋を見ると、必ずしも本家である萩藩毛利家のものに由来しているわけではなく、各家でその家の歴史のなかで獲得していたものを用いる場合もあった。また、毛利という称号についても「賜った」と表現する家と「復した」と表現する家に分かれている。つまり、系譜上は毛利家からの分家という位置づけにあるものの、自己意識という観点から見ると、六家の集団性が必ずしも強固というわけではなかった。

また、ここで六家に次ぐ家格集団である準一門二家についても触れておきたい。準一門二家は須佐益田家・宇部福原家である。一章で触れたように、須佐益田家は中世には石見国国人領主の家であったが、毛利家に属し、近世初期には積極的に政治に関与する立場を取った。一方、宇部福原家は毛利家の庶子家であり、元就の生母の実家でもある。こちらも毛利家との系譜関係を持ちながらも、家格としては六家ではなく、準一門二家に入っている。

ところで、この一門六家と準一門二家は、近世期の史料上では「六家」と「益・福」という形で区別されて記載されている場合もあれば、両者をまとめて「八家」としている場合もあり、近世を通じて混用されていた。

確かに一門と準一門については就任できる役職などの差異はなく、婚姻・養子縁組による関係性も密接であり、独立した家格集団としての区別が明確ではない部分もある。しかし、『巨室評論』のなかには、一門六家が準一門二家との差異化を求めて起こしたさまざまな要求が記録されており、当事者の間では少なくとも八家としてまとめられることに対する葛藤があったと考えられる。また、たとえば大名家の子女を養子と迎えることができるか否かなど、一門六家と準一門二家の間で明確に区別されている点などもあり、一門六家と準一門二家に区別できるのか、八家とまとめるほうが適当であるのか、一概に判断することができないのである。

しかし、一門六家が萩藩毛利家の分家として、特権的な位置にある集団として理解されていたことは間違いない。先述した和智東郊は綱広治世の一門とは、東郊が生きた時代における岩国吉川家に近く、ほかの家臣とは区別され、大名の統制に及びにくい存在であったと述べた。特に、東郊はこの時期の一門は未だ大名との血縁も近く、「真之御一門」、つまりは家臣というよりも大名親族であり、「老中」である益田・福原とは区別される存在であるとした。しかし、こうした一門のあり方を警戒した綱広の傅役の椙杜就幸は元服前の千代熊丸（後の綱広）に対して、「一門を今のままにしておいてはなりません。相応の役職を務めさせなさい」とたびたび進言した。これを受け、綱広は直裁を開始した後、一門二席右田毛利家当主就政（就信）を国元家老である当職に任命し、家臣としての位置づけを明確にしたという（『和智東郊座右記』）。

ここで、一門六家が就任する役職についてみていく。一門六家が就任する役職は加判役《かはんやく》・当職・当役の三つであった。

加判役とは政務に参与し、公文書に加判する職掌である。近世初期から存在し、当初は高禄家臣の内から数人が就任していた。加判役の職務は高札や家臣への役目触れ、命令書への署判、蔵入地と知行地との訴訟、給人同士の訴訟への対応であり、毎月三回の寄合と称する会議を行い、職務に対応していた。またこの加判役の内、大名の江戸参勤に随行するものを江戸加判役と呼び、国元に残る者を国元加判役と呼んで区別した。加判役の構成員については、慶長期には福原広俊のほか、輝元側近の榎本元吉・井原元以が任命され、その後、元和期に宍戸元続、寛永期に毛利元倶《もととも》（右田）が続いたとされている（田中誠二、二〇〇五）。

一方、当職とは大名の在国・在府にかかわらず、国元に常置され、租税の徴収をはじめとする財政や民政を掌握した。また、国元に常駐することから、国元の最高執政者として位置づけられた。このことから、当役を行相、当職を国相とも称する。なお、萩藩毛利家の場合、蔵元と呼ばれる地区に諸役所が集中して配置されたことから、これらの諸役所を総合して「蔵元」と称するようになった。

これに対し、当役とは一門六家が就任することは稀な役職ではあるが、基本的には大名の在国・在府を問わずその側で補佐を行う職掌であり、大名側近としての性格が強い。当初こそ、その権勢は強いものではなかったとされるが、次第に大組以上の士の進退をはじめ大名の親裁を必要とする案件は皆この当役の手を経ることとなったため、権勢が強くなったとされる。そして、この加判役・当職・当役を合わせて「当役中」と称した。

先に述べたように、綱広の幼年相続に伴い、一門・準一門が交替で江戸詰を行うことになった。この江戸詰の輪番は当初は阿川・大野両毛利家、須佐益田家であったが、承応三年（一六五四）に国元留守居の中で一巡したのを契機として、三丘宍戸家以下残りの一門たちも順番で江戸詰が命じられるようになった。さらに、後に一門六家が独占する当職への最初の就任は、寛文三年（一六六三）右田毛利家当主就信まで待たなくてはならない（市村佑一、一九九三）。つまり、一門六家は役職就任という契機を通じて段階的に藩政へと参与し、家臣としての性格を強めていったのであり、こうした歴史的な事実も先ほどの東郊の紹介した逸話と一致したものであるといえる。

このように特権的な地位から役職へ就任する一家臣へと変化したことによって、次第に一門六家と準一門二家間における現実的な差異は見えにくくなっていった。しかし、こうした経緯を経たからこそ、むしろ家格をめぐる自己意識の問題として、両者間の区別は残っていった。

3 萩藩毛利家との距離を模索する家々

長府・徳山両藩毛利家や岩国吉川家が萩藩毛利家との関係性を模索するなかでさまざまな動向を示したことは先述したが、分家家臣である一門六家も同様であった。先ほどの東郊は役職への就任を通して大名分家としての一門の権威は弱まり、家臣団を構成する一家臣となったと述べた。しかし、当事者である一門六家はこうした状況にそれぞれの方法で対応していった。そこで、ここでは一門をめぐる争論をいくつかみていく。

「家柄」を主張した三丘宍戸家

一章で述べたように、一門のなかで首席に位置づけられた三丘宍戸家は佐野道可事件に連座し、当主元続が隠居することとなった。しかし、その後も延宝四年（一六七四）に当主就附《なりちか》が死去した際、就附は弟の八助（就延）への家督相続を求める意向を生前に示していたものの、正式な願書を提出していなかったことから、同六年まで同人による家督相続の許可が遅れるなど家の継承という点では不安的な時期が続いた。また、当主の早世が続いたことから、結果として他家に見られるような役職への就任も進まなかった。この点において、役職への就任を通し、藩政における立ち位置を確保していったほかの家に比べると出遅れたという印象を受ける。しかし、三丘宍戸家はこのように役職への就任の機会が少なかったことを、むしろ自らの「家」が持つ独自性として主張していった。

たとえば、元禄七年（一六九四）四月に国元加判役を命じられた宍戸就延《なりのぶ》は、「家柄之儀加判役等相勤不来候故御断」、つまり、三丘宍戸家は加判役を勤めない家柄であるということを理由にこれを固辞している。しかし、吉広から再三の説得を受けたことで、加判役を勤めることを承諾したという（『巨室評論』）。

では、ここで三丘宍戸家が主張した「家柄」とはどういったものだっただろうか。寛政九年（一七九七）に三丘宍戸家当主就年《なりとし》が述べた内容をもとにみていきたい。

まず就年の主張によれば、三丘宍戸家の先祖である宍戸隆家が元就の娘五龍を正室に迎え、毛利家と縁戚関係になって以降も、宍戸家は「軍役」以外の役を命じられてこなかった。このため、隆家と五龍の孫にあたる元続は子である広匡に家督を譲るにあたり、宍戸家から毛利家に対する奉公は「軍役」を第一とするものであるとし、これ以外の役を命じられたとしてもそれを固辞するようにと命じた。これは大名の勘気をこうむり、宍戸家がつぶれることになったとしても守るべき遺命であり、その遵守は先祖への孝行そのものとして位置づけられた。

三丘宍戸家当主はこの元続の遺命に従い、特定の役職に就任することを固辞してきたが、現実問題としては軍役の機会が消滅した吉就・吉広代にはこのように固辞を続けることも困難になった。このため、就延は元禄七年に加判役を命じられた際、吉広に三丘宍戸家の家柄について説明した上で、「元続の代から三丘宍戸家の家柄は軍役第一と申し聞かせてきたことはもちろんであるが、次第に世の中が静謐になり軍役を負担する機会もなく、高禄を与えられながら無役であるということも本意ではない。加判役などであれば好都合であるので、まずは加判役については就任を受け入れる」とし、加判役への就任を承諾した。しかし、就延は元続の遺命やそれに基づく家柄を忘却するわけにはいかないとして、財政を統括する当職や大名側近である当役への就任は改めて拒否するということを明言した。これによって加判役に限り、就任するようになったと就年は説明した（『諸事小々控』）。

三丘宍戸家のこうした主張の根幹には財政方に対する蔑視や役職を通じてほかの一門が藩政で重きをなしていったことに対する焦りがあったと考えられる。しかし、萩藩毛利家側は史料上の証拠に基づいて役職就任と三丘宍戸家の家柄との関係性を否定している。たとえば、三丘宍戸家は元禄七年まで加判役を務めたことがないという主張に対しては、家臣の家の伝来文書のなかに三丘宍戸家当主の加判がある元禄二～五年にかけての奉書が存在するという点をもって、同家が元禄七年以前にも加判役を務めていた証拠としている。

この点について、三丘宍戸家は加判役ではなく、あくまでも大名の供として出府しただけであると主張した。しかし、萩藩毛利家はこれを江戸加判役としての職務によるものとし、三丘宍戸家の主張する特別な家柄の存在を否定した（『巨室評論』）。こうした萩藩毛利家側の主張は一門のなかでの三丘宍戸家の特殊性を否定し、一門間での優劣の存在を否定するものといえる。

大野毛利家に対する危惧

一方、跡継ぎをめぐる問題を抱えたのは大野毛利家も同様であった。正徳四年（一七一四）四月、大野毛利家当主の就詮《なりあき》が死去した。就詮は正室である吉川広正の娘（後に離縁）との間に長男をもうけたものの、夭折したことから、綱広の三男熊之助（右京）を養子として迎えた。しかし、この右京も貞享元年（一六八四）に死去したことから、就詮は実子の就豊《なりとよ》を後継者とした。就豊は綱広の娘である勘姫を正室に迎えるなど順調に後継者としての地位を固めていたものの、元禄十四年（一七〇一）には病気を理由に廃嫡され、勘姫も離縁し、実家である萩藩毛利家に戻っている。このため、就詮は福原広俊の子雅楽（広為）を養子として迎えた。しかし、就詮の死去する約一ヵ月前に雅楽の兄であり宇部福原家当主の広頼が嗣子のないまま死去したことから、雅楽は萩藩主吉元により、養家の大野毛利家ではなく、生家の宇部福原家を相続するように命じられ、生家に戻っている。つまり、結果的には就詮の遺志にもかかわらず、吉元の命により大野毛利家の後継者が不在となってしまったのである。

これを受け、萩藩毛利家は大野毛利家を福井藩松平家との養子縁組を解消して萩藩毛利家に戻っていた元重の子である元直に相続させることを発案した。しかし、この時萩藩毛利家が懸念したのが岩国吉川家の反応であった。すでに離縁しているとはいえ、就詮の正室は吉川広正の娘である。さらに、元をたどれば大野毛利家の祖は吉川広家の子である就頼であったことから、大野毛利家自体が「吉川家とハ別家ニ而候へ共、常々親ミ深く候」として、毛利を名乗るようになった後も岩国吉川家と親しい関係を維持していた。

また、萩藩毛利家も、大野毛利家当主が後継者選びも含め、岩国吉川家に対して相談をしていることを承知していた。元直の養子入りについて、就詮が存命中であれば、当人が岩国吉川家に相談すれば済む問題であった。しかし、先述したように、すでに就詮は死去しているなかで就詮が迎えた養子広為を生家に戻し、就詮の遺志とは異なる人物を後継者として送り込むという状況になってしまったため、念のため岩国吉川家の了承を得る必要があるのではないかとほかの一門らは考えたのである。結局、萩藩毛利家は表面上は自家の家臣である大野毛利家の後継者を指名することに対して岩国吉川家の了承は不必要としながらも、岩国吉川家からの返答を待って、元直による大野毛利家の家督相続を正式に命じている（『萬之助様毛利阿波遺跡相続被仰付一件』）。しかし、元直も同年九月に死去したため、寄組益田家に養子入りしていた益田幾之允が大野毛利家の家督を相続し、毛利元雅と名乗った。

吉川系に区分される大野毛利家は早くから藩政に参与し、綱広の子を養子や正室に迎えることで萩藩毛利家とのつながりを強化してきたようにも見える。しかし、一方では岩国吉川家を本家とする意識も引き続き持っており、それは後継者指名の際に萩藩毛利家が意識せざるをえないほどのものであったといえる。さらに、このように岩国吉川家との関係を維持したことが、重就治世に岩国吉川家との争論に際して交渉役を命じられることにつながっていく。

これに対し、当主自らが萩藩毛利家の子どもを迎え入れることを希望したのが、右田毛利家である。

養子を求めた右田毛利家

一門二席右田毛利家当主就信は一門のなかでももっとも早くに当職を務めるなど藩政のなかでも存在感を増していた。就信の正室は吉川広正の娘であり、就信は正室との間に嫡男の定道をもうけた。しかし、定道は延宝八年（一六八〇）、父就信に先立って二十六歳で死去した。就信にはほかに実子はおらず、正室の吉川氏も寛文十二年（一六七二）に死去していたことから、養子を求めることになった。

ここで就信が養子として迎え入れることを希望したのが、綱広の子である千之助である。千之助が右田毛利家に養子として迎え入れられたのは天和三年（一六八三）であるが、就信はこれ以前から千之助を養子としたい旨を内々で周囲に伝えていた。実際、延宝八年には綱広直々の命で大野毛利家当主就詮が綱広の子である熊之助（右京）を養子として迎えており、就信の希望もこうした動向に影響を受けたものと考えられる。

こうした就信の希望を聞いた綱広は千之助がいまだ幼年であることを理由に一度は保留とした。しかし、その後も就信は千之助を養子としたいという意思を変えなかったことから、綱広と吉就双方の意向を確認した上で、千之助を就信の養子とすることが決定した（『千之助様毛利六郎左衛門養子被遣候記録』）。

千之助は就信の養子となり、就勝《なりかつ》と称し、元禄二年（一六八九）に江戸を出て、右田毛利家の領地である右田へ下向した。『毛利十一代史』によれば、この時期に福原広俊の娘を吉川広紀《ひろのり》の養女として就勝の正室に迎える契約があったものの、延期されていたという。しかし、この縁組が実現する前の同七年に就勝の実兄であり、萩藩三代藩主吉就が江戸で急死した。吉就には後継者がいなかったため、異母弟である就勝は急遽右田を出発して、江戸へ向かい、吉就の後継者として萩藩毛利家の家督を相続し、吉広と名乗った。一方、就信も当時吉敷毛利家を相続していた実弟の就直の子久米之允（後の広政）を養子に迎えた。

養子入りした当初の就勝の立場をめぐって、『毛利十一代史』は次のような逸話を紹介している。江戸から萩に到着した就勝は右田毛利家に入る際、袋入りの傘を用いていた。これは従来一門の当主らには許可されないものであったが、就信をはじめ、ほかの一門はその場ではこれを見ないふりをしたという。しかし、その後、数年を経てから就勝は綱広の子とはいえ、右田毛利家に養子入りした以上はほかの一門と同格の存在であるのだから、自分たちにも袋入りの傘の使用を許可してほしいと就勝の養父である就信をはじめ、ほかの一門たちが訴え出た。これを受け、いまさら就勝の格式を変更することもできなかったため、萩藩毛利家は一門たちに対して袋入りの傘の使用を許可するに至ったという。一門の家に入った大名子息の格式をほかの一門たちも注視していたのである。

就勝と同様に家臣の家へ養子に入った後に萩藩毛利家の家督を相続した存在として、十一代藩主斉元《なりもと》がいるが、同人の場合は十代藩主斉熙《なりひろ》の命により宇部福原家と養子縁組を解消してから萩藩毛利家に戻っており、右田毛利家との養子縁組を解消しないまま萩藩毛利家に戻って家督を相続した吉広とは事情が異なっている。また、吉広自身も萩藩毛利家の家督を相続した後も領内巡見の途中に右田毛利家邸を訪問したほか、就信の養子となった広政の縁組を自ら命じるなど、就信や右田毛利家をほかの一門らと比較しても厚遇していた。

実際、この時期の右田毛利家の存在感はほかの場面でも発揮されていた。右田毛利家は元禄年間に江泊山《えどまり》を立山に設定していた。立山とは領主の私有地であり、農民らの入山は禁止されたため、採草場を失った右田毛利家領牟《む》礼《れ》村の領民は隣接する徳山藩領富海《とのみ》村の下草山に侵入し、無断で下草の刈り取りを行い、両者の間で激しい争論となった。この事件については後述するが、この時、右田毛利家当主の広政は自領の牟礼村領民に対し下草採集を認めるように富海村側を説得するように担当代官にたびたび依頼している。この件については、そもそも牟礼村の人々が富海村への侵入を行う原因となったのは、右田毛利家が立山を設定したことである以上、右田毛利家が立山を領民に開放すれば解決する問題であると主張する富海村の人々に対し、代官は「筑後殿（広政）に対してそうしたことは言えない（「対筑後殿絶而左様成儀ハ不申上候」）」と発言した。さらに、この時期は徳山藩毛利家が改易された直後であったことから、代官は富海村の庄屋に対し、広政の意向として採草地の分与を求めてきている以上、萩藩領に編入された富海村にとっては要求を受け入れたほうが後々のためである（「富海百性中も筑後殿〈広政〉御下知ニ応候ハヽ、先キ〳〵悪敷様ニ参間敷候」）と説得している（『富海草山之内刈場御所望一巻』）。毛利広政については、吉元治世における藩政で主導的な役割を果たしたとされているが（河村一郎、一九八六）、その権力の大きさについてはこうしたやり取りからも知ることができよう。

萩藩毛利家の分家であるという立場をもっとも強く意識した行動を取ったのは、一門三席の厚狭毛利家であろう。

厚狭毛利家と家紋

元文四年（一七三九）、厚狭毛利家当主就久《なりひさ》は当役の堅田広慶のもとを訪れ、厚狭毛利家の家紋の使用状況について説明を行った。就久の主張によれば、萩藩四代藩主吉広の家督相続許可の御礼のために江戸に上った際、松平義行の使者と対面し、厚狭毛利家の家紋について質問を受けたという。その時、偶然系図を懐中していた就久は厚狭毛利家の家筋をもとに家紋について説明をしたところ、系図の借用を求められたので、これに応じた。その後、再度対面した際に改めて「なぜ厚狭毛利家は分家であるのに「丸之内ニ柊」の紋を用いているのか」と質問を受けた。

分家の場合、本家の家紋に丸を書き加えるなど、元の意匠の一部を改変した紋を家紋として利用する場合がある。萩藩毛利家の場合、家紋は「一ニ三星」「抱澤瀉《だきおもだか》」「桐」「菊」である。この内、「一ニ三星」の家紋について、萩藩毛利家と三末家の家紋を比較すると図13の通りであり、分家である三末家は萩藩毛利家の「一ニ三星」をわずかに改変した紋を家紋として利用していた。そのため、就久も松平義行は尾張徳川家の分家であり、徳川宗家の葵の紋に由来する「葵之丸」の家紋をつけていることから、分家である厚狭毛利家が本家である萩藩毛利家とまったく異なる家紋を使用していることを疑問に思ったのだろうと理解し、江戸から戻るとすぐに当時の当役国司広直に次のような嘆願を行った。

①厚狭毛利家は他の一門とは異なり、先祖である元康が他家を相続したことがないため、元康以来生家である毛利家の家紋（「一ニ三星」）を用いてきた。

図13　萩藩・長府藩・徳山藩・清末藩各毛利家の家紋

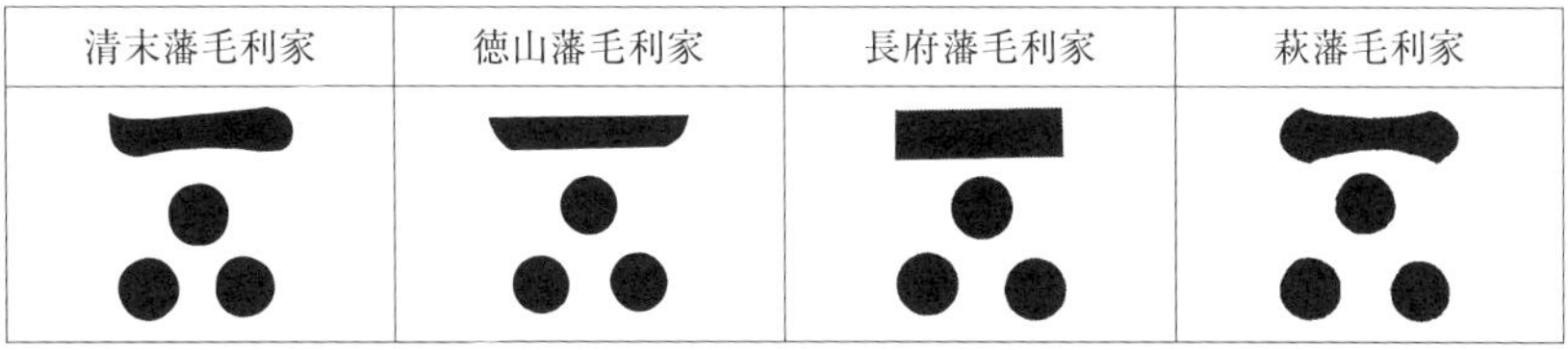

『御紋御書出　家之紋旗指物合印等之図』より作成

②元康の子である元宣の代には「一ニ三星」と「抱澤瀉」「柊」の家紋を使用していた。
③元宣の子である元勝の代に「丸の内ニ陰山形」に変わった。
④しかし、代々の武具や馬具には「一ニ三星」「澤瀉」の家紋を使用してきたことから、これを機会に厚狭毛利家の家紋を「立澤瀉」に変更したい。

元文四年時点での就久の主張によれば、この嘆願は受け入れられ、それ以降、厚狭毛利家は「立澤瀉」の家紋を使用してきたという。

しかし、就久の主張を受け、当役の堅田が調査を行ったところ、元禄十一年（一六九八）に厚狭毛利家は「立澤瀉」の使用を許可されたことは確かであったが、それは「丸に立澤瀉」であり、萩藩毛利家の家紋の「抱澤瀉」と完全に同じ家紋を使用しているというわけではなかった。これを受け、萩藩毛利家は次のように厚狭毛利家に申し渡しを行った。

①厚狭毛利家は元康以来、他家を相続したことがなく、独自の家紋を持たないため、萩藩毛利家の家紋をつけざるをえない状況があったことは認める。
②しかし、それは厚狭毛利家に限らず、家中には元就以前の「御家別れ」の家が宇部福原家をはじめ、大小多数存在し、その中には先祖は毛利家の家紋を使っていたという家もあるが、そうした家は毛利家の家紋を改変したものを家紋として利用してきた。
③厚狭毛利家は吉広代に「立澤瀉」を許されたというが、それは「丸ニ立澤瀉」であり、萩藩毛利家と同じ家紋ではなく、本来であれば幕であっても「一ニ三星」を使用すること自体認められない。
④厚狭毛利家に萩藩毛利家と同じ家紋を使うことを認めれば、ほかの一門が「自分たちの地位は萩藩毛利家からの家別れであることに由来するものだ」と考え、「毛利を名乗っ

ている以上は「一二三星」の家紋を使いたい」と主張し始めたら断ることができなくなる。第一、先代の吉元治世にもこうした主張をせず、長年許されていなかった格式を今になって許すということはない。⑤家紋に限らず、当代の宗広になって突然許可するということはできない。

以上の点をもって、厚狭毛利家が「立澤瀉」の家紋を使うことは認めないという見解を示したのである。先ほどの三丘宍戸家への反論と同様に、ここでも萩藩毛利家は一門のなかで特定の家が独自の家柄を主張し、家の間に優劣が生じることについては否定的な姿勢を示したといえる。

この申し渡しを受け、就久はあくまでも宗広から質問があった際に備えて情報を提供しただけであり、家紋の使用を許可してほしいという嘆願ではないと弁明した。しかし、実際には厚狭毛利家はこの後も萩藩毛利家の許可を得ないまま「丸無之立澤瀉」だけではなく、「一二三星」や「桐之とう」のように萩藩毛利家の家紋の使用を続けた。この後、七代藩主重就により、厚狭毛利家は家紋の無断使用を咎められ、一度「丸無之立澤瀉」とともに、萩藩毛利家の家紋を使用することを禁じられた。その上で、改めて重就から「丸無之立澤瀉」を家紋として使用することを許可された（根本みなみ、二〇一六）。

萩藩毛利家と同じ家紋を使用したいという厚狭毛利家の行動は「萩藩毛利家の分家」として萩藩毛利家に連なる自家の立場をよりわかりやすい形で主張する手段を求めたものであるといえる。しかし、萩藩毛利家の家紋を使用したいと求めた家は一門の内では厚狭毛利家のみであり、ほかの一門は家紋の獲得を通じて「萩藩毛利家の分家」としての自己意識を主張しようとする厚狭毛利家に同調せず、あくまでも自家に伝来する家紋の使用を継続した。このように「萩藩毛利家の分家」としての自己意識に家ごとの差があったのであり、こうした状況が後述する重就による岩国吉川家との交際関係再開の際の申し渡しへとつながっていく。

三　血筋の入れ替わり
毛利吉元・宗広

1　吉元の家督相続と徳山藩毛利家の反応

輝元の血筋の断絶

宝永四年（一七〇七）、萩藩毛利家四代藩主吉広が死去した。吉広には後継者となる男子が無かったことから、末家のうちから後継者を選ぶことになった。この時、候補となったのが、長府藩主綱元の嫡男吉元と徳山藩主の元次だった。結果、吉広の後継者として選ばれたのは、長府藩毛利家出身の吉元だったが、吉元の家督相続は萩藩毛利家の歴史を考える上で、一つの転換点となる。

図14　毛利吉元・同元次の系図

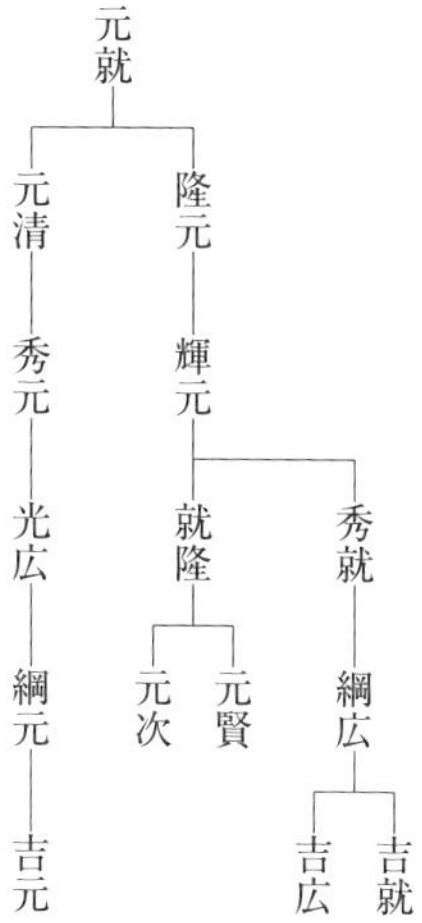

『近世防長諸家系図綜覧』より作成

図14で示したのは、吉元・元次の系図である。吉元は長府藩初代藩主秀元のひ孫にあたる。つまり、吉元が萩藩毛利家の家督を相続したということは、輝元から続いてきた血筋が秀元系統の血筋に取って代わったことを意味するのである。以降、十三代敬親までこの秀元系統の血筋が萩藩主を務めた。

一方、ここで元次の立場もみてみたい。元次は寛文七年（一六六七）十一月に徳山藩主就隆の四男として京都で生まれた。輝元から見れば男系の孫にあたる。就隆の子は三男までが早世していたため、元次は

図15　毛利吉元　毛利博物館所蔵

実質的には長男であったが、生母が側室であったことから、当初は徳山藩毛利家家臣の永井家の子として養育され、永井主計（賢富・賢充）と名乗った。一方、徳山藩毛利家の家督は就隆が継室の禅海院（中川重政の娘）との間にもうけた五男の元賢《もとかた》（寛文十年生）が相続した。しかし、元禄三年（一六九〇）に元賢が後継者のないまま死去したことから、永井姓を名乗っていた元次が生家に戻り、徳山藩毛利家の家督を相続した。その際、兄である元次が弟である元賢の養子となることをはばかり、元次を寛文十一年（一六七一）生まれとし、元賢の弟として幕府に届け出た。

ところで、この徳山藩毛利家の後継者選定の過程でも、長府藩毛利家との対立があった。元禄三年五月十五日の晩、徳山藩毛利家の親類である長府藩主綱元・清末藩主元平・岡部高成（元賢の義兄）・酒井忠栄（元賢の義兄）らが徳山藩毛利家の江戸屋敷に集まり、元賢の後継者に関する相談を行った。この場に同席した徳山藩毛利家家臣の桂民部・福間彦兵衛らが元賢の兄弟である永井主計（元次）を推薦し、異議無く決するものと思われていた。しかし、これに対し、綱元が自分の次男である幸之助を推したため、事態は紛糾した。

綱元は元賢が前年の帰国に際し、万一不慮の事態が生じた場合の「当分養子」として幸之助を幕府に届けていたことから、今回の場合も幸之助による家督相続が適当であるとした。これに対して、徳山藩毛利家家中はたとえ一度は家臣の家の名字を名乗った立場であっても、あくまでも徳山藩毛利家の血筋を引く永井主計（元次）による家督相続を望んだことから長府藩毛利家と対立することになった。さらに、元賢が当初は萩藩毛利家の綱広の子である長吉（後の元重）を「当分養子」とし、元禄三年に長吉が福井藩松平家に養子入りして以降、幸之助を改めて

「当分養子」として指名していた一方、実の兄（届出上は弟）の永井主計（元次）の存在を幕府に届け出ていなかったことから、この一件は幕閣らも巻き込みながら、さらに複雑化していった。結局、この時は幕府からの介入を防ぐため、萩藩主吉就の裁定により、徳山藩毛利家の推す永井主計（元次）の家督相続が決まった（小川國治、二〇〇三）。

宝永四年に吉広が死去した際、元次は四十一歳であり、輝元―就隆の血筋を引いていることから当然有力な候補者となるはずであった。しかし、ここでも一時家臣の家の名字を名乗っていたことを理由に退けられ、綱元の嫡子吉元（当時三十一歳）が萩藩毛利家の家督を相続することになった。

図16　萩明倫館南門　萩市観光協会提供

吉元の直面した課題

こうした経緯を経て萩藩毛利家を相続した吉元であるが、同人治世は藩校明倫館《めいりんかん》の創設や『閥閲録《ばつえつろく》』の編纂など文教政策に力が入れられた時期として知られている（小川國治、一九九七）。

享保三年（一七一八）六月、吉元は財政逼迫による家臣の士気退廃を憂慮し、家臣らに対して二ヵ条の「御意書」を示した。この中で第一条では諸士に対して文武を奨励し、第二条では家業人へ文学・武芸を怠ることのないように戒めた。また、稽古場の普請に着手し、同年十二月に完成した稽古場は、翌年正月に「明倫館」と名付けられた。明倫館は萩城堀内三の郭に位置し、九百四十坪の敷地には孔子・孟子などの木主を納めた大成殿を中心に学問寮、兵法場、手習所や剣術場などが配置された。初代学頭を務めたのは小倉尚斎《おぐらしょうさい》であり、二代目学頭は山県周南《やまがたしゅうなん》である。

また、吉元は同五年には家臣の永田政純《ながたまさずみ》に家臣らの家が所蔵する文書の調査を命じた。永田は七年もの歳月をかけてこれらの史料の調査・編纂を行い、その成果は『閥閲録』として全二百四冊にまとめられた。文書は家ごとにまとめられ、末尾には歴代当主名および死去年月や年齢などが記載されている。収録文書は毛利元就から輝元・秀就治世を中心としているが、鎌倉時代のものなども含まれている。さらに、この調査に際して萩藩毛利家は毛利家以外の発給文書についても提出するように指示している。

また、永田は同九年に毛利家系図である『江氏家譜』の編纂を命じられている。閥閲録の編纂はこうした修史事業に伴う史料調査であったとされているが、一連の史料調査は、萩藩毛利家家臣が自らの家の歴史に対して関心を抱く契機ともなっていった（山﨑一郎、二〇〇九、和田秀作、二〇〇六）。

このように文教政策に力を入れたものの、吉元の態度や行動については同時代の人々から厳しい評価もなされている。吉元の子である宗広に仕えた和智東郊は二章で述べたように、宗広を顕彰する過程で、宗広については二代綱広との共通点をあげながら好意的に評価したが、一方で宗広の実父である吉元については次のように述べている。

①吉元は末家からの相続だったため、御供の家臣たちまでも「御小身ノ行儀」を見せないようにとして虚勢を張っていた。当時は蔵元に仕える小役人までも縮緬《ちりめん》の羽織や茶宇《ちやう》縞《じま》の袴を身に着けていた。

②綱広は威光もあり、一門たちに対する扱いも丁寧であり、その子である吉就も同様であった。その跡を継いだ吉広は一度右田毛利家に養子に入ったことから、元は同列の存在であった一門に対しては一層丁寧に対応した。

③代々の萩藩主は江戸で外向きの勤めから戻った際には、式台で駕籠から降りると、後ろを振り返って「皆大儀也」と声をかけたが、吉元は「御小身」、つまり末家の長府藩毛利家から本家の家督を相続したという立場を気にしていたのか、わざと威厳があるかのようにふるまい、一門に対しても親しく言葉をかけることがなかった。

④このため、下の者から吉元に物を言うことがはばかられ、君臣の間に隔心が生まれた。

⑤ただし、一門の中でも宍戸就延は容赦なく物を言うので、吉元も返答しなくてはならず、一見と丁寧な対応をしているように見えた。しかし、それ以外の一門に対しては親しく声をかけることはなかった。

こうした態度について、東郊はその理由を吉元が「御小身」の出身、つまりは末家出身であるという点を気にしていたことに起因するとしている。吉元・宗広の治世に生きた東郊にとっては、こうした吉元の行動自体が分家出身という負い目を払拭したいがためのことに感じられたのであろう。また、後年、萩藩毛利家が幕府に提出した由緒書（『御内願一事』）では「吉元は末家である毛利綱元の嫡子であり、吉元が本家である萩藩毛利家の家督を相続したので、萩藩毛利家は徳川家との系譜関係もなくなり、自然と家格も以前と比べて劣るようになった（吉元儀実者末家毛利甲斐守綱元嫡子ニ而本家吉広遺跡相続仕公辺御続物も無之様罷成、自然と昔年之家格相喪）」と述べられ、吉元による家督相続が萩藩毛利家の家格が低下した契機として位置づけられている。

万役山事件

こうした吉元の態度は家臣団だけではなく、本分家関係にも少なくない影響を与えた。吉元治世は岩国吉川家の家格上昇運動（宝永五年三月）から始まり、数多くの重大事件が起きた時期であった。特に、そのなかでも特筆すべき事件として、ここでは万役山《まんにやくやま》事件と徳山藩毛利家の改易についてみていく。

図17　万役山事件の碑（「万役山尾崎」）山口県提供　網野ゆかり氏撮影

正徳五年（一七一五）六月、萩藩毛利家と徳山藩毛利家との間で万役山事件と呼ばれる事件が発生した。事件自体は萩・徳山両藩の境において、萩藩毛利家領の農民喜兵衛父子が一本の松を伐って持ち帰ろうとしたことを、徳山藩毛利家の足軽が見咎め、口論の末に喜兵衛父子を殺傷したことが始まりであった。この事件を受け、自領民が殺害されたことに対して謝罪を要求する萩藩毛利家側（吉元）と、あくまでも自領の木を盗伐した農民を処断したとして対応の正当性を主張した徳山藩毛利家（元次）は真っ向から対立した。

こうしたなかで、同六年四月十一日、吉元は幕府に対して、元次の隠居とその子である百二郎（後の元堯）への家督相続を願う願書を提出した。ここで吉元は元次の本家軽視の態度と日ごろの不行跡を訴えたが、あくまでも求めたのは徳山藩主の交代であった。しかし、幕府は翌十三日に吉元の訴えを全面的に認め、元次を戸沢正庸《とざわまさつね》の元にお預けとし、徳山藩毛利家領を萩藩毛利家に返還させるという沙汰を下した。つまり、吉元の求めた以上に厳しい判断が下されたのである。

なぜ、たった一本の松をめぐる口論がここまでの事件になったのかという点について、従来は元次の性格や事件に際して見せた同人の強硬な態度、また事件以前から続く吉元との不和など元次側にその原因が求められてきた。一方、近年では元次が強硬な態度を取るに至った背景も明らかにされている。たとえば、正徳五年八月には二章で見たように右田毛利家と徳山藩毛利家の間で下草山紛争が発生していた。長年にわたり萩藩毛利家や右田毛利家の威光を背景に、領内への侵入や領民への殺傷行為が繰り返されてきたことが、元次の萩藩毛利家に対する不信感につながり、態度を硬化させる原因になったともいえる（小川國治、一九九六）。

他方で、吉元自身の問題についても指摘されている。吉元は幕府に対して元次の隠居を求める具体的な理由として、元次の本家軽視の態度と日ごろの不行跡をあげた。この内、本家軽視の態度については、吉元は元次の行動の内①萩藩主の参勤交代時に派遣される上使への対応、②吉元による徳山藩毛利家の江戸屋敷訪問時の対応を具体的にあげ、その際の対応の悪さを本家への「粗略」や吉元への「無礼」として主張した。

この二つの場面における元次の対応を具体的にみていくと、確かに元次の対応自体は吉元の主張した通りであった。しかし、それは吉元の家督相続以前にも見られた行動であり、吉元以前には「粗略」や「無礼」として批判されてこなかった。つまり、「粗略」「無礼」といっても、それ以前と比較したものではなく、あくまでも吉元自身がどのように感じたかという感情的な要素に基づくものであった（吉田真夫、二〇二一）。先ほどの和智東郊による吉元の評価を合わせて考えると、こうした元次の行動を見過ごせず、ことさら本家や自分への「粗略」「無礼」として主張したということ自体が、末家出身という点を吉元が強く意識していたことの現れであるともいえよう。

また、吉元の行動は残る二つの末家にも影響を及ぼした。吉元は萩藩毛利家に入るにあたり、長男の又四郎（元朝）を父綱元の後継者として長府藩毛利家に残し、三男の左門（元陳）を萩藩毛利家へ連れていき、自身の後継者とした。しかし、この左門が正徳三年に死去したため、今度は長男で当時長府藩毛利家の家督を相続していた元朝《もととも》を萩藩毛利家で引き取り、自身の後継者とする代わりに、自身の弟である那波仁八郎《なわにはちろう》（元矩）に長府藩毛利家を相続させた。しかし、この元矩も享保三年（一七一八）に死去してしまう。この時元矩は数え年で十五歳であり、後継者はいなかった。このため、吉元は生家である長府藩毛利家を存続させるため、分家の清末藩主元平《もとひら》を長府藩毛利家に移し、元矩の跡を継がせることを幕府に願い出た。しかし、幕府は大名が十七歳未満で継嗣を定めずに死去した場合には断絶が定法であるとして、これを認めなかった。結果、幕法に則り、享保三年四月十三日に長府藩毛利家は断絶となり、その領地は本家である萩藩毛利家に還付された。

三末家の断絶

しかし、長府藩毛利家の断絶にかかわる一件はこれで終わらなかった。幕府は幕法に則り長府藩毛利家を断絶としたものの、同時に萩藩毛利家に対して、清末藩毛利家の石高を増加させることで実質的に長府藩毛利家の存続を図る妥協案を提示した。萩藩毛利家がこれを承諾し、正式に願い出たことで、享保三年四月十五日に清末藩毛利家の増高が決定し、長府藩毛利家は再興した。これは長府藩毛利家が断絶してから二日後の出来事である。しかし、今度は清末藩毛利家が断絶となった。こうして正徳六年（六月に享保に改元）からわずか二年の間に三末家すべてが一度断絶してしまったのである。この再興によって長府藩毛利家は旧高四万八千石から一万石削減され、三万八千石となったものの、享保五年に増高を受け、旧高まで回復する。また、清末藩毛利家も同十四年に匡広《まさひろ》（元平）の子竹之助（匡平・政苗）が長府藩主である兄の師就《もろなり》から分知を受けるという形で、再興された。また、徳山藩毛利家も同四年に再興を許され、元次の子である元尭《もとたか》が家督を相続した。

しかし、末家の断絶が防長二ヵ国にもたらした影響は小さなものではなかった。元平は清末藩毛利家から家臣らを引き連れ、長府藩毛利家に移ったものの、その取扱いをめぐって旧長府藩毛利家家老らの間に不満が生じた。その結果、家老の椙杜元世ら十人が長府領を退去する事態となった。また、長府藩毛利家は再興されたものの、完全に元の通りの家格とはならなかった。清末藩主元平は匡広と改名して長府へ移り、旧長府藩毛利家の領地と家臣を継承したが、従来の長府藩主が従四位下甲斐守侍従に叙任されたのに対し、長府に移った後も匡広の官位は従五位下讃岐守のままであった。この後、匡広は享保十三年に甲斐守に叙任されるが、位階は上がることなく、翌年に死去した。以降、長府藩主の位階は従五位下が慣例となる。

2 岩国吉川家の家格上昇運動

岩国吉川家の自己意識

もう一つ、吉元治世を語る上で欠かすことのできない事件が岩国吉川家の独立運動である。綱広の家督相続に伴い、岩国吉川家には幼年藩主の補佐という役目を期待されたものの、その後綱広の成長に伴い、その役目は消失する。それと前後して出てきたのが、岩国吉川家の家格をめぐる問題である。

先述したように、幕府は寛永十一年（一六三四）の段階で、岩国吉川家は将軍家に直接奉公する家ではなく、陪臣、つまり萩藩毛利家の一家臣に過ぎないという見解を示していた。これはつまり、ほかの三末家よりも格下に岩国吉川家を位置づけたということである。これに先立って元和三年（一六一七）に証人提出を求められた段階から、吉川広家は岩国吉川家の格式が一門並、つまりは家老と同等に引き下げられるのではないかという危惧を抱いていた。吉元の治世に起きた家格争論のなかで、岩国吉川家は自家の家格について、「又四郎殿（長府）・飛驒守殿（徳山）・讃岐守殿（清末）之外、勝之助同輩之家者御座有間敷様ニ存事候」（「蓮得院口上覚写」）、つまり岩国吉川家と同格の家は長府・徳山・清末の三末家のみであるとしており、このことからわかるように岩国吉川家にとって三末家より格下、一門と同格であると捉えられるような行為は避けるべきものとされていた。

岩国吉川家がこうした危機感を抱いた背景には、「三家」をめぐる理解の変容が影響していた。一章でも言及したが、この「三家」という言葉は毛利元就が書状のなかで用いた言葉である。元就が子、つまり隆元・元春・隆景に宛てた書状のなかで、兄弟三人の仲を円滑に保つことが、毛利家・吉川家・小早川家、すなわち「三家」の存続につながるものであると説いていることからも明らかなように、この「三家」とは本来毛利家・吉川家・小早川家を指す言葉であった。

しかし、この「三家」という言葉は次第に毛利家の下にあった有力な三家、すなわち次男元春の吉川家、三男隆景の小早川家、さらに元就の娘聟の家である宍戸家（三丘宍戸家）であるとする理解が広まっていった。こうした理解については、岩国吉川家も承知しており、あくまでも三家とは毛利家・吉川家・小早川家を指すものであり、そこに宍戸家を加えるのは「邪説」であると主張してきた（山本洋、二〇〇八）。

このように「三家」、つまりほかの家臣とは一線を画する存在として元就に位置づけられた家であるという主張は岩国吉川家の家格、すなわちほかの一門よりも格上であることを証明する上で重要な点であった。こうした理解を背景として、岩国吉川家と一門の間では争論がたびたび起きていたことが確認できる。

元禄七年（一六九四）、国目付が萩を訪れた際、岩国吉川家当主広紀も萩へ出向き、国目付の対応にあたった。その饗応の席で宍戸家当主就延が広紀に対し、「膳之内笠へ盃をしため申候」という無礼を働いた（「吉川広紀覚写」）。萩藩毛利家への訴えのなかで、広紀は就延のふるまいは「此儀同輩之者と候ても不仕事ニ候」、つまり同格の家に対してであったとしても無礼な行為であるとしており、一門よりも格上の家であると自認する吉川家にとっては到底許容できないものであった。そのため、吉川家はこの件をこのまま放置しては自家の家格が立たないとして、萩藩毛利家に宍戸就延の処分を求めた。しかし、折しも対応した福原広俊の死去（同八年）や吉広の初入国（同九年）が重なったことから、就延の処分を吉広の入国後とした萩藩毛利家に対して、岩国吉川家はあくまでも吉広の初入国前に就延を処罰することを求めた。

萩藩毛利家側も国司広直を岩国に派遣し、後に萩の吉川家屋敷に宍戸就延を謝罪に赴かせたものの、岩国吉川家はあくまでも就延の処罰を求めたことから、解決は難航した。「三家」として、ほかの家臣とは一線を画し、あくまでも同格の家は三末家のみとする岩国吉川家にとっては、自家を同列であるかのように扱う一門当主のふるまいを放置しておくことはできなかったのである。同様に家格をめぐる争論がほかの一門との間でも起きていたことから考えても、岩国吉川家にとって一門六家とは、自分たちの家の家格を主張する上で意識せざるをえない相手であったといえよう（本書四章）。

家格上昇運動と蓮得院

こうした状況下で、岩国吉川家は三末家と同格という家格を主張するために、さまざまな手段を用いた。その中でも特に岩国吉川家が力を注いだのが官位叙任を求める働きかけである。

広正の跡を継いだ広嘉《ひろよし》は輝元の娘を母として生まれたが、延宝年間ごろから叙任を望み、萩藩毛利家に取り成しを求めていた。二代藩主綱広は延宝六年（一六七八）には老中酒井忠清へ働きかけを行っており、この時期は萩藩毛利家も岩国吉川家の叙任に対して好意的な態度であった。しかし、翌七年八月に広嘉が死去したことから、この時の官位叙任は実現しなかった。

広嘉の跡を継いだのが広紀である。貞享元年（一六八四）、幕府は『三河記』の編纂のために、諸家に対して史料の提出を命じた。岩国吉川家もこれに応じ、萩藩毛利家を通じて史料を提出したものの、その際、萩藩毛利家が岩国吉川家を「松平長門守家来」「私一族家老の者」と記したことに岩国吉川家が反発し、萩藩毛利家に訂正を要求した。萩藩毛利家はこの要求を受け、訂正を行った。先述したように寛永十一年の幕府側の見解にも示されたように、岩国吉川家を萩藩毛利家の家臣とする見解が示され、基本的に萩藩毛利家もこの点については否定してこなかった。その一方で、この時点では未だ岩国吉川家の申し入れに応じる姿勢も見せている。しかし、岩国吉川家の主張に耳を傾ける姿勢を見せた三代藩主吉就も岩国吉川家から官位叙任推挙の依頼を受けたものの、実現する前に死去したことから沙汰止みになった。その跡を継いだ吉広の初入国に先立って、宍戸就延の無礼を咎めた広紀が同人の処罰を萩藩毛利家に強硬に求めたことは先に述べた通りである。しかし、就延の処罰を求めた広紀も元禄九年（一六九六）に死去し、また官位叙任は頓挫する。

蓮得院の働きかけ

広紀の跡は実子の広逵《ひろみち》（勝之助）が継いだが、数え年にしてわずか二歳であったことから、当面は生母や家老らの後見を受けることとなった。そして、この時後見を担った広紀正室の蓮得院《れんとくいん》が吉元との間で激しい争論を展開することとなる。蓮得院は旗本石川義当《よしまさ》の娘である。実子の広逵が家督を相続した後、蓮得院は母である高瀬を通じて幕閣を動かし、岩国吉川家の家格上昇を幕閣に働きかけた。こうした働きかけが実を結び、宝永五年（一七〇八）には老中秋元喬知《あきもとたかとも》を動かすことにつながった。しかし、家督相続直後の吉元が秋元からの申し入れには応じず、岩国吉川家は萩藩毛利家の家臣であるという見解を示したことから、蓮得院は同七年には自ら吉元に対して岩国吉川家の官位叙任の推挙を依頼するとともに、三末家と同列の扱いを求めた。代始めの格式はその代の岩国吉川家の取り扱い全体に影響しかねない問題であり、蓮得院をはじめとする岩国吉川家の人々は、この時期に積極的に岩国吉川家の主張を展開する必要があった。特に先代の広紀が宍戸就延の処罰にかかわる争論の途中で急死したこともあり、あくまでも先代の遺志という形で新たに萩藩毛利家の家督を相続した吉元に岩国吉川家の格式の改善を強く訴えたのである。

この時、蓮得院は「日頼（元就）様御遺誡」「宗瑞（輝元）様墨付之手筋」、そして「乍恐権現（徳川家康）様・台徳院（徳川秀忠）様上意之旨」（「蓮得院覚写」）を岩国吉川家の家柄の根拠とした。つまり、元春・広家に対する元就・輝元の取り扱いや、関ヶ原前後における吉川広家の働きに対する家康・秀忠の上意をもって、ほかの家臣に優越する岩国吉川家の家格を主張する根拠としたのである。

この点は、正徳三年（一七一三）の口上覚（「蓮得院口上覚写」）でより具体的に示されている。このなかで蓮得院は、萩藩毛利家が岩国吉川家を家老であるとする根拠として示した綱広の家督相続以後の誓紙について、岩国吉川家側としてはあくまでも毛利秀元と同格の取り扱いであると理解し、元就以来の「古格」に相違のないように勤めたのに対し、萩藩毛利家の家老たちが岩国吉川家を家老並の扱いになるように取り図ったと反論した（「慶安四年秀就様御逝去以後千代熊様〈綱広〉御幼年之内、年寄中心違ニ而美濃守〈広正〉儀御家来御家老之部ニ相加り候様ニ被取計候」）。その上で、家老並の扱いが吉川家の本来の格式ではないとする根拠として、「日頼（元就）様御遺誡之御巻物」や「輝元様御墨付」をあげ、これらの史料の中で毛利家・吉川家・小早川家を「三家」とする箇所が複数見られることをもって、岩国吉川家はほかの家老とは同格ではないという主張を展開した。つまり、岩国吉川家を家老と同格に扱うことは、元就や輝元といった萩藩毛利家の先祖の遺志に沿ったものではないというのが岩国吉川家の主張の根幹であった。言い換えれば、岩国吉川家の家格を保証するということは、萩藩毛利家にとっても先祖の遺志に報いるものであるとしたのである。しかし、こうした主張は萩藩毛利家に認められることはなく、蓮得院は萩藩毛利家を通じた家格上昇運動を断念した。

出版物による働きかけ

代わりに蓮得院をはじめとする岩国吉川家が力を入れたのが、出版物を通じた家格宣伝運動である。こうした働きかけの結果としてもっとも有名なものが、『陰徳太平記』の編纂・刊行であろう。同書は足利義稙《よしたね》の将軍就任から慶長三年（一五九八）の秀吉の死に伴う朝鮮半島からの撤退に至るまでの毛利家の活動を中心に扱った軍記である。正徳二年（一七一二）の刊行とされてきたが、近年の研究によって実際の刊行は享保二年（一七一七）十月ごろであったことが明らかにされている（山本洋、二〇〇五）。さらに同書の特徴として特筆すべきは、同書の刊行にあたり岩国吉川家が資金を提供しただけではなく、その内容についても細かく加筆修正の指示を出していたという点である。こうした軍記を通じ、岩国吉川家は自らの主張を広く世間に流布させ、家格上昇運動を展開する基盤を整えていった（山本洋、二〇〇五・二〇〇八・二〇一二）。

他方、こうした家格上昇運動は負の側面も持っていた。元文三年（一七三八）、岩国吉川家では家老の吉川外記による汚職事件が発覚した。この際、享保八年からの臨時出費に伴い、莫大な負債が発生していたことが発覚し、職座相談役香川安左衛門以下十一人が切腹や斬首に処された。そして、こうした負債を生んだ原因の一つこそ、家格上昇運動のための大奥や幕閣に対する働きかけを口実とした出費であった。つまり、家をあげた家格上昇運動が結果として岩国吉川家を財政的に追い詰めるという側面もあったのである。

萩藩毛利家の対応

先述したように、当初こそ萩藩毛利家は岩国吉川家の主張に一定の理解を示し、その叙任運動についても協力的であった。しかし、こうした態度に変化が生じたのが、五代藩主吉元の治世である。

『毛利十一代史』によれば、宝永五年（一七〇八）、吉元は老中秋元喬知から、広逵を「昵近」として登用してほしいと大奥老女の高瀬から依頼があったことを伝えられた。これを聞いた吉元は自身が家督相続直後で事情に不案内であることからその場での返答を避けた。その上で、家臣らとの協議の末、後日秋元に対して岩国吉川家の家筋について申し入れを行っている。

この中で吉元は防長二ヵ国を輝元が拝領したことは徳川家康の意思であり、いまさら吉川家の独立を認めることはこの家康の意思にも反するものであるとした。その上で、吉元としては仮に幕府が岩国吉川家、特に広逵を個別に召し出したいという方針であるのならば、岩国吉川家には別に養子を迎えさせることも考えるとした。つまり、岩国吉川家という「家」自体は残したまま、広逵のみをそこから切り離すということであり、そうでもなければ到底了承できないとしたのである。

一方、吉元はあくまでも今回の訴えは、岩国吉川家の歴代当主や現役の当主である広逵の本意ではなく、蓮得院とその意向を汲んだ高瀬によるものであるとした。しかし、老中から直接相談があったという点も考慮し、ひとまずは自身が帰国して、国元の重臣らと相談し、なおかつ広逵が十分に成長し、意思決定が行えるまでこの話題については延期したいと秋元に申し入れた。

しかし、蓮得院の行動が吉元の懸案であったことは、後年に蓮得院が生母の高瀬との面会を希望した際に、また家格の問題について幕閣を動かすための行動ではないかと危惧した吉元が、面会に反対の意を示したことからもうかがえる。

このように、岩国吉川家に対する吉元の厳しい態度はこの後も変わることはなかった。先述した蓮得院の嘆願に対しても、吉元は一貫して、岩国吉川家の位置づけは萩藩毛利家の家臣であると主張した。特にその根拠としては、誓紙への連署をはじめ、幕府からの取り扱いがあげられた。つまり、幕府側が岩国吉川家を萩藩毛利家の家臣として見ている以上、萩藩毛利家としても、幕府の方針に反して嘆願を行うことはないというのが吉元の主張であった。

また、萩藩毛利家としては、あくまでも自家は岩国吉川家に対して以前から変わらず丁重な扱いを取っているとした（「吉川之御家之儀、御先祖已来之訳兼而被聞召置、於御当家重キ御家之儀故、少も御疎意無御座候」）。その上で吉元らが強調したのが、岩国吉川家側の「奉公」への怠慢である。萩藩毛利家側は蓮得院への返書のなかで、岩国吉川家側こそ、広逵が幼年であることを理由に萩藩毛利家に対する「御勤」を怠っているとした。

では、ここでいう「御勤」とは何か。吉元側が問題としたのは、岩国吉川家が「出萩」、つまり当主による萩への訪問を行っていないという点である。この点について、萩藩毛利家は「御幼年と者乍申度々江戸江も御越被成程之儀ニ而、萩江御勤不被成段御疎略とも可申哉」とし、岩国吉川家の行動を非難している（「加判衆覚写」）。後年にも問題となる点であるが、萩藩毛利家の吉凶に際しては、岩国吉川家当主自らが出萩をするということが萩藩毛利家の理解する「先例」であった。つまり、先に「先例」を破り、吉川広家・広正ら先祖以来の萩藩毛利家への奉公をないがしろにしたのは岩国吉川家側であると主張したのである。

このように岩国吉川家の家格をめぐる争論は単純に官位の推挙をめぐる問題だけではなく、両家の先祖の遺志にも言及しながら展開された。つまり、岩国吉川家側は自家を重んじることは元就以来の萩藩毛利家先祖の遺志であるとして、萩藩毛利家の態度を批判した一方、萩藩毛利家側は自家に対し忠義を尽くすことは岩国吉川家先祖の遺志であるとして、岩国吉川家の行動を非難したのである。

3　宗広の家督相続と岩国吉川家

蓮得院の嘆願を拒絶したことにより、以降岩国吉川家は萩藩毛利家に対して直接家格上昇を求める嘆願を行うことはなくなった。しかし、家格上昇運動自体が頓挫したわけではなく、これ以降も岩国吉川家は自家の来歴について幕府有力者に申し入れを提出するなど活動を行っている。しかし、その内容には萩藩毛利家との関係について、変化が見られるようになった。

離れゆく分家

たとえば、元文年間に作成された『吉川左京殿家筋之儀公辺江岩国より申込之覚書』をみてみる。同史料では、岩国吉川家の家格を証明する参考史料として、関ヶ原合戦前後に黒田長政との間で交わされた誓紙が収録されている。これは関ヶ原合戦後の毛利家・吉川家の処遇について言及した書状であり、このなかで長政は輝元に対する厳しい処遇を示すとともに、広家に対しては「中国之内ニ而為抑一二国之間」を与えることを伝えている。

これに対し、同史料では広家が慶長五年十月三日付で長政に対して提出した誓紙を示している。これは関ヶ原合戦の後、取り潰しになるはずだった毛利家の存続を求め広家が提出したものとされ、「千万一毛頭も不届之心底於御座候者、其節者私一分之才覚を以本家之儀ニ御座候を打つふし候而しか〳〵と差上一途ニ御忠儀可仕候事」という強い言葉で締めくくられている。つまり、今後萩藩毛利家に不穏な動きが見られれば、広家が毛利家を討つことを誓うという形をとっているのである。これらの誓紙は「関ヶ原合戦後、萩藩毛利家の存続を保証したのは吉川広家の働きのおかげである」という岩国吉川家の主張を証明する史料として収録されているものの、実は原本の存在が確認できず、その真偽については疑問視されている（光成準治、二〇一六）。

また、この史料のほかの部分では、岩国吉川家が参勤交代をしない理由として、萩藩毛利家に不穏な動きがないかを監視することを「御両所様」、つまり家康・秀忠に誓ったことから、江戸へ出ることもなく、岩国に残り、萩

表２　岩国吉川家歴代当主名

	生　没　年	
広家	永禄４年(1561)～寛永２年(1625)	
広正	慶長６年(1601)～寛文６年(1666)	
広嘉	元和７年(1621)～延宝７年(1679)	
広紀	万治元年(1658)～元禄９年(1696)	
広逵	元禄８年(1695)～正徳５年(1715)	
経永	正徳４年(1714)～明和元年(1764)	
経倫	延享３年(1746)～享和３年(1803)	徳山藩主広豊の子
経忠	明和３年(1766)～享和３年(1803)	
経賢	寛政３年(1791)～文化４年(1807)	
経礼	寛政４年(1792)～天保４年(1833)	経忠の子
経章	寛政６年(1794)～天保14年(1843)	経忠の子
経幹	文政12年(1829)～明治２年(1869)	

藩毛利家の動向を監視し、防長二ヵ国の静謐維持に努めたためであると主張した（「天下御静謐ニ相成候得共、毛利家之儀者八ヶ国にて罷在候処、漸両国ニ相成候得者宗瑞・秀就を始其外家来共迄も心底候哉、何そ之節者顔色不常事有之候、蔵人奉対両御所様御忠節仕、宗瑞・秀就父子身上ニ付而者御断申上置たる筋有之候へ者、美濃守対　公儀外御奉公無之事候間、此旨を相守候様ニと重畳申聞候、右ニ付而美濃守広正儀も病身と申旁在所ニ罷在、防長両国静謐之事のミ気遣、参勤交代も不仕候而相過申候」）。つまり、ここで徳川将軍家に対して誓った「防長両国静謐之手使」を自家の役目として主張したのである。

この時期の両家の関係について、文政三年（一八二〇）に作成された史料『吉川家格願密用物』の中では「隔意」と述べられている。この史料で示された萩藩毛利家の理解によれば、この「隔意」は吉元が蓮得院からの官位昇進への協力依頼を断ったことが契機であるとする一方、その根幹には岩国吉川家との間の歴史意識、つまり関ヶ原合戦の際の吉川広家の行動に対する萩藩毛利家の評価の低さに対する岩国吉川家の不満が根本的な原因として存在していた。

萩藩毛利家側の理解では、こうした「隔意」は岩国吉川家当主の名前にも表れているという。表2で示したのは岩国吉川家歴代当主の実名である。広家から広逵までの当主が用いた「広」の字は本来毛利家の通字であるものを輝元から広家に与えたものである。しかし、家格上昇運動に対する萩藩毛利家の協力が望めなくなった後に家督を相続した経永《つねなが》はこの「広」の字ではなく、藤原家支流吉川家の本来の通字である「経」を用いるようになった。萩藩毛利家側はこの点も岩国吉川家から萩藩毛利家に対する「隔意」の現れであるとしている。

家格上昇運動に伴う「隔意」は武士階級だけではなく、領民たちにも影響を与えていた痕跡がある。萩藩毛利家側はあくまでも「諺」としながら、次のような話について触れている。岩国領の百姓の家が萩藩毛利家領の百姓の家に娘を嫁がせた際、「今日の萩藩毛利家があるのは岩国吉川家のおかげである」と嫁の父（岩国領民）が主張したのを婚家（萩藩毛利家領民）が納得しなかったことから、嫁の父である岩国吉川家領の百姓が娘を連れ帰ってしまったという（「諺ニ岩国領之百姓より御蔵入百姓江縁組仕、舅入之節萩御領知ハ岩国之蔭ニ而二ヶ国御拝領相成候と申儀御蔵入百姓不納得より即座及破談、岩国領江娘を連帰り候」『吉川家格願密用物』）。これはあくまでも「諺」という形で触れられているが、萩藩毛利家と岩国吉川家との間の「隔意」は百姓らにまで影響を及ぼしていたのである。実際、この家格争論とは直接の関係はないものの、延享五年（一七四八）には大野毛利家領地平生と岩国吉川家領地堅ヶ浜の境を巡って百姓間の争論が起きている。

さらに、家格上昇運動と平行して生じていたのが、一門との関係悪化である。先述したように岩国吉川家の家格上昇運動とは単に官位叙任を目的とするものではなく、「又四郎殿（長府）・飛騨守殿（徳山）・讃岐守殿（清末）之外、勝之助同輩之家者御座有間敷様ニ存事候」という岩国吉川家の家格を認めさせることでもあった。そのため、岩国吉川家は官位叙任とともに、末家や一門らと比較した自家の格式についても非常に注視していた。特に、一門らとの交際についてはあくまでも同輩ではないという認識から、岩国吉川家の想定する格式に合わない場合には争論や交際関係の中断さえも辞さないという強硬な態度を示していた。表3は次章で述べる宝暦・明和期の調査の際に判明した岩国吉川家と一門との争論である。これを見ると、宝永〜享保年間の間に、岩国吉川家は萩藩毛利家だけではなく、三丘宍戸家・右田毛利家・吉敷毛利家との間でも争論を抱えていたことがわかる。

また、先述したように蓮得院の嘆願に対して、萩藩毛利家は広逵が萩藩毛利家への「御勤」を十分に果たしてい

表３　岩国吉川家と一門の争論

一門と吉川家の争論	年号（西暦）	萩藩毛利家と吉川家の争論
	延宝６年(1678)	萩藩毛利家に対し、官位の斡旋を要求
	同８年(1680)	萩藩毛利家に対し、官位の斡旋を要求
	元禄９年(1696)	広逵が数え年２才で家督相続 実母・蓮得院後見開始
右田毛利家と書状の格式をめぐる争論 →右田毛利家・吉川家間の書状交換中止	宝永２年(1705)	
	宝永５年(1708)	萩藩毛利家との間で家格争論
	同７年(1710)	
	同８年(1711)	
吉敷毛利家と書状の格式をめぐる争論 →吉敷毛利家・吉川家間の交際全面中止	正徳３年(1713)	
	享保元年(1716)	岩国領百姓一揆と萩藩毛利家による干渉
吉川家使者に対する応対をめぐる争論(宍戸)	享保16年(1731)	萩藩毛利家からの家老出萩要求を退ける
吉川家使者に対する応対をめぐる問い合わせ(宍戸)	同17年(1732)	
宍戸家使者に対する応対をめぐる争論(宍戸)	同18年(1733)	
宍戸家使者に対する応対をめぐる争論(宍戸) →宍戸家・吉川家間の使者派遣中止	同19年(1734)	

「岩国と御一門之内勤相中絶扱一件記録　二」および根本(2014)より作成

ないと非難したが、この点についても状況はさらに悪化していた。享保十七年（一七三二）、吉元の跡を継いだ宗広の初入国に際し、萩藩毛利家は岩国吉川家に対して岩国から家老を一名派遣するように命じた。しかし、岩国吉川家はこの扱いを不服とし、家老よりも一段格下の中老の派遣が妥当であると主張したのである。この件については、吉元の御意申し渡し時に岩国吉川家は中老を派遣したという先例が存在していたが、萩藩毛利家の記録ではこの中老派遣はあくまでも家老らが幼年や役職などの関係で出萩できない場合の代替措置とされていたのに対し、岩国吉川家は中老の派遣は家老の出萩の代替措置ではなく、岩国吉川家の家格上妥当なものであると主張したことから争論になった。

結果、岩国吉川家の主張を認め、中老の派遣という形で両者が合意したものの、その直後に宗広の初入国に際する吉川経永（広逵の子）の出萩の取り扱いが問題となった。この宗広の初入国に際しては、直前まで経永の出萩に関する情報が萩藩毛利家にはもたらされないままであった。帰国途中の宗広に対しては岩国から使者を派遣してはいたものの、度重なる催促にもかかわらず、経永は出萩の意思表示はしながらも、具体的な日程は明らかにされないままであり、最終的に経永の出萩は宗広の初入国に間に合わなかった（根本みなみ、二〇一四）。

岩国吉川家当主の出萩は単純な儀礼・交際というだけではなく、軍役の機会が消滅した近世においては岩国吉川家から萩藩毛利家に対する「奉公」そのものであった。だからこそ、蓮得院の家格嘆願の際には江戸への出府は行うのに出萩は行わないという点が非難されたのである。しかし、このように岩国吉川家当主の出萩は重要な意味を持ちながらも、敬親治世の先例調査によれば、萩藩毛利家が重要な慶事としては代替わりの初入国や将軍家からの判物交付の場合も、岩国吉川家は出萩を行わない場合もあり、両家の懸案となっていた。

また、直接主張を衝突させる機会がなくなった後も、萩藩毛利家が岩国吉川家の動向を注視していたことは、この時期に行われた萩藩毛利家の修史事業からも見てとることができる。

変化した認識

吉元・宗広ともに文教政策に力を入れており、『閥閲録』や『譜録』といった家臣の家が所蔵する文書の調査やそれを基にした歴史書の編纂にも積極的であった。特にこの時期に活躍したのが先述した永田政純である。永田は享保三年（一七一八）に御什書御用掛に任命され、萩藩毛利家伝来文書の整理に携わった。そして、同五年から『閥閲録』の編纂に従事した。同書は同十一年に完成しているが、その編纂途中である同九年には吉元から毛利家系図である『江氏家譜』の編纂を命じられている。また、同十六年に吉元の跡を継いだ宗広の治世には元文譜録の編纂事業における監督とともに、元文三年（一七三八）に元就の伝記である『新裁軍記』編纂に携わっている。この『新裁軍記』は本文と論断（考証）と参考という三部構成を取っており、史料に基づいた視点から実証的な元就軍記を目指すという編纂方針を取っている。しかし、この『新裁軍記』はその冒頭で、世間一般に流布する「毛利ノ軍記」に対して厳しい評価を加えている。その対象として、岩国吉川家が編纂に関与した『陰徳太平記』もあげられており、当時の萩藩毛利家が岩国吉川家の動向を意識していたことは間違いないであろう（山﨑一郎、二〇〇九）。

また、萩藩毛利家が岩国吉川家の動向を意識していたことは、岩国吉川家が提出した願書類を萩藩毛利家が入手していたことからも明らかである。山口県文書館所蔵毛利家文庫の『吉川家柄覚書』や『吉川左京殿家筋之儀公辺江岩国より申込之覚書』は元文年間に岩国吉川家が幕閣に提出した願書を萩藩毛利家が入手したものである。これを受け、萩藩毛利家側も改めて岩国吉川家の家格に関する史料を作成し、幕閣へ提出し、岩国吉川家の主張に反論している。延享二年（一七四五）作成の『岩国出府』はこうした経緯を経て作成された史料であるが、この史料の中で萩藩毛利家は自家と岩国吉川家の関係を「一族君臣」としている。特に、岩国吉川家を「家来」「家臣」とする姿勢には変化はないものの、吉川元春が毛利元就の次男であったという系譜関係にも言及している。その上で、岩国吉川家が将軍への直接の奉公を許された三末家と異なるのは、ひとえに幕府の取り扱いに起因すると述べているのである。

また、ここで萩藩毛利家は岩国吉川家との比較として「元就子共之家筋并同格之家」を引き合いに出している。これは具体的には一門六家や準一門二家を指すと考えられ、これらの家も岩国吉川家を立て、諸事丁寧に取り扱っていると主張し、萩藩毛利家としては岩国吉川家の家格に見合った待遇を保証していると強調しているのである。ただし、実際には岩国吉川家と一門の間では交際関係をめぐる争論が生じており、双方が意識し合う立場にあったことは間違いないであろう。

両家の主張は「先に先例や先祖の遺志をないがしろにしたのはどちらか」「最初に岩国吉川家を家臣として扱うようになったのは誰か」という点で対立し、吉元以降平行線をたどったままであった。宗広以降は直接主張が衝突することは見られなくなったものの、吉凶の儀礼における取り扱いや日常の交際などさまざまな場面での衝突という形でたびたび表面化した。

宗広治世が残した課題

宗広治世にかかわる史料として『遺徳談林』という書物がある。『遺徳談林』は和智東郊が宗広の業績を回顧したものを東郊の養子の履実が筆写した文書である。和智東郊は宗広について、その功績を含め好意的な記述をしている。たとえば、一門ら重臣との関係についてみてみると、吉元が一門らに対してよそよそしい態度を示したのとは反対に、宗広については「宗広公ニハ下ヨリ申上候事モ能御聞入有シ」というように、家臣らの声にも耳を傾ける姿が記されている。また、領民に対しても領内巡見に際して孝行者や奇特者へ褒賞を行うとともに、困窮した領民の救済に力を入れたことが記され、家臣に対しては威厳を示し、領民には仁政を施す名君として位置づけられている。

では、実際の宗広治世はどういったものだったのか。宗広は享保二年（一七一七）に萩で生まれた。生母は側室永昌院である。先述したように、吉元は当初三男の元陳を自身の後継者としていたものの、同人が死去したため、長府藩毛利家に残していた元朝を萩藩毛利家に引き取り、宗元と改名させた。しかし、この宗元も同六年に死去したことから、宗広が後継者と定められ、同十四年に出府した。出府と同年に御目見を済ませ、福井藩松平家の勝姫を正室として迎えた。そして、同十六年に吉元の死去に伴い、萩藩毛利家の家督を継ぐこととなった。

しかし、宗広が家督を相続した翌年、初入国を果たした年は西日本の広範囲が虫害に見舞われた。これは防長二カ国も例外ではなく、この「虫枯」による地下の困窮を理由として、宗広は初入国時の慣例である「御国廻」（領内巡見）を十年近く延期している。さらに、寛保二年（一七四二）、本来は初入国の年に行うはずの「御国廻」を行うにあたり、宗広は徹底した倹約を命じている。結果、あらゆる経費、特に末家や岩国吉川家、須佐益田家の贈答にかかわる費用を大幅に削減する形で「御国廻」はようやく実施に至った。しかし、その後も同年の利根川の手伝普請の命令や翌年の洪水をはじめとする天災の頻発により、家臣団・領民の困窮とともに、萩藩毛利家の借銀も増加していった。

明倫館の設立や『閥閲録』や『江氏家譜』の編纂、さらには防長両国の地誌である『防長地下上申』の編纂など、文教政策に熱心であった吉元と同様に、宗広も『譜録』や『新裁軍記』の編纂など文教政策に力を注いだ。特に、明倫館二代学頭の山縣周南との関係は深く、その逸話は『遺徳談林』でも触れられている（河村一郎、一九九〇）。

しかし、その一方で次代へ続く問題も多く残った。宗広治世には天災や国役による財政難に直面しながらも、綱広以降叶わなかった官位の昇進を目指し、老中首座の堀田正亮に助力を求め、茶道具や掛け軸を贈っていたことが確認できる（『諸事小々控』）。この時の萩藩毛利家は、どれほど大切な道具類であったとしても官位昇進という御家の悲願実現には代えられない（「御家御中絶之所御再興之儀御当家末代之御名誉無此上事候へ者、いか程御大切御道具ニも替不被申」）という切実な思いを示したが、結局官位昇進が実現しないまま、寛延四年（一七五一）二月に宗広は萩で急死した。

後継者となる男子のいなかった宗広は家臣らに対して遺書を残し、その後の方針を示した。そのなかでは、帰国中の仮養子として長府藩主の毛利匡敬を届け出ていることから、同人への家督相続を幕府へ願い出ること、家臣らは匡敬を盛り立て、奉公に励むようにと述べている。

一方、宗広は続く文章の中で一門ら重臣に次のように述べている（「毛利重就相続一件覚」東京大学史料編纂所所蔵益田家文書）。

「娘の誠姫は先代の吉元と自分（宗広）の血を引いているので、将来は家の血筋を継承するように家に残すように。また、「宇田川子共衆」は女子続ではあるが、綱広の血筋は他にない以上、その心得を持つように。このことは匡敬にも申し置く」

（「誠姫事泰桓院〈吉元〉殿・我等〈宗広〉血筋之事候へ者、往々当家之血脈相続候様に有之候へく候と存事候、且又宇田川子共衆之儀ハ女子続之事候へ共、泰厳院〈綱広〉殿之血脈外に無之事候間、其心得有之度事候、右之趣ハ甲斐守江も申置候」）

宗広は自身の娘である誠姫の処遇とともに、綱広の血を引く子どもたちの存在にも言及し、この点について萩藩毛利家を相続する匡敬にもよく心得させるようにと一門らに遺言しているのである。本章で述べたように、吉元は分家である長府藩毛利家から本家である萩藩毛利家を相続した。そのため、宗広はここで吉元―宗広と続く血筋とともに、綱広の血筋についても言及したものと考えられる。では、ここで宗広が述べた綱広の血を引く「宇田川子共衆」とは誰なのか。そして、「宇田川子共衆」が萩藩毛利家にとってどういった意味を持つのか。次章ではこの宗広の遺言を契機とする一連の争論から重就治世を見ていく。

四　元就の子孫として
毛利重就

1 重就の家督相続と家臣団

重就の家督相続

毛利重就は享保十年（一七二五）九月に江戸の長府藩毛利家屋敷で長府藩主匡広と側室性善院との間に生まれた。幼名は岩之允という。匡広の子の内、成人したのは五男一女である。この五人の男子の内、匡平（政苗）、匡逵《まさみち》（広定）、匡敬（重就）、匡幸（増山正贇）が側室性善院を生母とする。一方、匡広の正室放光院は萩藩二代藩主綱広の娘であり、匡広との間に一女（秀、演暢院）をもうけた。秀は元禄十五年（一七〇二）に吉広の養女となり、越前丸岡藩有馬一準《かずのり》に嫁いだ。

また、匡広の世子となった師就は宝永三年（一七〇六）、匡広が清末藩毛利家にあった時に生まれた。生母は側室超俊院であり、兄たちの死去により、父匡広の世子となった。師就は享保十四年の匡広の死去に伴い、長府藩毛利家の家督を相続した。さらに、同日、匡平（当時は竹之助）にも一万石の分知が認められ、清末藩毛利家が再興した。匡平はこの後政苗《まさなり》と改名し、駿府加番や寺社奉行などの要職を務めた。

また、同十八年には一門右田毛利家当主広信の急死に伴い、匡逵が将来広信の妹と結婚することを前提として、右田毛利家の家督を相続することになった。匡逵は江戸から一度長府へ下向した上で、右田毛利家の家督を相続し、広定と名乗った。

同二十年三月、在府中の師就が発病した。この時、師就には国元に実子の多賀之丞がいた。多賀之丞は同十二年に長府で誕生した。生母は側室春光院である。しかし、師就は同二十年段階でも実子の存在を幕府に届け出ず、かわりに帰国時の仮養子として弟の岩之丞（後の重就）を届け出ていた。このため、この段階で多賀之丞を師就の実子として届け出、家督相続の許可を求めることに老中酒井忠音は難色を示した。一方、岩之丞の場合は仮養子として届けられていることから、家督相続者として問題がないとされた。このため、同二十年四月二十二日、宗広と師就はそれぞれ長府藩毛利家の養子願の書付を老中らへ提出した。この日に提出した養子願は受理され、翌日には師就の死去が幕府に届け出られた。こうして同年六月には岩之丞が長府藩毛利家の家督を相続し、匡敬と名乗った。以降、十六年間、匡敬は長府藩主を務めた。

図18　毛利重就　毛利博物館所蔵

この後、寛延四年（一七五一）二月四日に萩藩主宗広が萩で死去したことで、匡敬を取り巻く状況は大きく変化した。宗広は帰国の際に匡敬を仮養子として届け出ていたことから、宗広の急死に伴い、匡敬が萩藩毛利家の家督を相続することとなった。このため、同月七日に宗広の名で幕府に対して「家督願書」と「長府家続人願書」が提出された。前者は仮養子であった匡敬に萩藩毛利家の家督を相続させることを願い出るものであり、後者は匡敬が萩藩毛利家に移った後、長府藩毛利家の家督を匡敬の子である文之助に相続させることを願うものであった。両通は同月十七日に江戸に到着し、親類大名らとも相談の上で、幕府に提出された。この後、同月二十六日に萩藩毛利家は宗広の死去を届け出、翌日、匡敬に忌服が命じられた。このことにより、匡敬の家督相続が正式に認められたのである。
六月十三日に匡敬は登城し、将軍家重《いえしげ》に謁見し、同人の偏諱を受けて重就と改め、萩藩毛利家の家格に従って従四位下・侍従に叙任された。また文之助も長府藩毛利家の家督相続が認められ、匡満《まさみつ》と名乗っている。

女系に対する期待

こうした経過を見ると、問題なく家督相続が実現したようにも見えるが、その裏では一つの問題が進行していた。急死した宗広には男子はなかったが、娘（誠姫）と懐妊中の側室がいた。そのため、重就の実子である文之助を長府藩毛利家に残す理由として、宗広が生前に懐妊中の側室が男子を生めば、同人を重就の後継者とすること、また生まれたのが女子であれば、宗広の娘である誠姫に聟養子を迎えることを求めることという宗広の遺志が示されていた。つまり、この段階では重就の存在はあくまでも宗広の子か娘聟が萩藩毛利家の家督を相続するまでの間をつなぐ中継ぎであった。

同年閏六月三日、懐妊中の側室が女子を生んだことから、宗広の実子による家督相続の可能性はなくなった。このため、宗広の遺志に従う形で、誠姫に聟を迎えることになったのであるが、この時候補となったのが、宗広の遺書のなかで「宇田川子共衆」と記されていた存在、具体的には有馬一準の子である大三郎である。この名からわかるように、萩藩毛利家の分家や同族ではなく、異姓である有馬家の人間が後継者候補となったのはなぜなのか。この点は大三郎の母方の血筋が関係していた。

図19で示したように、大三郎の母は重就の異母姉である秀（演暢院）である。そして、先述したように秀は匡広と萩藩二代藩主綱広の娘である放光院との間に生まれた娘であり、綱広から見れば孫にあたる。つまり、大三郎は放光院―秀を通じて萩藩毛利家正統の血筋を引く存在であった。また、綱広につながるということは、必然的に輝元にもつながるということになり、長府藩毛利家出身の吉元の家督相続によって秀元系へと入れ替わった血筋を、女系とはいえ再度輝元系に戻すことでもあった。秀を通じた綱広の血筋が重視されたことは、当時の史料のなかで秀の子どもたちが「重キ御血脈」と称されたことからも明らかであろう。

ただし、重就自身は実子である文之助を後継者とすることを希望しており、家督相続直後に大三郎を後継者として幕府に届け出ることには難色を示した。この間、重就は実兄であり、当時右田毛利家当主であった広定と後継者選定について書状を交わしているが、このなかでは長府藩毛利家に生まれた広定・重就兄弟特有の認識が強く反映されている。

広定は重就からの相談を受け、「宇田川御子様方」に対する宗広の遺言は必ずしも明確なものではないという点を指摘した上で、誠姫に聟養子を迎えるということは老中にも申し入れたことであるので、実行しなくてはならないが、聟養子については「宇田川御子様方」にこだわる理由はないのではないかと述べている。

広定が問題としたのは、有馬一準と秀の子どもたちは綱広の血脈とはいいながらも、「御女子続」での血脈であるという点であった。広定は本来養子とは同姓の家、「男子続」の血脈の者から選ぶものであるとした。これに対して、彼らの生家である長府藩毛利家は元就の子孫の内でも秀元が一度輝元の養子となったという由緒を有する家であり、五代藩主吉元が吉広の養子となって本家である萩藩毛利家を相続したこともこの秀元の由緒が重んじられた結果であると主張した。その上で、広定が指摘したのは、有馬家から養子を迎えた場合の徳山藩毛利家の反応である。血筋という点でみれば徳山藩毛利家も元就―隆元―輝元と続く血筋であり、宗広の養子として考えるならば、当然徳山藩毛利家もその候補となるはずの存在であった。つまり、今回長府藩毛利家から重就を迎え、さらに徳山藩毛利家にも男子がいるなかで、重就の後継者を「御女子続」の「宇田川御子様方」たちのなかから選べば、徳山藩毛利家の心証が悪くなることも十分に考えられた。

このように広定・重就兄弟の間では、秀元が輝元の養子として迎えられて

図19　毛利重就系図

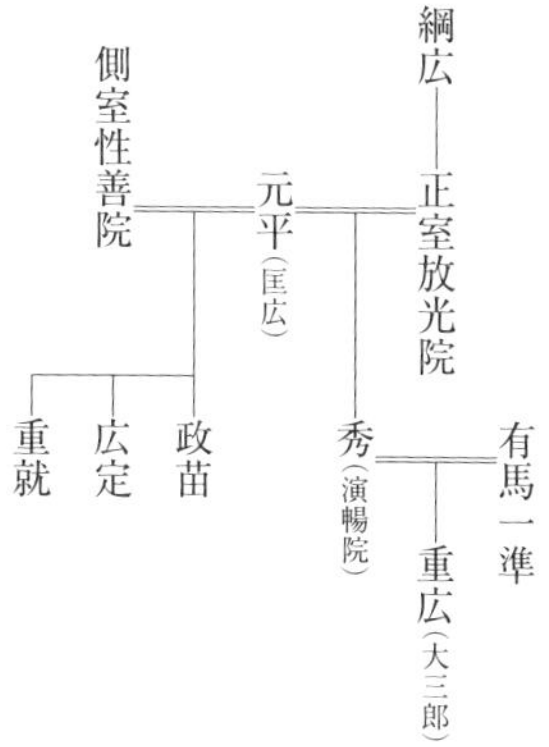

『近世防長諸家系図綜覧』より作成

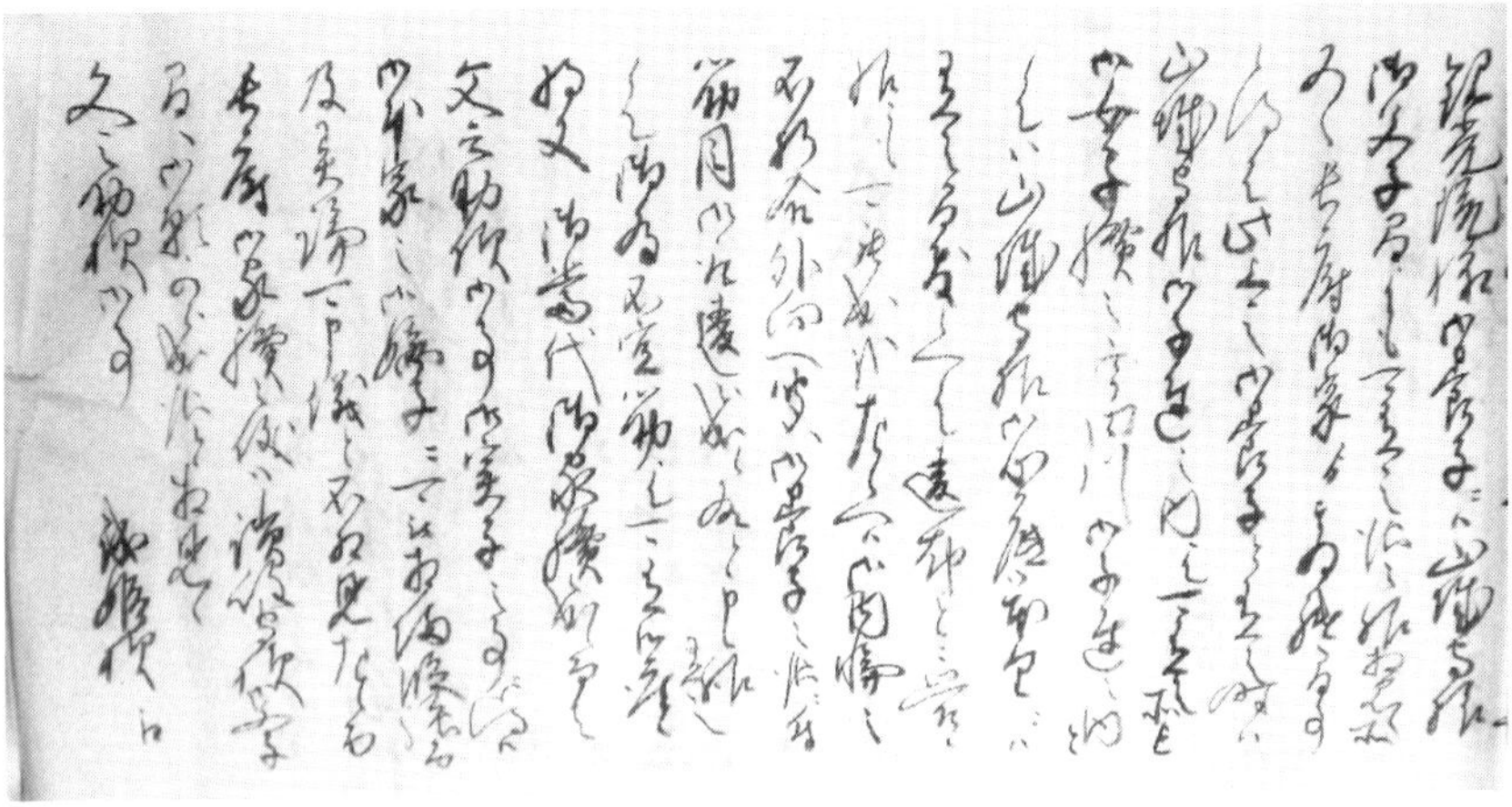

図20　「重就養子事等内密書状」　山口県文書館所蔵

いたという点がほかの末家に優越する由緒として意識され、吉元・重就が本家である萩藩毛利家の家督を相続したという点もこの延長として位置づけられていた。その上で、彼らは宗広の遺志として一門らが推す「宇田川御子様」の内から重就の後継者を選ぶことに難色を示したのである。確かに前章で見た宗広の遺書そのものを見ると、誠姫の聟については明確に「宇田川子共衆」と指定しているわけではなかったことから、広定は具体的な案として重就の子である文之助を誠姫の聟養子とすることを提案している。

広定との相談も踏まえ、重就は初入国を控えた宝暦二年（一七五二）に老中堀田《ほった》正亮《まさすけ》に帰国に伴う養子については仮養子で済ませることが可能か相談を行っている。つまり、帰国中に一門らの説得を行うため、仮養子で時間を稼ぐことを期待したのであるが、相談を受けた堀田は、宗広の娘に聟養子を迎えて重就の後継者とすることを幕府が許可した以上、仮養子を据え置いて時間をかけることは好ましくないこと、さらには一度長府藩毛利家の家督相続者として幕府が認めた文之助（匡満）を萩藩毛利家の後継者にすることは難しいという見解を示した。また、宍戸広周《ひろちか》を筆頭とした一門らも大三郎を後継者とすることを強く主張したことから、重就は初入国に先立ち、甥にあたる大三郎を養子として迎えた。大三郎は同年四月二十八日に将軍家重へ御目見を済ませ、同月末に元服し、重広と名乗った（大森映子、二〇一一、小川國治、二〇〇三）。

元就への復古と宝暦改革

宗広の遺志という形で重広（大三郎）を養子に迎えることを受け入れた重就であるが、重広の養子入を強く主張した一門との軋轢はこの後も続いた。まず、宝暦四年（一七五四）には加判役を務めていた阿川毛利家当主広漢《ひろくに》を勤務不行き届きとして罷免した。この後、広漢は隠居し、家督は実子の就禎《なりさだ》が相続した。

また、一門との対立は改革の場面でより顕著になる。宝暦二年の初入国後、重就は坂時存《さかときもり》・長沼正勝《ながぬままさかつ》・山縣昌貞《やまがたまささだ》の三老臣に対して、窮乏化した財政再建策の諮問を行った。三人はすでに隠居の立場であったが、当職手元役や当役手元役など藩政の中枢に参加し、財政にも精通した人物であった。この三名が作成したのが「三老上書」である。当時の萩藩毛利家は経常収支の不足を馳走米・大坂借銀・国元借銀米によって補填するという状況であり、こうした現状を踏まえ、重就は財政再建のための改革実施の必要性を感じていた。しかし、後継者選定の過程で重広を聟養子として迎えることを強く主張した一門らをはじめとする家臣との対立が深まり、改革への協力が得られず、即座に改革に着手することはできなかった。

しかし、初入国以降、重就は改革の実行に向け準備を進めた。まずは同六年（一七五六）にかねてより有能な人物と評判であった高洲平七（就忠）を当職裏判役に抜擢した。また、広漢隠居に対する反発を受けて当職を退いていた実兄の広定を同八年に当職に再任した。当職に復帰した広定は高洲就忠と三老臣の一人である坂時存を自宅に呼び、改革について相談し、財政再建策を提出するように求めている。

同九年二月に重就は当役清水元周の辞職を認め、後任としてかねてから広定と親交があった梨羽《なしば》広云《ひろとき》を任命した。さらに、同月には坂時存・羽仁元之・佐々木満令・粟屋勝之の四人を御仕組方に任じ、萩城内の「獅子之御廊下」に設けた仕組方役所に出勤するように命じた。

このように改革を支える人員を配置した上で、同年三月五日、重就は元就の菩提寺である洞春寺を詣で、洞春公

（元就）の神霊に誓うという形をもって政治改革の実施を宣言した。これが萩藩毛利家の宝暦期改革の始まりである。この時期の改革については、後の明治維新へのつながりという点から今日に至るまで多くの研究がなされているが、大名家という視点から見た場合、興味深いのはこの改革が洞春公（元就）への復古を標榜して行われたという点であろう（岸本覚、二〇〇二）。改革のなかで重就はあらゆる事柄を元就の神霊への誓いのもとに置き、君臣ともに祖先を崇拝することを求めた。特に、重就は当時の状況について、重臣をはじめ下級家臣に至るまでが因循姑息に陥り、制度が弛緩し、綱紀も厳正さに欠け、「社稷殆ど傾覆す」と評した。そのため、今後は「老臣広定および二三の臣僚」とともに、改革に心血を注ぐことを誓い、元就の神霊に対してその加護を願っている。

地方巧者

ところで、この改革に際し、重就は「地方巧者《じかたこうしゃ》」と呼ばれる人々を登用した。この時登用された家臣のなかに、後に天保期の改革を主導する村田清風の祖父にあたる村田為之もいる。ただし、広定以外の一門との軋轢の解消には至っていなかったことは、重就が広定に与えた直書のなかで一門・寄組の「豪家之威光」を借りて重就の命を無視する者の存在に言及していることからも明らかであろう。

そして、重就と一門の対立がもっとも苛烈な形で現れたのが、改革の翌年に起きた重広の急死とそれに伴う岩之允（後の治親）の後継者指名である。

重広の急死

宝暦十年（一七六〇）六月、世子の重広が江戸で急死した。これを受け、在府中だった重就は即座に実子の岩之允（後の治親、生母は正室立花氏、宝暦四年生まれ）を世子とし、幕府に届け出た。これに対して、国元の宍戸広周・毛利元連《もとつら》（厚狭毛利家当主）は国元の家臣に相談もなく、世子の決定という重大事案を処理したとして、当役の梨羽広云を弾劾した。この時、広周・元連は世子の選定のような重大事項は国元の一門の内少なくとも一人を出府させ、ともに詳細を検討することが先例であるのにそれを怠ったことは当役である梨羽広云の怠慢であると批判したが、これはとりもなおさず、梨羽広云ではなく、重就本人に対する批判であった。さらに、広周らはほかの一門・準一門も自分たちと同様の見解であるとし、一門・準一門という家格集団として重就の行動を批判したのである。

同年九月、重就は帰国し、重広の遺髪を大照院に納めた。そして、その後、十月二十日に批判の中心となった広周・元連に対して差控を命じた。この際、重就は両名の罪状として、世子決定の際の梨羽広云への批判は暗に重就への批判を含んでおり「不敬」であるとした。これを受け、広周・元連は自宅に蟄居し、両家の親類たちもそれぞれ謹慎した。さらに広周らが自分たちと同意見であるとしたことから、毛利就将《なりまさ》（吉敷毛利家当主）・毛利就禎（阿川毛利家当主）・福原広門《ひろかど》（宇部福原家当主）もそれぞれ取り調べを受けた。この時、毛利広定（右田毛利家当主）・毛利広円《ひろみつ》（大野毛利家当主）・益田広堯《ひろたか》（須佐益田家当主）は取り調べを免れているが、先述したように広定は重就の実兄である。また広円・広堯はそれぞれ加判役についており、さらに広円は重就の猶子（実兄政苗の娘）を正室に迎えている。

同十一年二月九日、重就は宍戸広周・毛利元連の親類に対して、広周・元連の隠居と両嫡子の家督を認めた。これで宝暦四年の毛利広漢に続き、六人中三人の一門当主が重就との対立によって隠居させられたことになる。

ところで、これら三人の追放によって、一門の年齢構成は表4の通り大きく変化した。重就の家督相続時に最年長であった毛利元連や広定と同世代であった宍戸広周・毛利広漢が隠居に処され、それぞれ十代から二十代前半の若い当主が家督を相続した。反対に広定が一門内部での最年長となり、それに重就猶子を正室に迎えた広円が続くという形に変化したのである。以降、広定・広円は重就の発案で行われた岩国吉川家と一門の交際再開に

表4　一門当主の年齢※括弧内は数え年

	宝暦元年(1751)	宝暦10年(1760)	宝暦11年(1761)
宍戸家	宍戸広周(32)	宍戸広周(41)	宍戸就年(13)
右田毛利家	毛利広定(33)	毛利広定(42)	毛利広定(43)
厚狭毛利家	毛利元連(53)	毛利元連(62)	毛利就盈(23)
吉敷毛利家	毛利元直(36)	毛利就将(15)	毛利就将(16)
阿川毛利家	毛利広漢(30)	毛利就禎(15)	毛利就禎(16)
大野毛利家	毛利広円(23)	毛利広円(32)	毛利広円(33)
平均年齢	34.5歳	34.5歳	24歳

『近世防長諸家系図綜覧』より作成

関する取り組みのなかでもほかの若い一門当主たちに対して主導権を発揮している。

重就は広周・元連の処罰を終えた同年三月四日に検地実施の意向を明確にした。この検地に強く反発していたのが一門ら上級家臣であった。貞享検地の際、萩藩毛利家は知行地を持つ上級家臣らに一度知行地を返上させ、蔵入地に編入した上で、増石などを取り上げた。しかし、永否石（災害で田畑が荒廃した耕作地の内、三年以内で復旧しないもの）はそのまま知行主である家臣らに戻した。この永否石は藩による復旧の対象外とされたことから、これは実質的には知行削減であり、こうした経験から知行地を持つ家臣らは今回の宝暦検地にも強く反発したものと考えられる。このため、重就は増石の四〇％を家臣らに与えることでその不満解消を図っている。

同年四月二十九日、蔵入地・給領地の検地が完了し、増高四万石余を得た。ここで得られた増高をもとに設置されたのが撫育方《ぶいくかた》である。撫育方の資金は原則として通常財源からは区別され、その支出は藩主によってのみ決められるものとされた。さらに撫育方は家臣の知行地の増高に課された馳走米と新開発田畠の物成を収入源とし、家臣の没収石や減石の三分の一、旅役出米の割り増し分も管轄した。

この撫育方の資金を元手に、重就は塩田の開発・港町の整備など産業の開発に着手した。特に、伊崎新地の開発とそこでの腰荷方業務の展開は、後年村田清風の天保改革における越荷方による利益を生む基盤ともなった。

このほかにも撫育方の資金は塩田の開発など開発事業にも投入された。さらに重就は登用した「地方巧者」らの進言を受け、享保十七年（一七三二）の虫害によって、甚大な被害を受けた山代地方（山口県玖珂郡北部の山間地域の総称）の復興に力を注ぎ、特産品である紙の生産強化と請紙制の再建も行っている（小川國治、二〇〇三）。

2　分家に対する統制と許容

毛利元就二百回忌法要の執行

明和七年（一七七〇）、元就の二百回忌法要が執行された。重就が元就治世への復古を改革のスローガンとして標榜したことは先述したが、それも踏まえ、この二百回忌法要も従来の法要に比べ、規模が拡大した。後年、重就は自身の治世を顕彰する目的で作成させた『御国政御再興記』のなかで、自身の功績としてこの元就二百回忌の執行についても触れていることから、この法要に対する重就の熱意を知ることができよう。

また、この法要執行に関連してここで触れておきたいのが「密用方」という役職である。『もりのしげり』によれば、この密用方は系図・儀礼の調査を専門とする役職とされている。部署としての正式な設置は安永三年（一七七四）であるが、それ以前から系図の編纂などの業務を担っていたことが指摘されている。

明和七年の元就二百回忌法要に先立ち、後年初代の密用方に任じられる中山又八郎は過去の元就遠忌の史料確認とともに、家臣のどの家をどういった形で法要に参加させるのか判断する上で参考となる判断書の作成を行うという役目を担った（山﨑一郎、二〇〇七）。しかし、この時、中山が作成したと考えられる史料『密書』（山口県文書館所蔵毛利家文庫）をみてみると、由緒の申し出が必ずしも円滑には行われていなかったことがわかる。由緒を主張する場合には、当事者である家臣たちの申し出だけではなく、判物や感状など毛利家先祖から下された文書類を提出する必要があった。しかし、実際には判物や感状を紛失し、この要件を満たすことができない家もあり、そうした家については萩藩毛利家が所持する文書類を通じて確認を行い、由緒が十分に証明できると判断された場合には、由緒が認められた。

また、この法要時にはいくつかの家が「国衆」「御謡初」「御小座敷」「連判」「使役」と呼ばれ、ほかの家とは区別されて法要に参加していたことが確認できる。この内、「国衆」は元就治世に毛利家の旗下に入った周辺の有力国人たちである。ここには準一門の須佐益田家を筆頭に、寄組・大組所属の家臣らも含まれていた。これら「国衆」に属する家は、家臣団のなかでの家格にかかわらず、正月元日には一門らと並んで御目見を受けることのできるという特権を有した集団であった。また、「御謡初」「御小座敷」は本来正月儀礼のことを指す用語であるが、ここではその儀礼への参加を許された家を指している。これらの家もやはり元就への奉公により、儀礼への参加を認められた集団として位置づけられる。ただし、『御当家有名之士』(山口県文書館所蔵毛利家文庫)という史料を見る限り、一概に元就存命中からこの儀礼への参加を認められていたわけではなく、儀礼への参加が固定化したのが寛永頃からとされている家も確認できる。しかし、そこへの参加を認める根拠となる由緒は、やはり元就との関係性に求められていた。また、「連判」「使役」とは一章で触れた元就の毛利家本家の家督相続の際に連署をした家とその使者を担った家を指している。

このように元就との由緒を主張した家は、元就の遠忌法要時に焼香を行うことや寄進を行うことが許可された。特に『密書』によれば、「国衆」は元就の遠忌法要時に長袴の着用が認められるなど、歴史性に基づく特殊な地位が一見してわかる扱いを受けていた。しかし、同時にこうした由緒を持つ家臣と現実の家格制度は一致しない部分もあった。たとえば、法要執行前、萩藩毛利家は「国衆」の家の詰め所の札を外すように指示している。また『密書』のなかでも、焼香で家臣たちが大勢集まる際、由緒を持つ「国衆」だけが長袴を着用するという状況は回避すべきであるという見解を示した。つまり、元就の由緒を持つ家を重視し、その扱いを丁重にしながらも、そのことが家臣間での軋轢につながらないように配慮する必要があったのである(根本みなみ、二〇二〇a)。

また、この元就二百回忌法要に際しては、一門六家に対して、元就の遠忌法要に限定して家老による代焼香が許可された。本来、代焼香とは出役や病気などの事情で当主本人による焼香が叶わない際に家老に代理で焼香をさせるという代替措置であった。しかし、実際には使者による代焼香は末家が許された行為であり、代替措置という以上に特権的扱いに近いものがあった。年を追うごとに代焼香が許可される基準は曖昧にはなっていたものの、本来は個々の家の事情や由緒を斟酌して審議されていた一門六家による代焼香がこの元就二百回忌を契機にその基準が見直され、元就遠忌に限定されることになった。このように先祖のなかでも元就に対する格別な扱いと元就との由緒を持つ家の扱いが整備されていったのである。

ところで、萩藩毛利家の家臣たちは、萩藩毛利家が主導する修史事業やそれに伴う譜録の編纂、さらには法要時の由緒調査を通じて、自らの家の来歴に関心を持っていった。それと同様に一門の内でもまた近世初期から続く家紋をめぐる問題を再燃させた家があった。

一門の家紋利用

話は前後するが、宝暦二年（一七五二）八月、初入国を果たした重就は厚狭毛利家当主元連に対して差控を命じた。この時、重就が問題視したのが、元連による「一ニ三星」「桐之とう」の家紋の使用である。重就は元連に対する御意のなかで、重就の家督相続のために出府した元連が「一ニ三星」「桐之とう」の紋を使用していたことについて、これ以前に厚狭毛利家がこの二つの家紋を使用することを認めないという判断を受けていたことに言及した。その上で、自身が家督相続直後でさまざまな事情について不案内な時期にこうした行いをしたことを糾弾し、元連に差控を命じた。この後、元連は差控を解除されたが、重就の後継者決定の過程で再び対立し、ついには隠居することになるのは先述の通りである。それを踏まえれば、ここでの家紋の無断使用に対する処罰は元連の排除までを意図したものではなく、あくまでも家紋の使用を続ける厚狭毛利家に対する牽制という意味相が強かったと言える。しかし、言い換えれば、厚狭毛利家は萩藩毛利家と同様の家紋の使用を認めないという判断を受けた後も、こうして家紋の利用を続けていたのである。

さらに、重就は厚狭毛利家に対して「一ニ三星」「桐之とう」「抱澤瀉」のほか、今まで使用してきた「丸無し之立澤瀉」の使用も子孫に至るまで禁止とし、吉広代に許可を受けた「丸之内ニ立澤瀉」を使用するように命じた。その上で、重就は同四年に「丸無し之立澤瀉」の使用については改めて認めるという沙汰を下した。しかし、元連としてはこの家紋利用については譲歩できない問題であったようで、同九年正月、重就に対して直接家紋の使用許可を求めた。こうした元連の行動については、重就だけではなく、同席していたほかの重臣らも「至而不心得」と批判的な見解を示した。これについては家紋の使用は認められないという点が再度元連に申し渡され、後日、元連の養子である就盈《なりみつ》に対しても、家紋は軍功などによって大名家から拝領するものであるとして、元連の行動に対する非難が伝えられた。これに対して、就盈も養父である元連へよく説明すると重就に対して述べている（根本みなみ、二〇一六）。

分家が本家に由来する家紋を使用するということは、至極当然のことにも見える。しかし、厚狭毛利家は萩藩毛利家に由来する家紋の使用を認められず、さらに一門の内には厚狭毛利家の動きに同調する家もなかった。後年の家紋調査の際には、一門各家が家の来歴に由来する紋を家紋として届け出ており、毛利家の分家であるから毛利家と同じ紋を使うという発想は必ずしも一門間で共通の理解ではなかったのである。

また話題は少し変わるが、ここで登場した厚狭毛利家の元連・就盈父子について触れていきたい。元連の正室は前章でも登場した毛利元次の娘である幸である。幸は徳山藩毛利家の改易に伴い萩藩毛利家に身を寄せており、その後元連の正室となった。元連と幸の間には長男の広勝が生まれたが、広勝は寛延元年（一七四八）に十九才で死去している。このため、ほかに後継者となる男子がなかった元連は幸の実家である徳山藩毛利家に養子の相談を持ちかけている。この申し入れはまずは幸を通じてなされ、幸の弟であり、徳山藩主広豊から内諾を得られた段階で元連によって正式に願い出がなされた。その上で、徳山藩毛利家側の正式な承諾と萩藩毛利家からの最終的な許可を得て、広豊の子である秀之助（就盈）が元連の娘聟として迎えられた。先述したように、重就の兄である広定も右田毛利家の養子として迎えられているが、元連の場合、正室を通じて内々に打診を行い、養子縁組を取り結んでおり、こうした家同士の関係に基づいて取り結ばれた縁組であるといえる。

元就の子孫としての自覚

このように家同士の交際関係は家の裁量に任せられる部分が少なくなかった。特に、前章で触れた岩国吉川家と一門の間の交際の中断はこの典型といえる。

先述したように、重就の家督相続以前の段階で、一門のなかでも三丘宍戸家・右田毛利家・吉敷毛利家が岩国吉川家との交際を部分的、もしくは全面的に中断していた。その原因については表5で示した通りであるが、ここで注目すべきはこれら三家と岩国吉川家が争論の解決ではなく、交際関係の中断を選択し、それを五十年近く続けていたということである。要するに、自家の主張にそぐわない格式で交際を行うことには双方とも大きな抵抗が伴ったのである。

この状況を変えたのが、重就の取り扱いである。宝暦十三年（一七六三）六月一日、出府を目前に控えた重就は毛利就盈・毛利広円を召し出し、一門と岩国吉川家の間での交際関係が中断していることを憂慮している旨を申し渡した。その上で、呼び出した両名については格式の変更なく岩国吉川家との交際関係を維持していることから、両名に対して残りの一門が岩国吉川家との交際関係を再開できるように仲介を行うように命じたのである。この時、重就は自身の見解を示した直書を両名に与え、一門および岩国吉川家に対してもよく言い聞かせ、来年重就が帰国する時までに解決するように命じた。

この直書の中で、重就は「元就様の御直筆にも兄弟の仲さえ良ければこれは張良一巻に勝るとも劣らないと述べられている（元就公御直筆ニも兄弟間之半だに能候ハヽ、是則張良一巻之書ニ而在へく候由相見）」とし、一門と岩国吉川家の関係について「兄弟間」と位置づけた。元就といえば、三子教訓状にも見られるように、子どもたちに兄弟融和を説き続けたことは今日でも広く知られているが、この時の重就もそうした元就の言葉を引いて、一門らに岩国吉川家との交際を再開し、友好な関係を築くように命じたのである。

この時、重就は就盈・広円に対して「もっとも、岩国吉川家から何か無体な要求があったとしても、万事岩国吉川家に従えというのではない（尤彼方より何そ無体なとも出来ニ而も兎角彼方次第ニと申ニ而ハ無之候）」と断った上で、「一門・岩国吉川家双方が程よく折り合えるように取り計らうように（双方程能折相之道有

表５　交際関係の調査結果

	交際の状態
宍戸家	享保19年(1734)から使者の交換が中断
右田毛利家	宝永２年(1705)から書状の交換が中断
厚狭毛利家	変更なし
吉敷毛利家	正徳３年(1713)から一切交際なし
阿川毛利家	変更なし
大野毛利家	変更なし

『岩国と御一門之内勤相中絶扱一件記録　一』より作成

之様ニ可被取計候）」と命じた。しかし、これは元就の言葉を引いて一門と岩国吉川家に融和するように説得するというよりも、むしろ命令に近いものであった。仲介を命じられた就盈・広円は、まず岩国吉川家との交際関係の実態を調査するため、一門に対して項目を指定して書付の提出を求めた。これにより、三丘宍戸家が使者のやり取りを中断し、右田毛利家が書状のやり取りを中断、吉敷毛利家が交際全般を中断しているということが判明した。

しかし、先述したように一門と岩国吉川家の交際が中断した背景には両者の家格をめぐる認識の相違がある以上、どちらか一方の主張を採用することには大きな困難が伴うことが予想された。こうしたなかで、いち早く重就の方針に賛同したのが、一門の最年長であり、重就の実兄であった広定であった。

この時、広定が当主を務める右田毛利家も岩国吉川家との争論を抱えた当事者であったものの、就盈と広円は広定にも協力を願いたい旨を申し出、重就はこれを許可した。これによって仲介する立場となった広定は、養子という自分の立場では家の格式を変更することは心苦しいとしながらも、今回の重就の取り扱いを「重キ御心入」とし、右田毛利家の当主として岩国吉川家との交際再開を就盈・広円の仲介に一任するという意思を真っ先に示した。つまり、自家の主張を一旦取り下げ、岩国吉川家の主張する格式での交際再開を受け入れるということを率先して表明したのである。先に述べたように、この時点で広定は一門の内でも最年長であり、その後に広円・就盈と続き、今回取り扱いの対象となった三丘宍戸家当主就年・右田毛利家当主就将は未だ十代であった。こうした点を考えても、広定が先祖以来の格式の変更も辞さないという意思を示した以上、残りの二人がそれに反対することは難しかったであろう。実際、三丘宍戸家・吉敷毛利家は共に取り扱いを就盈・広円に一任すること、つまりは自家の主張を取り下げ、岩国吉川家の主張通りの格式で交際を再開することを承諾している。

三家からの同意を得たことで、就盈らは岩国吉川家との交渉を開始した。この時の対応の内、従来の争論と決定的に異なっていたのは、仲介を命じられた広円が自ら岩国に赴いて、吉川家当主経永や重臣らとの交渉に臨んだことである。先の宗広の治世の争論でも触れたが、岩国吉川家と交渉を行う場合、まずは萩にある吉川家の屋敷に詰める家臣に対して申し入れを行い、以後は同人を仲介として交渉を進めるのが通例であり、萩藩毛利家の家臣が直接岩国に赴くわけではなかった。

しかし、大野毛利家の場合は岩国吉川家との系譜関係から当主が自家の知行地を訪れた際には岩国を訪問する通例があり、広円はそれを口実に岩国で直接交渉を行うことを重就に申し入れたのである。このため、三家からの交際再開の同意を得た広円は岩国を直接訪問し、経永や家臣に対して岩国吉川家の主張する格式で交際関係を再開することを一門たちが受け入れたことを伝え、交際関係を再開するように申し入れた。

しかし、岩国吉川家は広円の申し入れを即座には承諾せず、自分たちでも改めて調査を行う必要があることや、当主である経永の体調が優れないために即答が困難であることをもって、広円に萩へ戻るように提案した。つまり、返答を先延ばしにすることを求めたのである。しかし、広円はこれを断固として拒絶した。この時、広円は当役の梨羽広云とのやり取りを岩国吉川家側に伝えている。梨羽は広円に対して岩国滞在を延長したとしても、岩国吉川家からの返答を聞いてから萩へ戻るようにという重就の「御内移」を伝えた。これは返答を先延ばしにしようとする岩国吉川家の行動が重就の意思に反するものであることを示唆するものであり、事実、広円のこの発言の直後、岩国吉川家は広円に対する帰萩要求を取り下げ、萩藩毛利家の提案を承諾し、一門六家との交際を再開することを広円に伝えた。これらの経過を考えれば、重就による取り扱いは強制力を伴うものとして、当事者である一門六家と岩国吉川家に受け止められたことは間違いないであろう。

このように、重就は長い間手つかずのままだった一門六家と岩国吉川家の交際を再開させた。この点について、重就は次に述べる『御国政御再興記』のなかでも自らの功績の一つとして「岩国と御一門六家との間い諸事純熟に御仕向相成候趣之事」をあげており、重就としても肝いりの取り扱いであったことがうかがわれる。

しかし、後年一門の内でも右田・吉敷両毛利家が岩国吉川家との不和により、萩藩毛利家に訴えを行うなど争論が続いていたことが確認できる。この時、右田・吉敷両毛利家は、岩国吉川家との交際が再開した後も互いの家の格式をめぐって争論が継続していたこと、一門側としては重就の意向を受けて交際を継続することを最優先にしてきたが、これ以上家の格式が侵害される状況は看過できないとし、今回の訴えに至ったと説明した。特にこのなかで、右田・吉敷両毛利家は重就の取り扱いが一門の「家」の格式そのものを変更するものではなく、文通や使者の派遣など個別の場面に限定されたものであると理解し、万一岩国吉川家が主張を曲げないのであれば、重就の意向に背くことになったとしても、再度交際を中断する可能性にも言及している。こうした主張からは交際関係が「家」の格式を表象するものである以上、その取り扱いをめぐっては藩主である重就の意向でさえ容易には貫徹されない部分が存在したということがわかる。

また、この主張のなかでは岩国吉川家側の問題も明らかにされている。当初、右田・吉敷両毛利家は通常の手続きに則り、岩国吉川家の萩屋敷に詰める家臣に対して格式にかかわる抗議を行った。これに対し、萩詰めの岩国吉川家家臣は両家の主張は了解したとしながらも、実際に一門やその家臣らの対応をするのは岩国から来た家臣たちであり、自分たちからは確約することができないとした。このように、家格をめぐる問題は当事者である当主だけではなく、家臣たちも巻き込んだものであり、このことが問題の解決をより困難にしたのである。

3　伝えるべき歴史の構築

高まる批判

安永二年（一七七三）、重就は少将へ昇進した。これは初代藩主秀就以来のことであり、歴代の藩主が実現できなかった宿願を重就が実現したことになる。この昇進の背景については次章で詳しくみていくが、こうした昇進の一方で、このころから重就は隠居を考えるようになったとされる。この後、将軍家治《いえはる》の世子豊千代が家斉《いえなり》と称することが決まり、天明元年（一七八一）に重就は実名の読みを「しげなり」から「しげたか」に改めた。そして、翌年八月に健康上の理由から隠居を願い出、許可されている。家督は正室瑞泰院（立花氏）

との間に生まれた治元（岩之允、後の治親）が相続した。隠居した重就は隠居前から大改修（実際には新館の建築）を進めていた三田尻の新館を居所に定め、ここを「三田尻御殿」と称した。以降、重就は寛政元年（一七八九）に死去するまで同所で生活し、折々に萩や長府を訪れた。また、萩藩主となった治親も重要事項の決定に際しては三田尻の重就の意向を確認しており、その影響力は依然として健在であった。

ところで先述した重就の宝暦改革については、一定程度成果を上げていたようにも見える。また、重就によって設置された撫育方の資金が戊辰戦争時の銃器購入に宛てられ幕末期における萩藩毛利家の活動を財政的に支えたこと、さらに廃藩置県後に大蔵省へ献納されたことなどから、毛利重就を明治維新の基盤を整えた存在とする評価もなされてきた。

ただし、実際には撫育方の米や銀は「御内証」、つまり大名家内部の利益であるとするという批判があり、この点については重就の耳にも届いていた。だからこそ、重就はこうした悪評を払拭し、あくまでも自分の功績を主張し、後世へ伝えるための行動を起こしていた。

ここで、本章でも何度かみてきた『御国政御再興記』という書物とその成り立ちから重就治世の残した課題についてみていきたい。安永七年十月、重就の下で改革を推進した高洲就忠は当役を退任するにあたり、宝暦六年（一七五六）に当職裏判役に任じられてから約二十年にわたる事績をまとめ、草案を密用方に提出した（小川國治、二〇〇三）。これは高洲の事績という形を取りながら、実際にはその主である重就の功績を顕彰するという形をとっている。さらに、安永九年、重就は当役の国司就相を通じて密用方に対して高洲就忠作成の『御国政御再興記』へ添える記録の作成を命じた。この時、重就は記録作成にあたり、特に留意すべき点を具体的にあげていたことが『御国政再興記一事』という史料に記されている。

まず、重就があげたのが、自身の改革が利益を生み、それが「国中撫育」につながったという点を子孫たちに対して伝えるということである。これを見れば、自身の行った改革に対する自信の表れにも見えるが、続く記述のなかで重就は密用方に対して「十三ヶ年之間両度之御手伝、辰ノ年両屋敷類焼、此三ヶ条無間合、非常之造作入差湊、誠ニ天災・国役故、偏ニ国中及難儀候訳之事」、つまり幕府からの普請や江戸屋敷の火災による出費が萩藩毛利家を財政的に圧迫したことを証拠に基づいて示すように命じた。

重就の治世には明和三年（一七六六）美濃・伊勢両国諸川の修築普請役、同九年には江戸大火によって類焼した桜田・新橋両屋敷の再建、安永七年（一七七八）に日光東照宮の修復普請役が課され、多額の出費を強いられた。これらは「三度之御大厄」として、萩藩毛利家の財政を圧迫し、家臣や領民たちの生活を困窮させた原因とされた。また、当時田沼意次のもとで裕福な大名家や不首尾を起こした大名家を狙って普請役を課すことは広く知られていた。萩藩毛利家の場合、幕府の許可を得て検地を実施し、重就が後に自身の隠居所とする三田尻御殿の建設中であった。宝暦検地は、名目上は土地の「厚薄」を調査する「地抨し」であるとしていたものの、実質的には「惣検地」であり、三田尻御殿の建設についても改修とはしながらも、実質的には新規の建設であった。これを見た家臣や領民たちはこうした重就の行動が幕府から目を付けられ、度重なる普請役を命じられる原因となったと考えたのである（「此度国中之難儀偏近年上〈重就〉之分過之奢有之、近年不首尾故抔と内輪より浮説」）。これはすなわち、萩藩毛利家が直面した「難儀」は、ひとえに「上」、つまり重就の驕りや不首尾によるものであるという批判に他ならない。重就はこれらの噂を「下之心得違」としたものの、このまま年月が立ち、不心得の噂が子孫に伝わることのないように、重就の驕奢な生活や幕府向きに対する不首尾は存在しないという証拠を集めて示すように（「不心得之浮説子孫ニ至聞迷ひ無之様ニ分過ニあらす、不首尾ニあらす、正路之証拠有之事ニ付、其訳道理明白ニ書集候事」）と密用方に記録の編纂を命じたのである。つまり、自分に向けられた批判に反論するため、その証拠を書き上げさせるというのが、この書物の編纂目的だったのである。重就はこの『御国政御再興記』を「解嘲之一冊」としているが、まさにこの表現は同書の編纂目的をもっともわかりやすく示しているといえる。

こうして密用方が編纂した書物は直目付によって清書された。その上で、高洲就忠が作成したものを『御国政御再興記第一』、密用方が作成し、直目付が清書したものを『御国政御再興記第二』と名付けた。そして、こうした経緯を経て編纂された書物であることから、『御国政御再興記』、特に重就によって編纂方針が明確に定められた「第二」については「自己弁護的」とも称されてきた（河村一郎、一九八六）。

事実、『御国政御再興記第二』は一つ一つの批判に対して論拠を示し、これを論破していくという手法で記述されているが、たとえば、「嗜好」、つまり大名の趣味についてみてみると、初代藩主秀就について「戦国之餘習」として例外としたが、それ以降の藩主について茶屋や寺院の建築、入湯などを具体的に列挙し、それぞれ大名の趣味嗜好に基づいて命じた例があったとしている。その上で、自身の隠居所である三田尻御殿の建設については贅沢であるという批判を「甚僻論」とし、これまで重就が「再興」してきた功績を考えれば、当然のことであると反論している（「只今迄御当代様〈重就〉三十年来公辺御内輪御国務被知召、御参勤十六度御闕如も不被成御座、於御当家箇程之御勤功も無御座候へは御養老之御構勿論之御事に候」）。

さらに、普請命令が重就自身の公儀向きに対する不首尾であるという批判については、重就自身が幕府から受けた美目、具体的に言えば拝領品や官位昇進を反論の根拠としてあげている。先述したように、安永二年に重就は少将へ昇進した。前章で述べたように、少将昇進へ向けた働きかけは宗広の治世にも行われており、萩藩毛利家にとっては初代藩主秀就時代の家格への復帰を象徴する悲願であった。さらに、天明元年には当時世子であった治親（当時は治元）が家督相続前に侍従に任じられた。『御国政御再興記』では、この点について、歴代藩主が果たせなかった悲願を叶えたという形で重就の功績の意義を説明している（「寔天運に被成御叶候儀御数代之御願望一時に被相済候趣不容易儀に御座候」）。その上で、『御国政御再興記』は、仮に家中で噂されているように重就に不首尾があれば、こうした美目はあり得ないはずであり、こうした美目を受けたということ自体が重就に不首尾がなかったことを証明する証拠となると主張しているのである。

ところで、重就は自身の行動を「古より之御掟御ヶ条」に沿ったものとし、「安永格」という呼称が「後世口実」とされることを危惧している。つまり、重就は自身の改革を「安永格」＝新法として理解されることに不快感を示し、あくまでも「古より之御掟御ヶ条」＝「古法」であることを強調しているのである。ここにも、重就の藩政改革の持つ復古という性格が反映されているのである。この点は少将への昇進に関する言及からもわかるように、あくまでもそれ以前の藩主の代に中断していたものを重就が「再興」したという文脈で語られている。もっとも、これらの美目とされた点については後述するが、こうした具体的な証拠を取り集め、「浮説」一つ一つに反論しているということは、換言すれば重就に対する批判がそれだけ大きかったともいえよう。

『治元公申上』

このように、重就は自分が萩藩毛利家の家格を回復させることに貢献したという点をもって自身の正当性を強調したが、後代に伝える歴史という点からもう一冊の書物をみていきたい。毛利家文庫には『治元公申上』という史料がある。この史料は、元は『治元公江申上』という題目であり、この題名からして重就の世子である治親（治元）のために編纂された書物と考えられている（山﨑一郎、二〇一二）。この書物については密用方の中山又八郎が編纂したものと考えられるが、作成年次などは不明である。この書物は表6で示した目次からわかるように、毛利家の来歴を示したものであり、いわば将来藩主となる治親に毛利家の歴史を学ばせるための教科書といえよう。

では、治親が学ぶべきとされた毛利家の歴史とはどういったものであったのか。この書物を見ると、萩藩毛利家という幕藩体制の構成員である一近世大名家としての歴史にとどまらず、それ以前から続く家、すなわち大江姓の由来からその説明を始め、毛利家の来歴について説明している。

特に、「関東以来周長一円御領国之事」という条目で、関ヶ原合戦時の輝元の去就について説明している。関ヶ原合戦前後の輝元の動向については一章でも述べたが、ここでは当時の一連の動向はあくまでも家康の会津攻めの際に「西国押」として在国していた輝元が大坂奉行衆より秀吉の遺命であるとして上坂を求められたためであるとして、関ヶ原合戦時における西軍への荷担は輝元の意志に基づいた行動ではないとした。また、四国への派兵についても輝元の上坂後に起きたことであるとして、輝元は関知しないことであるとした。その上で、石田三成や安国寺恵瓊の企てに巻き込まれたのは輝元一人ではなく、上杉・島津・佐竹らも同様であるとしながらも、秀吉存命中から家康と輝元が親密な関係にあったことから、輝元は大坂方から吉川広家・福原広俊を家康のもとへ派遣し、家康への敵意はないことを知らせたとしている。ここでは岩国吉川家が家格の根拠とした家康への内通行為について、あくまでも輝元の指示によるものであるとし、関ヶ原合戦時における輝元の行動には徳川家に対する敵意はなかったとしている。つまり、徳川政権下で生きる近世大名としてふさわしい形での歴史認識を形成しているのである。

また、後年の動向と関連するのが、龍昌院について項目を立てて説明している点である。文化期の内願活動の中では、秀就と龍昌院との縁組によって萩藩毛利家が将軍家との縁戚関係を持つことになったという点は、萩藩毛利家の家柄を主張する上で重要な要素として位置づけられていた。だからこそ、ここでは治親が学ぶべき萩藩毛利家の歴史の一つとして、龍昌院との婚姻が上げられたのである。

表6 『治元公申上』の記事一覧

記事名
大江御姓由来之事
毛利御称号之事
松平御称号之事
御末家方次第大概之事
先年以来岩国家筋趣大概之事
萩御一門六家并益田・福原両家大概之事
公家武家御差別之事
広元様以来御領地之事
中国十州之事
高松陣以来御領国之事
関東以来周長一円御領国之事
寛永十一年御判物御拝領之節之事
元就公以来御代々御官位次第之事
菊桐御紋之事
義昭公より桐御紋被下候事
龍昌院様之御事

また、三末家・岩国吉川家・一門というように萩藩毛利家の分家について、多くの字数を費やして説明している。岩国吉川家との家格争論は吉元治世の直接対立を経た後も、根本的な問題は解消しないまま膠着状態が続いており、将来萩藩毛利家の家督を相続する治親に対して、岩国吉川家との関係性や争論の原因、萩藩毛利家側の基本姿勢を学ぶ必要が求められたといえる。この岩国吉川家の条のなかでも、同家は「御国御一門同格ニ者難相成、勿論昵勤之御末家之様ニも難被為相成」、つまり一門と同格にも扱えないが、三末家と横並びにもできない家であるとして、その取

扱いは「甚以六ヶ敷儀」としている。しかし、吉元が岩国吉川家を「家老」としたことと比較すると、ここでの言及は多少態度が軟化しているようにも見える。

また、岩国吉川家と同様に独立した条を立てて説明されているのが、一門六家と須佐益田家・宇部福原家、いわゆる「一門八家」とも称される家である。同書のなかでは一門六家は「洞春様御血脈」、すなわち元就の子孫、宇部福原家は「親類頭」であり「往古より之御家老筋」、そして須佐益田家は「他家ニ而洞春（元就）様御代已来御奉公申上候へ共、別而天樹院（輝元）様・大照院（秀就）様御代異に他忠勤有之候」とし、その来歴から区別している。これらの家については「歴々家筋之儀ニ御座候へハ惣御家中とも違ひ、上よりハ格式旁御引立をも不被成候ハ而者、乍憚却而御威光も難立儀も可有御座歟之様ニ相見候」とし、これらの家の格式は大名の威光ともかかわるものである以上、格別の配慮が必要であるとしている。しかし、そうした点を踏まえながらも、一方で一門らの看過できない行動として、知行地での生活を希望すること、本来は当主本人が参加しなくてはならない場面でも使者の派遣で済ませること、さらには知行地支配についても代官の支配を受けないなど、具体的に上げている。先述したように重就は明和七年（一七七〇）の元就二百回忌法要と安永三年（一七七四）の輝元百五十回忌法要を通じ、それまでは慣例として許可されていた一門六家の代焼香（使者派遣による代理での焼香）を元就遠忌以外は禁止することを定めた。こうした取り扱いも踏まえると、この『治元公申上』のなかで述べられている一門らの状況は、重就の危機感を反映したものと考えられる。

また、同書のなかでは一門内の序列について、六家はいずれも同列であるとし、六家内部に家の来歴に基づく区別はないとした（「其内にても宍戸第一各別之訳有之、其次者勇之進〈右田〉・駿河〈厚狭〉・伊予〈吉敷〉此三家と宍戸を合四人之家各別之由、其次伊勢〈阿川〉・彦二郎〈大野〉両家之儀ハ岩国之末家之道理有之、一段違候抔と内々色々申伝も有之由ニ候得共、真ニ少々之意味合ニて左様ニ瑣細之訳御控ニ一切相見不申候、六家共ニ孰も同様之儀と相見申候」）。しかし、先ほどの「勤相」をめぐる取り扱いや大野毛利家の後継者選定でも見たように、日常生活の場面ではむしろ家ごとの来歴に影響を受ける部分が多く存在していたが、ここではそうした格差はないとし、一門はあくまでも「元就の子孫」という形で把握されている。

ところで、一門が六家なのか、八家なのかという点について先に述べたが、この点について『治元公申上』のなかでは当時の状況について、「老中は準一門の益田・福原両家と同格であるかのようにふるまい、準一門の益田・福原両家は一門六家と同格であるかのようにふるまい、『御八家』などと申し触れ、一門六家は岩国吉川家と同格であるかのように心得、さらには三末家の格式を見習うようにと自分たちの家臣に言い含めている（「老中も益田・福原を僭し、益田・福原ハ御一門六家を僭し、御八家抔と申触し、御一門六家は岩国も同列之様ニ心得、往々者御末家方をも見習候様ニ其家臣さして取計ひ仕」）」と苦言を呈している。一門六家と準一門二家との間では婚姻や養子縁組も行われており、就任する役職にも大きな差は見られない。しかし、毛利家の歴史を正確に把握する上では両者の区別を明確にする必要があったのである。

重就の葛藤

このように重就の後継者である治親に対しては、毛利家の歴史、特に徳川家の治世以前からの来歴と同時に、大名家に近しい存在である三末家や岩国吉川家、一門六家・準一門二家の来歴についてよく知ることが求められた。では、本シリーズのテーマである「家」という視点に立った時、重就の一連の行動はどういった意義を見出すことができるだろうか。ここでは『治元公申上』のなかで書かれなかったことについてみていく。

先述したように重就とその実兄である広定は重就の後継者選定の過程で、秀元が一度輝元の養子となったことを強調し、長府藩毛利家の家柄について強い自負を見せていた。しかし、『治元公申上』のなかでは近世初期以来の末家、特に長府藩毛利家と徳山藩毛利家との不和やそれに起因する争論について詳細な説明を行っている一方、重就・広定が示したように秀元が輝元の養子であったという由緒に起因するほかの末家に優越する長府藩毛利家という主張は確認することができない。

また、秀元存命中から長府藩毛利家が展開してきた主張、すなわち萩藩毛利家の家督は輝元から秀元に譲られ、秀元から秀就に譲られたのであり、長府領は秀元の隠居領であるという主張に対しては、それを否定する確かな証拠があるとして真っ向から否定した（「宰相（秀元）様御事者勿論暫時御嫡子ニ被成候計ニて往々者一之臣下ニ被仰付との儀旁其節之御控委細有之候」）。むしろ、『治元公申上』で述べられているのは、一章でも触れた寛永十一年の朱印状交付時における長府・徳山藩の行動に対する反論である。ここでは自身が一度萩藩毛利家の家督を相続し、秀就に譲ったという秀元の本家家督相続という主張を退けたこと、そのなかでやむを得ず隆元を正統から外すことになってしまったことにも触れた上で、隆元が確かに正統であることを説明している。つまり、将来萩藩毛利家の家督を相続することになる治親に対しては、長府藩毛利家の主張よりも、あくまでも萩藩毛利家側から見た歴史を学ぶことが求められたのである（根本みなみ、二〇一八）。

一方、別朱印状の交付を求めた一件以降、秀就と秀元・就隆の間の不和により、長府・徳山両毛利家とも独自の行動を続け、終には「御本家を被離候而御自立之趣ニ相成候」とした。『治元公申上』のなかではこうした末家の行動について「驕奢」としたものの、年月が経ってしまった以上、すべてを萩藩毛利家の想定する本来の形に戻すことは困難であるとした。その上で、治親には、末家については些細な事柄に至るまで注視し、先例通りの取り扱いを行い、あくまでも本家と分家の関係を維持することを求めたのである。

ここまで見てきたように、重就の行った政策はこの後の時代につながる成果を残した一方、『御国政御再興記』の編纂からもわかるように多くの批判を生んだ。これに対して、重就は自身の行った「再興」、つまり少将への昇進などの家格にかかわる事柄をあげて反論したわけであるが、実はこれも手放しで「再興」と呼べるものではなかった。この点について、続く治親・斉房治世における萩藩毛利家を取り巻く状況から見ていく。

五　有力者に支えられる家

毛利治親・斉房

1　治親と田安家

治親の家督相続

天明二年（一七八二）に重就は隠居し、三田尻に居住したものの、跡を継いだ治親は重就との連絡を密にとるなど重就の影響を受ける立場にあった。重就は寛政元年（一七八九）に死去したが、その二年後の同三年には治親自身が急死している。このように治世が短い上、隠居の重就の存在が大きかったことから、藩主としての治親の存在感については見えにくい部分が多いが、ここではいくつかの事件についてみていきたい。

『御国政御再興記』でみてきたように、安永七年（一七七八）の日光東照宮の修復普請に伴う多額の出費は確実に萩藩毛利家の財政状況を圧迫していた。さらに、その後も続く天災による収入減と重就の隠居と治親の家督相続に伴う祝賀行事による出費も受け、萩藩毛利家の借銀は一万二千六百貫目まで増加した。こうした状況を受け、当職の益田就祥《なりよし》は天明二年に出府した際、財政をめぐる窮状を治親に説明した。しかし、就祥は帰国後の翌年一月に日光普請の際に生じた借銀の返済の目途が立たないことから、治親に自身の当職辞任を申し出た。この辞任の申し出は治親の慰留により撤回されたが、同年五月に就祥は加判役に対し、再度自身の当職辞任を申し出た。

この時、就祥が辞任を申し出た背景には、財政逼迫という状況下での撫育方の資金の取り扱いをめぐる問題があったとされている。就祥は一般財政の窮乏を理由に、治親に撫育方の資金を一般会計に流用することを求めたが、この要求は治親には認められなかったため、やむをえず辞職という形を求めたという。

同年八月、治親は就祥の辞任を認め、毛利就任《なりとう》（右田毛利家当主、広定の子）を後任に命じた。しかし、辞任を認めた就祥に対しては、治親の初入国も済まさない内に二度も自身の辞職を申し出たことを理由として、同年十月に逼塞三十日を命じた。ここで就祥の処分理由とされたのは、治親の「御代始」にもかかわらず、留守中の国元を預かる当職の立場でありながらたびたび辞職を求めたことにより、治親らを困惑させたことが挙げられているが、同時に「上江対非礼」があったと述べられている。

では、この「非礼」とは何なのか。ここでは撫育方の資金流用を求める就祥の主張があげられている。前章で述べたように、撫育方の資金は一般会計とは区別され、その流用は禁じられ、その運用は藩主の意向によって決定されるものと定められた。つまり、「御撫育之趣は、一向申出間敷処」、家臣らが口を出すべきではないとされた撫育方の運用について、就祥が一般会計への流用を求めて進言を行ったことが「非礼」とされたのである。この点について、重就の怒りが深かったことは、一度逼塞が解除された就祥が翌年閏一月に重就の強い意向で隠居を命じられたことからも知ることができる。

またこの事件に連座して、当職手元役能美吉右衛門（以成）・所帯方下村弥三右衛門（政武）・福井源右衛門（真相）らがそれぞれ逼塞や遠慮を命じられた。特に能美以成《もちなり》は知行高を削減された上、隠居が命じられた。能美自身は重就により所帯方、当職手元役、御前仕組方、そして表番頭格にまで登用された人物である。しかし、その一方で能美が記した『蔵櫃録』では高洲就忠を批判するという形で重就の政治を批判しており、重就に登用された人物さえも撫育方には厳しい目を向けていたのである（小川國治、二〇〇三）。

撫育方も一切の変更がなされなかったというわけではなく、益田たちが処罰を受けた翌年の天明四年には撫育方の運用方針に二つの変更が加えられた。一つは撫育方の資金の用途である。同年以降は撫育方から一般会計に流用は行わないが、幕府から普請役を命じられた場合や吉凶の大礼に関する費用は撫育方から資金を拠出することが定められた。もう一つは一般会計の地方・江戸方の引き分けである。これは地方（萩）と江戸方の会計を区別することで、それぞれが予算内での支出の管理に責任を持つことを目的とするのであり、その背景には江戸方、特に藩主やその家族たちの出費を抑えるという目的があった（田中誠二、二〇一三）。しかし、その目的は十分には果たされず、以降地方と江戸方の間での財政の主導権をめぐる動向は継続するとともに、江戸方での藩主やその家族の出費をどのように抑えていくかは課題となり続けた。

また、重就の死の直後である寛政二年十月に治親は当役の国司《くにし》就相《なりすけ》を罷免している。国司就相は安永七年に高洲就忠の後任として当役に就任し、天明二年までその職にあった。その後、重就の命により隠居した重就付の当役を務め、同八年には治親付の当役も兼任している。寛政元年の重就の死後三田尻御殿付の諸役は罷免の上転任となったが、国司就相に対しては褒賞として加増が行われた。しかし、この加増の四ヵ月後、治親は一転して国司就相に対して、当役を罷免した上で逼塞を命じた。この時、就相の罷免理由は重就への批判を行ったこととされ、翌月には差控が命じられた。さらに、翌年一月に治親は就相を隠居させた。また、この時はほかの当役中も叱責を受けるなど、藩政に携わる重職が咎を受けた。

田安家との関係強化

このように治親の治世は隠居である重就の存在感の大きさと治親単独による治世の短さから、その特徴についてはなかなか見えづらい部分がある。しかし、同時に近世後期の萩藩毛利家を左右する動向も生じていた。それが、有力者との縁組による庇護である。

話は重就の治世、治親（当時は岩之允）を重就の世子として幕府に届け出た直後までさかのぼる。宝暦十年（一七六〇）七月二十五日、田安家に出入りしている河野松庵から当役の梨羽広云に、田安宗武と正室近衛氏（宝蓮院）の間の娘・節姫《ときひめ》との縁談が持ち込まれた。この時、治親は数え年七歳であり、節姫は数え年五歳であった。

前章で述べたように、萩藩毛利家では宗広の遺言を口実として重就の後継者となった重広が急死しており、この縁談が持ち込まれる三日前に重就は国元の了解を得ないまま治親を世子として届け出て、許可を受けたばかりであった。また、重就自身、翌月には帰国を行う予定であり、この段階ではあくまでも内々の話であるとして、返答を保留した。

しかし、重就の帰国後の同年十二月四日付の松庵の書状で、来年の重就の出府後、今回の治親と節姫との縁談にかかわる相談を進めたいという田安家の意向が伝えられた。このため、帰国中であった重就は梨羽にほかの当職や加判役にもこの件について知らせるように指示を行い、彼らから異論がなかったことから、翌年の出府後にこの縁談を正式に進める旨を返答した。この同時期に宍戸広周・毛利元連が強制隠居となり、ほか一門らも取り調べを受けたことは前章で述べた通りである。

この縁談は萩藩毛利家にとっても想定していないものだった。重就は治親と節姫の縁談について、二人の年齢を見ても相応であるとしたが、一方で田安家については「御辞退も難被為成御先方」であるとし、萩藩毛利家から縁談を断れるような相手ではないとした。翌十一年に重就が出府して以降、田安家から家老が派遣され、両家の間で婚約が成立した。この縁組は同年五月二十七日に幕府に届け出られ、六月四日に許可を得ている。この後、実際に婚姻が行われたのは明和八年(一七七一)である。この婚姻に際しても、萩藩毛利家は普請が間に合わないとして、翌年までの延期を求めたものの、田安家は事情については了解しながらも、すでに「御本丸」にも報告していることなので、たとえわずかであっても延期することには同意できないとした(「御尤ニ者思召候へ共、兼而当年中之御積りニて御本丸江も被仰上置候故、纔之間相と八乍申年越候段如何敷候条」『若殿様御縁組其外記録』)。その上で明和八年十二月中には婚姻を成立させたいという意向を示した。これに対し、萩藩毛利家はこれ以上の説得を諦め、普請を急がせてでも十二月中に婚姻を行うことを田安家に対して伝えている。

また、節姫との婚姻により、田安家から家臣や女中らもともに萩藩毛利家に移ってきた。ここでも萩藩毛利家側はたびたび「田安之儀者御並方之取組と違御先方之儀」とし、その対応に苦慮していた様子が見てとれる。

ところで、前章で重就が自身の少将昇進を功績の一つとして強調していたことは述べた。しかし、実際に重就に少将昇進が申し渡された際、その申渡の文言は田安家から重就の昇進について働きかけがなされていたことを明らかにしている（「其方儀年齢と申ニも無之事故昇進之難被及御沙汰候得共、田安より彼是御願之趣も有之付而格別之　思召を以今般少将被　仰付候、依之家格ニ者不相成儀勿論之事ニ候」『官位之留』）。つまり、重就の少将への昇進とは重就の功績に対する評価というよりも、治親正室の節姫の実家である田安家の働きかけによる特例という性格が強いものであった。

これは重就が功績として主張したほかの部分にも当てはまる。治親は家督相続前の天明元年（一七八一）に侍従に任官された。家督相続前の世子の任官は重就の少将昇進と同様に萩藩毛利家にとっては慶事とされたが、実はこの任官にも田安家が関係していた。当時の田安家は明和八年（一七七一）に宗武が死去し、その後を継いだ治察《はるあき》も安永三年（一七七四）に死去し、当主不在の状況であった。しかし、節姫の実母であり、宗武の正室である宝蓮院は存命中であり、治親の侍従任官に際してもその世話を行っている。同様に重就が自身の正当性を保証する根拠とした将軍からの「御自画御拝領」や「御鷹御拝領」も、実は将軍家から萩藩毛利家に直接下賜されたわけではなく、大奥から宝蓮院に与えられたものを、さらに萩藩毛利家が下賜されたというものであった。つまり、重就が自身の正当性を証明する根拠とした「美目」は、実は縁戚関係を結ぶことになった田安家からの世話を受けた結果だったのである。田安家との縁談自体は萩藩毛利家にとっても通常の縁談とは異なり、その準備に奔走することにはなったものの、結果としてそこで手に入れた関係性は、この後萩藩毛利家の活動を支える強力な庇護を与えることになったのである。

また、治親の治世を見る上で、もう一人欠かすことのできない人物が、老中首座として幕府の寛政改革を主導した松平定信である。田安宗武の子である定信にとって治親正室の節姫は異母姉にあたり、節姫との面会として定信が萩藩毛利家にたびたび出入りしていたことが確認できる。定信との交流をみてみると、定信が帰国時の仮養子に有事が生じた際の欠け替えの養子として保三郎（後の斉熙）を届け出ることを相談していたことや、節姫が生んだ多美姫の縁組先の世話をするなど興味深い内容が見られる。

一方、萩藩毛利家も老中となった定信との関係を深めることを、自家にとって有利な事柄として理解していた。たとえば、寛政二年（一七九〇）には定信とその家族との交際を「両敬」に変更したい旨を申し入れるなど、関係強化を図っている。定信の存在がもっとも際立ったのは、この後に起きた治親の死去と斉房の家督相続時であるが、治親の存命中の出来事としてここでは宇部福原家の古格復帰運動について触れてみたい。

宇部福原家の古格復帰運動の展開が確認できるようになるのは天明七年（一七八七）からである。この時の主張としては宇部福原当主の出府時の献上物と御目見の許可を求めるという内容であったが、これは近世初期の宇部福原家に対する家康・秀忠の取り扱いを先例としたものであった。特にこの願書では近世初期の宇部福原家について「吉川・福原両家、同様之御仕成」としており、それをもとに宇部福原家の格式を近世初期と同程度まで復帰させることを求めた。

宇部福原家の史料（「我等家筋之儀ニ付公辺江御願懸り之趣享和三亥年御番手ニ而罷登候節被仰出置候控」）によれば、古格への復帰は同家の「大願」であると同時に、重就・治親の意向によって、ようやく幕府への働きかけが実現したものであった。では、宇部福原家の家格上昇を求めることは萩藩毛利家にどういった意味があったのだろうか。この点について、萩藩毛利家が作成した願書（「御内願書写」）では、宇部福原家の格式を近世初期と同程度まで復帰させるということは「私家之励ニも相成」としている。この点は、宇部福原家側の主張する「上之御飾」という表現がよりわかりやすいだろう。つまり、家臣の内に将軍への献上や御目見を許される由緒を持つ家があるということは、翻ってその主君である萩藩毛利家の名誉にもつながるという主張である。こうした見解は珍しいものではなく、萩藩毛利家は三末家がより高い格式を有すること自体についても、本家である萩藩毛利家の名誉になるとして肯定的に受け止めていた。後年、萩藩毛利家は岩国吉川家の主張を整理し、受容できる部分とできない部分を細かく区別しているが、このなかでは、岩国吉川家の末家成、つまり家臣から一大名への昇進は許容できないとしたものの、岩国吉川家が官位を得ることや官位昇進運動を萩藩毛利家が仲介する行為には反対していない。その主張の背景には、金沢藩前田家のように官位を有する家老を持つほかの有力大名が念頭にあり、岩国吉川家が独立大名にさえならなければ、むしろ同家が官位を得ることは、萩藩毛利家の家格上昇と同様の意味を持つものとさえ理解された。仮に三末家や岩国吉川家が萩藩主の官位と横並びになる場合や萩藩毛利家の統制を外れようという意図がある場合には当然萩藩毛利家は強く反発するものの、そうでなければ分家や家老の格式を向上させること自体にはむしろ肯定的であり、重就・治親が宇部福原家の家格上昇運動に積極的であったのも、こうした理解が根底にあったためと考えられる。

この後、宇部福原家は萩藩毛利家の助力も得て、寛政元年に定信の内意を得た上で同三年に再度願書の提出を行った。しかし、その直後に治親が死去したことから、沙汰止めとなった。さらに、治親の跡を継いだ斉房が成長した後、享和三年（一八〇三）～文化元年（一八〇四）にかけて再び願書を提出したが、こちらも要求が認められることはなかった。しかし、この時、斉房周辺は宇部福原家の古格復帰運動を積極的に進めるべきではないという見解で一致したものの、当役の毛利親頼《ちかより》（大野）はここで宇部福原家の要求を取り上げなければ、自分たち一門らが宇部福原家の家格を妬んだ故の行動と理解されることを危惧し（「伊賀〈親頼〉殿を始御一統御真似の不成事故御妬ニて御取持無之こと共豊前殿被存候而ハ甚いかゝ敷と伊賀殿ニも御心痛有之」『福原家筋事』）、願書の提出だけは受け入れた。また、宇部福原家も願書提出後の文化二年段階で、宇部福原家の家格上昇運動が「上之御飾」のためであると理解できない同列の家の存在に言及しており、重就・治親の肝いりで始まった古格復帰運動は結果的に家同士の間にあった亀裂の存在を浮き彫りにするという側面も持っていたのである。

重就の子どもたち

重就は長府藩主であった時期も含め、八男九女をもうけた。このうち、四男の治親が萩藩毛利家の家督を相続し、長男匡満・五男匡芳《まさよし》が長府藩毛利家の家督を相続した。特に、匡芳は実兄である治親の死後、幼年で家督を相続することとなった甥の斉房の後見をつとめている。このほかの男子は六

図21　毛利重就〜敬親系図

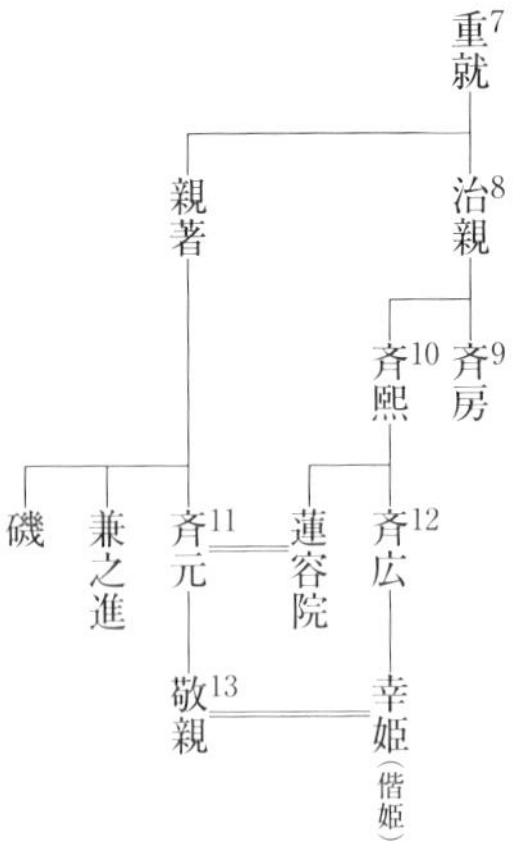

『近世防長諸家系図綜覧』より作成

表7　毛利重就子女の縁組先

名　　前	縁　組　先
好姫	上山藩松平信享室
佐代姫（惟保君）	鷹司輔平室
友姫	高知藩山内豊雍室
勢代姫	久留米藩有馬頼貴室
屋代姫（艶姫）	館林藩松平武寛婚約者
澄姫	忍藩松平忠啓室
列姫	彦根藩井伊直富婚約者
多鶴姫	近衛師久婚約者
雅姫（長姫）	清末藩毛利匡邦室、離別後富山藩前田利謙室

『近世防長諸家系図綜覧』より作成

男親著《ちかあきら》・八男興言《おきのぶ》以外は重就の存命中に早世しており、重就の死の翌年八男興言も死去している。

成人まで存命した親著は実父重就の死後も他家へ養子に出ることはなく、寛政十二年（一八〇〇）に死去するまで国元の萩にある八丁御殿（元は南園御茶屋）で生活を続けた。親著は正式に妻帯はしなかったが、二男一女をもうけた。この内、長男豊之允は享和三年（一八〇三）に宇部福原家に養子入りしたものの、後に萩藩毛利家に戻り、十代藩主斉熙《なりひろ》の長女の聟となって家督を相続し、十一代藩主斉元《なりもと》となった。そして、この斉元が家督相続前にもうけたのが、後に十三代藩主となる敬親である（図21）。

親著の次男兼之進は他家へ養子に出ることなく、実父と同様に八丁御殿での生活を続け、後に左近・惟祺と名乗った。また、兼之進も文政元年（一八一八）に長男の範之允（親安）をもうけた。後述するが、敬親の正室は十二代藩主斉広《なりとう》の長女幸姫（偕姫、都美姫）であるが、斉広の急死により敬親は斉広の養子という形で幕府に届け出られたため、斉広の実子である幸姫はこの親安の娘として幕府には届け出られた。

親著の長女の磯は鷹司家から縁談の申し込みがあったものの、萩藩毛利家側は実父が部屋住という立場でもうけた娘であることを理由にこれを断っている。この後、磯は邦媛院（節姫、治親の死後邦媛院と称する）の意向により、右田毛利家房良《ふさよし》に嫁ぎ、房良の死後、大野毛利家当主親頼に嫁いだ。

一方、重就の娘たちの縁組先をみていくと、表7の通りとなる。特にこの時期の特徴として、公家との縁談が見られるという点がある。重就の娘の内、二女の佐代姫（惟保君）は鷹司輔平に嫁ぎ、八女多鶴姫は近衛師久と婚約している。続く治親以降の代には公家との縁談を断る傾向にあり、こうした公家との縁談はこの時期の特徴ともいえる。また、佐代姫（惟保君）が鷹司輔平との間にもうけた房君は有栖川宮織仁親王の正室となり、その間に生まれたのが九代藩主斉房の正室である栄宮《はるのみや》（貞操院）である。

2　幼君の治世

斉房の家督相続

寛政三年（一七九一）六月二日、在府中の治親が発病し、同月十二日に急死した。治親には側室明善院との間にもうけた義二郎（斉房）があり、後継者の問題はなかったが、その死があまりにも突然であったことから、当役の堅田就正《なりまさ》は治親の死去を一旦は公表せず、幕府からの容態伺いの使者の派遣を待ち、同月十九日に治親の死を正式に公表した。治親の危篤と死去については随時国元の重臣らに知らされたが、堅田はその死去が公表されるまでは江戸でも一部の者しか知らないことであるとし、国元でも一部の重臣以外には治親の死去が知られないように注意することを求めるとともに、国元の重臣一名の出府を求めた。

ところで、この状況下で萩藩毛利家を訪問していたのが松平定信である。萩藩毛利家の史料（『容徳院様治親公殿御逝去一事』）によれば、治親の死去を公表する前の六月十四日、定信は見舞いとして萩藩毛利家を訪れ、堅田に治親の容態を尋ねている。これに対して、史料では堅田は定信に「委細」を言上したとしている。この段階で堅田が定信に明かした内容については触れられていないが、その場で治親が亡くなった場合、後継者である義二郎（後の斉房）がいまだ幼年であることに触れ、その不安を述べていることから、すでに治親が死去していることか、もしくは回復の見込みが望めないことは述べたものと考えられる。

こうした話を聞いた定信は堅田に対し、萩藩毛利家の二代藩主綱広の先例にならい、他大名家からの後見を受けることを提案している。二章で述べたように、秀就の死去に伴って家督を相続した綱広は生母である龍昌院と姉である広国院の関係を通じて松平光長・直政の後見を受けた。定信はこのことに触れ、今回も縁戚関係にある大名家に義二郎の後見を依頼することを提案したのである。これに対して、萩藩毛利家側の史料では堅田は定信に「何分共可然奉願候段含而申上候」と記している。

この時の「含」について、萩藩毛利家の史料ではその内容について詳細にはしていないが、須佐益田家の史料では堅田は定信に対して世話、つまり後見を依頼する意図があったとしている。要するに、堅田としてはすでに萩藩毛利家に出入りしており、老中という幕府の要職にある定信に後見を依頼したいというのが本心であったとしているのである。これは堅田の「含」を聞いた定信が自身は萩藩毛利家の家付の親類ではなく、節姫を通じた間柄であるので、世話を引き受けることはできないとその場で断っていることから考えても、間違いはないであろう（「其儀をも内々令承知候、乍去手前儀ハ御家江付候而之御縁も無御座、節姫様江付候御間柄ニ候へハ御世話御差引も被成苦敷候」）。

しかし、定信は後見を引き受けることは断ったものの、幕府向きの対応と節姫にかかわる事柄については萩藩毛利家の世話を引き受けるとし、実際に後見人の人選も行い、堅田たちに提案している。この時、定信が後見人として推薦したのは、徳島藩主蜂須賀治昭《はるあき》と長府藩主匡芳であった。この内、蜂須賀治昭は治親とは従兄弟であり、治親の存命中から親しい関係にあっただけではなく、蜂須賀家は萩藩毛利家と同席の家であり、今後義二郎が成人し、登城するようになった際にも世話を依頼できるという利点があった。また、匡芳は治親にとっては実の弟であり、その人柄については定信も保証している（「御出来宜、権威かましき人柄ニ而も無之」）。こうした点を見ると、定信は治親の交友関係や毛利家の分家の情報まで詳しく承知していたことがわかる。また、定信は堅田に対し、自邸に出入りすることを許しており、堅田以外にも出府してきた毛利就任を自邸に招き、幼年大名を補佐する上での心得を伝達するなど世話を行っていた。

ただし、この時点で匡芳は長府に帰国中であり、萩にいる重臣たちも国元家臣たちの動揺を考え、匡芳の出府には難色を示した。しかし、堅田は匡芳の後見就任は老中である松平定信と邦媛院（節姫）の意向であるとし、匡芳の出府に対する理解を求めている。

同年六月十九日、萩藩毛利家は治親の死去を幕府に届け出、翌七月二十九日、幕府は斉房の家督相続を許可した。しかし、家督相続が認められた後にも未だ大きな問題が残っていた。それは幕府による国目付の派遣である。藩主が幼年で家督を相続することになった場合、幕府は領内政治の監視の目的から、国元に国目付を派遣してきた。萩藩毛利家の場合、これ以前にも国目付派遣を受けたという先例もあったことから、斉房の家督相続直後から国目付派遣に備え、情報収集や準備を行っている。

萩藩毛利家の史料である『御国目付一事諸沙汰控写』によれば、国目付が派遣されるまでの間、江戸では御用番老中や目付らに提出する文書や願書の添削を求めて、萩藩毛利家の家臣がたびたび松平定信の自邸に出入りしていたことが確認できる。また、こうした添削は事務的な内容の不備を確認するだけではなく、たとえば全領巡視の回避といったように国目付の巡視内容にかかわる内容も含まれていた。

このように定信の助言を受ける形で国目付派遣に向けた準備は進められたが、この際江戸方の堅田就正は国元重臣らに今回の国目付派遣は万事軽い格式で済みそうだと報告しながらも、萩に滞在する国目付に対して毛利家の家臣らが松平定信からの指図を受けたことを軽々に口にすることは好ましくないとして、国目付に接する家臣たちが定信の助言を表立って話すことのないようにと書状の中で注意を促している（「西下様之儀を者全噂も不仕様極密ニ可被仰聞置候」）。また、派遣される国目付たちも萩藩毛利家が松平定信とのつながりを有していることについては承知しており、国目付の任を遂行するなかで悪い噂が生じないように十分に配慮する旨を萩藩毛利家に対して知らせている。

寛政四年三月四日に萩に到着した国目付は八月三日まで萩に滞在し、諸郡の巡視などを行った。続く斉熙の代に毛利房晁《ふさあき》・同親頼・堅田就正らが作成した意見書のなかでは、この国目付の派遣は「御国中薄氷を履候如恐入罷居候」心持ちであったとしているが、実際には有力者の保護も受けながら、その準備が進められていたのである。

養母邦媛院の存在

ところで、このような形で始まった斉房の治世は、養母である邦媛院（節姫）の意向を確認する場面が少なくなかった。ところが、この邦媛院の関与については萩藩毛利家のなかでもさまざまな意見があった。たとえば、同三年、斉房の家督相続に伴い出府した毛利就謙《なりかね》は国元重臣らの見解として、邦媛院の政治関与のあり方について意見を述べている。

ここで伝えられた国元重臣の意見の中心は江戸―国元の合議体制の徹底であった。当時の状況では万事邦媛院の差図に頼っているが、国元の重臣らの見解としては江戸方の堅田就正・毛利就任が主体となって物事を決定することが重要であり、さらには可能な限り国元重臣らとも協議した上で決定するべきであるとしたのである。江戸と萩という距離の離れた土地でこうした合意を形成することは、一見すると非効率にも思われるが、この時の国元重臣たちの主張では、こうした体制を維持することで、幼年藩主の下であっても堅固に政治が行われていることを内外に強調することができ、結果として「女中衆」や「親敷御付合之衆」から無理難題を持ちかけられることを防ぐことにもつながるとした。

この時、国元重臣らはこうした見解を示す根拠として、初代秀就の正室龍昌院に言及した。国元重臣らは昔のことなので事実かはわからないと断りながらも、龍昌院は一切政事向きには関与せず、政務は家老の役目であるとし、当座のことは江戸詰めの家臣らの間で相談し、より重大事項は国元との合議によって取り計らうように命じたとした。また、当時不和であった長府藩毛利家を牽制するという点から岩国吉川家に補佐を求め、同家もこれに応じ、萩藩毛利家の家老らとの協議に参加し、藩政の補佐を行ったことにも言及した。こうした国元の主張は、松平定信や邦媛院の意向であるとして国元の反対を押し切り匡芳の出府を求めたという点を踏まえてみると、国元から江戸方に対する婉曲な批判とも取れよう。

これに対して、江戸方の堅田らは国元重臣らの求める合議体制の徹底については全面的に受け入れるとした。また、邦媛院への「御伺」についても後見役の匡芳の出府後は行わないとし、その政治的関与を限定する意向を示した。一方、他大名家や出入りの旗本・御家人・坊主衆らとの交際については江戸方独自の見解も示した。斉房の場合は幼年での家督相続となり、しばらくの間は藩主自身による登城や他大名家との交際を行うことはなく、その分の費用は少なく済むはずであった。しかし、堅田らは将来斉房が成人し、登城を行う際に協力を得る必要があることから、こうした江戸方での他家との付き合いは倹約の方針のみでは取り扱うことはできないという断りも入れている。また、後見体制を終了する具体的な時期として、斉房の初入国を想定し、この点について匡芳にも説明を行うと述べた（『毛利十一代史』八巻）。

邦媛院の役割

このように、匡芳の後見を受けながら、江戸―国元の合議によって斉房の治世が始まったものの、同四年六月十六日に匡芳は江戸で死去した。堅田らの計画では、斉房の初入国まで匡芳による後見体制を継続するはずであったが、早々に破綻してしまったのである。これにより、再び邦媛院の役割が大きなものになっていった。

東京大学史料編纂所所蔵の益田家文書には同七年四月に邦媛院が当役中に与えた自筆の書き下しの写しが存在する（「邦媛院御書下写」）。このなかで邦媛院は萩藩毛利家の財政が非常に困難な状況にあることについて治親から生前に聞かされていたと述べ、斉房が幼年の内は財政の立て直しについて江戸・国元の尽力が肝要であると述べている。また、邦媛院は同史料のなかで華美な風俗を改める必要性に言及し、当役中だけではなく、非役の一門や老中らに対しても家臣らの手本としての自覚を持つようにと述べている。特に、このなかでは一門の内では毛利就貞（阿川毛利家当主）らの名前を具体的にあげ、当役中に対して就貞らとも相談を行うようにと具体的に指示を出している。

また、邦媛院が担わなくてはならなかったのが、萩藩毛利家内部の差配である。斉房の縁談については、治親の存命中の天明五年（一七八五）に有栖川宮家から栄宮を迎えることが決まっていた。しかし、当時は双方ともに幼年であったことから、実際の婚儀は十年程度先と予定していたものの、寛政三年（一七九一）に治親は急死した。重就の正室である瑞泰院は明和六年（一七六九）に死去しており、縁談の準備は邦媛院の主導により行われた。寛政八年、斉房の初入国が許可されたことも踏まえ、邦媛院は京都で養育されていた栄宮を江戸に引き取り、正式に婚儀をあげることを決め、種々の手配を命じた。この時、邦媛院は栄宮に附属する家臣や萩藩毛利家から派遣する使者の人選についても意見を述べており、栄宮の下向と婚儀に向けた準備のなかで主導的な役割を担っていた。

また、興味深いのは栄宮付の女中の人選にかかわる見解である。田安家の出身であり、将軍家の養女となった種姫の姉でもある邦媛院は折々登城する機会があり、そのための家臣や女中を多く召し抱える必要があった。しかし、新たに嫁いでくる栄宮の場合、こうした登城や大奥との交際の必要がないことから、家臣や女中を削減する見通しが立てられたのであるが、邦媛院は栄宮のために新たに召し抱える女中については「御国諸士之妻女」、つまり、萩で生活する家臣の妻女が望ましいとする見解を示したのである（『斉房公御縁組以来御前様付沙汰控』）。邦媛院としては自分付の女中らは皆他国の出身であったことから、栄宮には是非萩藩毛利家の家臣の妻女を仕えさせたいという考えであり、表方としても邦媛院の見解に異論はなかったことから、邦媛院は早々に国元で女中の募集を行うように命じた。また、邦媛院は国元から出府してきた家臣の娘たちを自分のもとでしばらく奉公させ、江戸での生活に慣れさせてから栄宮付にするとしており、自身の経験も踏まえながら栄宮を迎える準備を進めていた。

この点は京都の有栖川宮家側も承知しており、栄宮の生母である房君（重就の孫娘）は栄宮の江戸下向後は短期間で構わないので、邦媛院のもとで栄宮を養育してほしい旨を願い出ている。これについては屋敷が手狭であるという理由から萩藩毛利家側で断っているものの、奥向きを取り仕切る邦媛院の存在が大きかったことがよくわかる。

栄宮は江戸へ下向し、同九年に斉房と婚儀を上げたが、これを見届けた邦媛院は周囲に萩へ下向したいという意向を示すようになった。邦媛院は萩へ下向し、舅の重就と夫の治親の墓参りなどをし、持病である脚気の治療のための湯治を行うことを考えていた。しかし、萩藩毛利家としては費用をかけて中屋敷の普請を行った直後であり、さらに、江戸で生まれ育った邦媛院が萩での生活になじむことができずに、すぐに江戸への出府を願い出ることなども危惧していたものの、邦媛院の意思は固く、弟である松平定信にも相談をするように表方の役人に命じている。この件については定信も困難な願いであるとし、自ら邦媛院に対面して、一旦実家である田安家に相談するようにと説得した。しかし、この時期の邦媛院があまりに萩への下向を心待ちにしている様子（「此内已来御目通り之度ニ御国之御咄のミ被成、於于今ハ一方之御楽ニ被成候」『新橋邦媛院様御国下り御内思召候一件』）であったことから、江戸方の家臣らとしては下向に反対であることや下向が実現困難であることは邦媛院に伝えにくい状況にあった。この後、邦媛院の強い希望を受け、田安家の助力も得ながら願書を提出したものの、この時は実現に至らなかった。

しかし、邦媛院の萩下向の希望は享和元年（一八〇一）にも再度なされた。この時、江戸方は邦媛院の萩下向に賛成しない理由について①国元は斉房の帰国中でも当役中や非役の一門らもいるため、問題が生じたとしても十分に対応ができる。②しかし、江戸方は人手がなく、斉房の正室（栄宮）も未だ年若い。③また、江戸にいる斉房の弟たちも未だ子どもであり、斉房が萩に帰国している間は万事邦媛院の指図がなければすまない状態である。④また、斉房も江戸で邦媛院に相談したいこともあるだろうから、邦媛院が江戸にいてくれれば家老たちも万事心強いという点をもって、邦媛院の下向に反対の立場を示した。これは邦媛院の萩下向を阻止するための後付けの理由にも見えるが、一方で後付けの理由とはいえ、先代藩主の正室である邦媛院に対しては未だこれだけの役割が期待されていたともいえる。

ここで、江戸方の家臣らは斉房の弟たちの存在に言及したが、邦媛院の意向は子どもたちの行く末、すなわち養子入りにも影響した。

養子に出された子どもたち

斉房が家督相続した直後、斉房の弟たちは未だ幼年であった。斉房と弟たちとの関係について『靖恭公遺事』のなかでは斉房が幼年の弟たちを気に掛ける様子が記述されているが、後年、この弟たちの養子入り先を見つけることが課題となった。

治親の子どもの内、斉房以外で成長した男子は次男保三郎《やすさぶろう》（天明三年生・生母は側室明善院）・三男恒五郎（天明五年生・生母は保三郎と同じ）・五男哲之進（天明六年生・生母は保三郎と同じ）・六男儇之進《はやのしん》（天明七年生・生母は側室宝池院）であった。この内、保三郎は斉房の跡を継いだが、三男の恒五郎は谷田部藩細川家の興徳《おきのり》の養子となり、五男の哲之進は丸岡藩有馬家や末家の徳山藩毛利家の仮養子となった後、吉敷毛利家の養子となった。また六男の儇之進は上総鶴牧藩水野家の忠韶の聟養子となった。こうした縁談は基本的には相手方の家からもたらされていたものの、そこには持参金の多寡をめぐる問題も生じていた。

たとえば斉房の弟の内、最初に養子入り先が決まった儇之進についてみてみる。寛政十年（一七九八）、儇之進に対する縁談が水野家からもたらされた。この時、萩藩毛利家が縁談を躊躇したのには二つの理由があった。一つ目は兄弟の順番である。萩藩毛利家としては年長である保三郎から順に養子入り先を決めたいという思いがあったものの、水野家側の要望は聟養子としての入家であり、必然的に配偶者との年齢の釣り合いを取る必要がある。そのため、斉房の弟の内でも末弟の儇之進が養子となることになった。また、この段階で内々の「御移り」として、弘前藩津軽家が保三郎を養子として迎えたいと考えているという情報を入手していたことから、萩藩毛利家は儇之進を養子として送り出すことを決めたのである。

しかし、もう一つの理由はより深刻であった。それは持参金をめぐる問題である。水野家は儇之進の養子入りに際し、五千両の持参金と合力金として毎年五百両の仕送りを求めた。養子や聟養子として送り出す年齢まで成長した男子がほとんどいなかった萩藩毛利家では、持参金についても先例と呼べるものがなかったものの、ほかの同格大名らの例などを調査した上で、この要求は水野家の家格にそぐわないものとして、持参金は二千両が相当であると回答し、そのほかについては合力金も含め仕送りを行わないとした。しかし、水野家はこれに応じず、あくまでも持参金五千両としたうえで、合力金については五百両から三百両へ減額し、萩藩毛利家に再検討を求めた。これに対して、萩藩毛利家は最終回答として持参金三千両並びに表向きの合力金の仕送りは行わないとした。

萩藩毛利家が持参金の金額を妥協しなかったのは、萩藩毛利家側の金銭的な事情もあったが、一方で兄弟の内で最初に養子入りをする信之進に対して五千両の持参金を用意すれば、続くほかの兄弟たちの養子入りに際しても同等の金額を負担しなくてはならない可能性が高くなることも影響していた。この点について、信之進の養子入り決定を知らせるために国元に派遣された柿並多一郎に対し、江戸方が国元への伝言として託した覚によれば、持参金三千両でひとまず決着し、内々で信之進自身に対して多少の仕送りは行うと説明している一方、持参金の増額や合力金の仕送りには一切応じないという旨を強調している。また、江戸方は「かねて萩藩毛利家は勝手向きが良いと世上で言われているのか、この内、斉房の弟を養子として迎えたいという内々の話もある」(「兼而此御方之儀ハ御勝手向宜と世上取沙汰も有之候哉、此内御兄弟様方之内彼是御所望被為作度御移も有之候へ共、孰も御望筋余分之儀ニ相聞」『信之進様水野様へ御養子沙汰控』)と述べている。仮に相手の希望通りの金額で合意し、多額の持参金を負担する財政的な余力があると見なされれば、こうした要求がさらにエスカレートする可能性も当然考えられたであろう。江戸方はこれらの大名家の名前を具体的には上げていないが、家格や提示した持参金を考えると江戸方としても適当とは思えず、第一に邦媛院からの許可も下りなかったため、正式な相談の段階まで至らなかったという。その中では水野家との縁談は相手方としても適当であり、今回縁談がまとまったこと自体は喜ばしいこととして伝えている。

しかし、水野家からは享和二年(一八〇二)に持参金のほかに金銭の無心を受けていたことが確認できる。水野家はこうした費用は傒之進の居所の修復や衣類の調達にかかわるものであるとし、萩藩毛利家からの助力を求めたのであるが、萩藩毛利家としてもこれを断ることはできず、斉房の格別の思し召しという形をとって五百両の合力金を融通した。

また、こうした持参金の多寡により破談となった事例も見られる。水野家から無心を受けていたのと同年に、武蔵金沢藩米倉家から萩藩毛利家に対して五男哲之進の養子入りが持ち掛けられた（『諸事小々控』）。しかし、この時米倉家が提示した条件は持参金三千両のほか、若くして隠居となる米倉昌由《まさよし》に対し、その存命中は萩藩毛利家から五百俵の仕送りを行うことであった。萩藩毛利家は斉房の弟たちの養子入りに際し、水野家・細川家に対し三千両の持参金を用意した。萩藩毛利家側の把握している両家の石高は水野家が一万五千石、細川家が一万六千二百石であり、一万二千石の米倉家の場合、今回の金額は過分な要求であるとし、この縁談を破談としている。また、この米倉家からの縁談については、その内実を萩藩毛利家側が調べる中で、米倉家が榊原家との縁談も進めていたこと、しかし榊原家が提示した三千両の持参金に対し、松平上総介家が五千両の持参金を提示して自身の弟の養子入りを求めてきたこと、両家の扱いに困った米倉家の家老や親族が萩藩毛利家との縁談を求めてきたことなどが明らかにされており、当時の武家社会のなかで家督相続者以外の男子の行く末やそれに伴う持参金をめぐるやり取りの一端を知ることができる。

持参金の多寡

また、萩藩毛利家は同様に丸岡藩有馬家からの保三郎に対する養子入りの申し入れも持参金の多寡により破談としている。丸岡藩有馬家は重就の養子となった重広の実家であり、これ以前にも哲之進を有馬誉純の帰国中の仮養子として届け出るという間柄であった。

特に五万石の有馬家の場合、先の例とは持参金の金額がまったく違った。有馬家との交渉が行われたのは寛政十二年（一八〇〇）から享和元年（一八〇一）にかけてである。この時、萩藩毛利家は有馬家に対して持参金七千～一万両程度を用意する必要があると見積もった。ほかの例と比べて有馬家に対する金額が段違いに高額になったのは、相手の家格という以上にこの縁談が萩藩毛利家側の意向によるものであったことに起因すると思われる。しかし、この金額を示された斉房は家中に倹約を求めているなかで、これだけの持参金を用意することは家臣や領民たちに悪印象を持たれる可能性があるとして難色を示した。このため、萩藩毛利家としてはまずは最低金額として七千両を提示したが、有馬家はこれに難色を示した。このため、萩藩毛利家側は改めて合力金も併せて九千両を提示したものの、有馬家はこれも承諾しなかったことから、有馬家の希望金額を聞きだしたところ、大体三万両程度を想定していることが判明した。

そのため、萩藩毛利家は想定していた最大金額である一万両を提示したものの、合意には至らなかった。しかし、有馬家側はこの縁談に強いこだわりを持っていたらしく、一度持参金の金額などの詮議を止め、まずは仮養子として保三郎かその弟を申請した上で、来年参府後の再度相談を行うことを提案した。しかし、享和元年に有馬家に女子が誕生したことから、萩藩毛利家は保三郎では聟養子としては年齢の釣り合いが取れず、また今後男子が誕生する可能性もあるとして、この縁談を正式に破談としている。この後、保三郎は他家へ養子に出ることはなかったものの、斉房の参勤に伴い江戸—萩を行き来し、さらに文化六年（一八〇九）、斉房の発病に伴い後継者として届け出られ、その死後に家督を相続して十代藩主斉熙となった。

ところで、谷田部藩細川家の養子となった恒五郎は享和二年十二月に死去したため、同家は翌月に萩藩毛利家に哲之進を養子として迎えることを打診したが、萩藩毛利家はこれを断っている。その理由として、細川家からの申し入れがなされるわずか二十日ばかり前に国元で危篤となった吉敷毛利家当主房直が後継者の選定を斉房に一任し、斉房の意向として哲之進を同家の養子とすることが決定していたという事情がある。吉敷毛利家の後継者となった哲之進は急ぎ江戸から萩へ下向したものの、同三年五月に道中の中津川で病死した。水野家に入家した儇之進も文化十三年八月に死去した。このように、成立した縁談の影で破談となった縁談も多く、そこでは持参金や合力金の金額をめぐる駆け引きが行われていたのである。

ところで、こうした動向の一方、国元では次章の斉熙治世に生じた問題につながる動きも起きていた。それが親著の子どもたちの扱いである。先に触れたように七代藩主重就の子親著は父の死後は萩の八丁御殿で生活を続け、二男一女をもうけた。一方、江戸の邦媛院はこの親著の子どもたちの行く末についても関心を持ち、指示を出している。

親著の長女の磯が邦媛院の意向を受けて右田毛利家当主房良に嫁いだことは先述した通りであるが、邦媛院は豊之允（後の斉元）・兼之進についても一門・準一門・寄組の内いずれか家臣の家に養子に出すことを斉房に提案した。この時期には部屋住であった保三郎（後の斉熙）が側仕えの女中を召し抱えたことから、邦媛院のこの提案は将来部屋住の子どもが増えることを想定してなされたものであった。『毛利十一代史』によれば享和二年四月四日付で家中に対し、以後斉熙の兄弟たちの子どもや豊之允・兼之進兄弟については一門・準一門は言うまでもなく、寄組やその他のものであっても家来の家に養子に出す方針であることが示された。これは先述した邦媛院の提案によるものであったが、同時期に豊之允・兼之進兄弟の内、二千石程度の寄組の家であっても養子として迎えることはできるだろうかという匿名の相談が手元役の竹内吉左衛門にもたらされた。二千石の寄組といえば、一般の家臣と比較すれば確かに高禄であることには間違いないが、これまで萩藩毛利家の子女を迎え入れてきた一門六家はおおむね一万石程度の家禄であることを考えれば、表立って申し入れることははばかられる立場であることは間違いないであろう。しかし、これを聞いた当役の清水就周は即座にこの相談をした相手が誰か心当たりがあるとし、おそらく自分にとっても関係の深い家であろうと検討をつけている。清水家の所属は寄組であり、石高は四千石弱であった。そのため、清水は自分から斉房の耳に入れることはせず、直目付を通じて報告させている。この後、この相談は邦媛院にも伝えられ、邦媛院の見解としては一門・準一門は当然として、寄組やそれ以下であってもまずは家臣の内であれば問題はないと述べている。同三年に豊之允が福原房純《ふさずみ》の養子として迎えられたのもこうした邦媛院の意向の影響を受けたものと考えられる。

3 「名君」の時代

続く歴史問題

一方で、治親・斉房の治世はここまで萩藩毛利家が直面してきた歴史問題が再び注目されるようになった時期でもある。契機は幕府による編纂事業であった。寛政元年（一七八九）、幕府は『藩《はん》翰《かん》譜《ぷ》続編』の編纂のため諸大名へ系譜の提出を命じた。このため、萩藩毛利家は重就の治世に設置された密用方が提出史料や系図類の編纂を担うことになった。翌二年二月二十二日に「御系譜」は完成し、幕府に提出された。一方、この『藩翰譜続編』に伴う系譜提出のため、萩藩毛利家は旗本勝田元忠から『藩翰譜』を借用したものの、中身を確認し、そこに萩藩毛利家の歴史認識にそぐわない箇所があることに気が付いた。特に萩藩毛利家が問題視したのは、毛利秀元を萩藩毛利家の「正統」であるかのように記した表現が用いられたことであった。このため、萩藩毛利家は『藩翰譜』の記事を訂正・批評することを目的とした『藩翰譜参考』および自家の主張にかかわる典拠史料をまとめた「引書」を作成した。

このようにして作成された史料類がその後幕府に提出されたのかは不明であるが、幕府の編纂事業に伴う歴史問題の再燃は、この後『寛政重修諸家譜』の編纂時にも生じた。寛政十一年四月、幕府は諸大名に対し、再び系譜類の提出を命じた。これを受け、萩藩毛利家は再び密用方に提出史料や系譜類の用意を命じた。同年十一月に萩藩毛利家は系譜類を提出し、三末家も順次自家の分を提出した。この『寛政重修諸家譜』では元就の子であり、輝元の父である隆元が毛利家正統として記載され、『寛永諸家系図伝』以来の萩藩毛利家の悲願が達成された。しかし、このように萩藩毛利家の歴史認識が幕府編纂の系譜に反映されていった一方で、その提出過程では隆元の正統復帰と同じく近世初期からくすぶり続けていた末家との歴史認識の相違が幕府に提出する系譜類の記載内容をめぐる争論という形で再燃した。

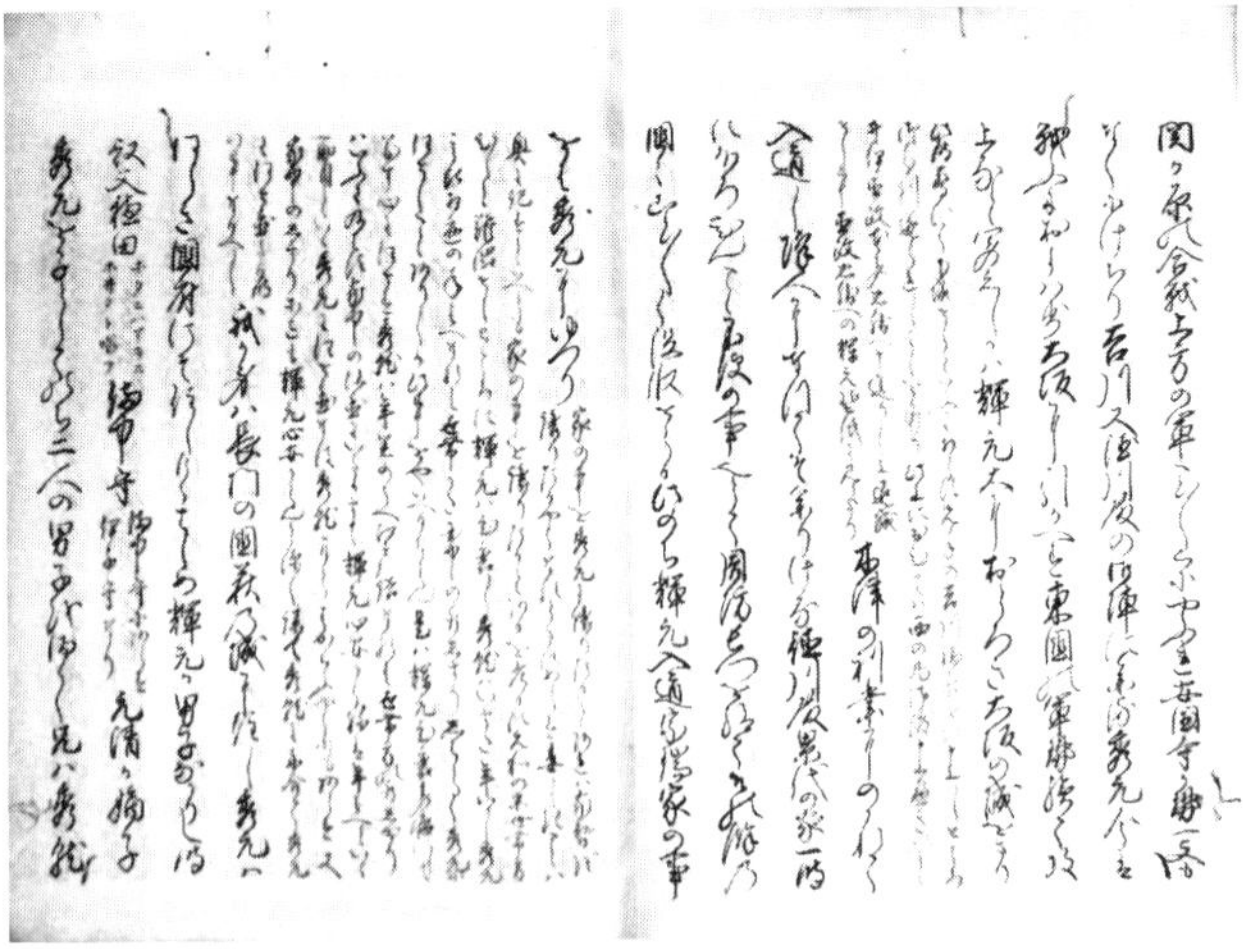

図22 『藩翰譜参考』の秀元の家督相続に対する反論記事　山口県文書館所蔵

長府藩毛利家の場合、まず問題視されたのは家紋であった。長府藩毛利家は自家で作成した系譜類について幕府へ提出する前に萩藩毛利家に確認を受けた。そのなかで萩藩毛利家は秀元が豊臣秀吉から「菊桐之紋」を拝領して以降使用してきたとする長府藩毛利家の主張について、「菊桐之紋」の拝領はあったものの、現在では朝廷をはばかり「桐之紋」を使用していると改めるように指示を出した。この点については「菊之御紋」の使用を控えるべきであるという萩藩毛利家の指示を長府藩毛利家が承諾したことを証明する史料が萩藩毛利家側で確認されたことから、最終的に長府藩毛利家が萩藩毛利家の要求を受け入れる形で決着し、長府藩毛利家は自家作成の系譜類を幕府に提出した。

しかし、同十二年、幕府は長府藩毛利家に対し、毛利秀元とその父である元清の詳細な系譜を提出するように改めて指示を行った。このため、追加分の系譜を作成した長府藩毛利家は再度萩藩毛利家に確認を依頼したのであるが、この追加系譜のなかには秀元が毛利本家、すなわち萩藩毛利家の家督を相続し、その後秀就へ譲ったとする記述があることが判明した。これを受けた萩藩毛利家は、長府藩毛利家に対して当該部分を歴史的事実として証明する史料の提出を求めた。長府藩毛利家もこれを受け、綱元代以来の系譜類の書き抜きをはじめ、国元からも史料を取り寄せて萩藩毛利家に反論したものの、萩藩毛利家はこれらの史料について「全証拠ニ不相成」「偽作ニて証拠ニハ不相成物」（『寛政十二年御末家御系譜一事』）と一蹴している。この後、萩藩毛利家は密用方を通じて長府藩毛利家が作成した秀元・元清の系譜にかかわる問題部分を指摘し、根拠史料を示して長府藩毛利家に修正を命じた。また、長府藩毛利家も系譜類の記載内容については自家の認識の誤りであったとし、萩藩毛利家による書き換えの指示を了承している（山﨑一郎、二〇一二）。

こうして萩藩毛利家は近世初期以来の悲願である隆元の正統復帰と、秀元の本家家督相続に対する記述の変更という二つの目標をようやく達成したことになる。

回顧される斉房治世

ここで、こうした編纂事業から再度財政政策について目を向け、萩藩毛利家の歴史のなかでの斉房の治世に対する評価をみてみたい。

本章冒頭で述べたように、撫育方を設置した重就の跡を継いだ治親はその運用について重就の定めた原則を忠実に履行することを主張し、それはしばしば撫育方の一般会計への組み込みを求める家臣との対立につながった。しかし、わずか十歳で萩藩主となった斉房のもとで、撫育方の運用に大きな変化が見られた。

まず、寛政三年（一七九一）、斉房の家督相続に伴い、国元から出府した当職の毛利就兼は江戸方に対し、財政状況の改善および家臣・領民の困窮を訴え、撫育方の財源を借銀の返済に充てることを求めた。これを受け、撫育方馳走米を二年間借銀返済に廻すことが決定した。さらに同五年には撫育銀五百貫を放出し、家中・地下の救済にあてた。そして、同十二年には撫育方の残り銀全額にあたる五千三百二十三貫目を放出し、借銀の返済に充てた。このように撫育方の資金放出にあたり、斉房は撫育方設置の本来の目的は家臣や領民らの「撫育」にあるとし、こうした取り扱いは撫育方を設置した重就の遺志にかなうものであるとした。また、文化五年（一八〇八）には萩城下の川普請に際し、撫育方が資金の供出を行った。本章でも述べたように、治親治世初期に撫育方資金の放出を求めた益田らが厳罰に処されたことを考えれば、こうした斉房の対応は際立ったものであるといえる（田中誠二、二〇一三）。

また、斉房の功績として言及されるものに馳走米の軽減がある。まずは、馳走米について簡単に説明しておきたい。馳走米とは、本来の貢租以外に徴収されるものであり、正保二年から始まり、万治・寛文年間にはほぼ恒常化していた。たとえば、高百石の家臣を例にみてみる。二十石懸かりの馳走米の場合、高百石の家臣は二十石の馳走米を課されることになる。しかし、高百石の手取りは四十石であり、その内二十石が馳走米として徴収されることを意味しており、こうした状況を半知馳走と呼ぶ。この半知馳走は馳走米の上限であったが、明和七年（一七七〇）に元就の年忌法要に伴って五石懸かりとされたことを除けば、明和・安永・天明期にはほぼ常態化していた。また、斉房の家督相続直後から寛政十一年までを見ても、おおむね高百石に対し十三〜十五石の馳走米が課される状態が継続していた。しかし、斉房は寛政十二年〜文化七年にかけて、近世後期では異例の十石懸かり（三ッ成支給）を実現している。

こうした斉房の行動や決断は後に同人の「美談」として位置づけられた。斉房の遺事である『靖恭公遺事』でもその功績を讃えている（「御家来中多年重き御馳走被召上候段誠に御心労に思召候付何卒永久之三ツ成之所務被下度との御事にて種々御詮議有之候処御撫育銀被差出候外御手段無之に付其評議御決定相成三ツ成之所務可被下段御沙汰相成誠に御仁恕之尊慮難有可申上様無御座候事」）。近世を通じて馳走米の負担が常態化していたからこそ、一時的とはいえその負担を軽減する決断をした斉房が家臣や領民にとっては「名君」として評価するに至ったといえる。

斉熙に対する批判

本章で述べたように、治親治世には撫育方の資金放出を求めた家臣が処罰されたという例も見られ、こうした斉房の決断は政治を運営する立場の上級家臣にとっても印象深く映っていた。後に厚狭毛利家当主房晁や大野毛利家当主親頼は、斉房が撫育金の放出や馳走米の軽減によって、家臣や領民の救済に尽力したことから、家臣・領民が斉房の治世が長く続くことを祈ったとし、斉房の善政に対する評判は防長二ヵ国にとどまらず隣接する国々にも及んだとした（「就中去ル寛政十二申年御撫育銀御蔵払被仰付、御家中三ツ成所務被下置、百姓共御救恵之筋等被仰出等被尽御実力候故、御国中御徳沢に奉懐、土民等迄行祭奠御代延長と奉祈、御近国ニも奉伝称候御事」）。

ところで、斉房の治世を顕彰するこの記述は、実は後の斉煕の代に毛利房晁らが作成したとされる意見書で用いられたものである。意見書を作成したのは毛利房晁・毛利親頼・堅田就正であり、いずれも斉房治世に政治に携わった経験を持っていた。特に、本章でもみたように堅田就正は斉房の家督相続時の混乱にも立ち会い、国目付の下向などの危機を乗り越えたという経験を持つ。そのため、彼らは斉房の存命中からの経験を活かしながら、新たに藩主となった斉煕のもとで財政立て直しを行うことを目指したのであるが、これは裏を返せば、当時の斉煕やその周辺の取り計らいでは不十分であるという思いが彼らのなかにあったという事実に他ならない。

では、一体斉煕治世のどういった側面を彼らは問題視し、批判したのか。次章では斉煕の「家」の運営に注目して、この点についてみていく。

コラム―1

松平定信と萩藩毛利家

治親の急死と斉房の家督相続の際に存在感を発揮した松平定信であるが、寛政五年（一七九三）に失脚した後も松平定信と萩藩毛利家との間に交流はあったものの、文化十二年（一八一五）に邦媛院が没して以降は疎遠となっていたようである。

しかし、定信が隠居後に記した『花月日記』文政三年（一八二〇）三月五日条に「萩の少将」として登場するのが斉熙である。（「かの人もいと恐れ憚りてき給ひしが、思ひの外事そげたれども、和しぬるの嬉しさに酒も過し給へり。しきりに、おもしろくて又き給ハんと、かたくいひ給へりし」）。定信と斉熙が意気投合したことは、同日の記述だけではなく、同月十九日に斉熙が定信を再訪したことからも明らかであろう（「五日に契りし萩少将来りて網うち、いほおほく取てよろこび、かならずかのやしき侍れと堅言給ふ」）。この日の約束通り、斉熙は同年十月に定信を招待した。この時、斉熙は帰国中であったが、萩藩毛利家家臣たちの熱心な誘いにより定信は訪問を決めたと記述している。

一方、同六年四月十六日に「毛利の君」が訪問したという記述がある。これは家督相続直前の斉元を指していると考えられるが、この人物について定信は「つねの人なり」と簡潔に記すのみである。また、同八年九月二十八日に定信のもとを訪問した斉元を定信は体調不良を理由として「うながして早くかえしぬ」と記した。斉元が定信のもとを訪れた理由について、同年十月八日の斉元の訪問時の記述では、斉元の相談内容は「保三郎のそだちの事など」であったと明らかにしている。

定信からは「いとざえのたらぬ人にて、いかにいふとも心にハ徴すまじけれバ、何もかたらふ事もなし」という評価を受けた斉元であるが、本文で述べたように戯作者柳桜亭江戸廻花也として活動し、八島定岡『猿著聞集』（文政十一年刊）には狂歌を通じ家臣と交流を持つ機転の良さを発揮するなど文化的素養の高さをうかがわせる逸話も残されている。

六　将軍家の「御縁辺」として
毛利斉煕・斉元・斉広

1　毛利斉煕による「家」の運営

斉煕の家督相続

斉房の跡を相続した斉煕は、天明三年（一七八三）に治親と側室明善院（小泉氏）の間に生まれた。斉房にとっては同母弟である。文化三年（一八〇六）には斉房の帰国に随伴し、萩へ下向しているが、翌年には斉房の参勤に従い、再度出府している。

同六年二月十四日、斉房の死去に伴い、斉煕は家督を相続した。また、家督相続前の同元年に側室真嶺院（池上氏）との間に一女（後の斉元正室）をもうけている。しかし、斉房死去時点では斉房の側室が懐妊中であり、同年六月に男子が誕生し、徳丸と名付けられた。徳丸はこの後、斉房の正室である貞操院の養子となり、斉煕の帰国中の仮養子となっている。

この後の斉煕の後継者をめぐる経過については後述するが、ここで斉煕治世の評価についてみていきたい。この斉煕の治世とその隠居時代については、一言で説明すれば「藩政期最大の財政逼迫期」とされるように、まず財政の危機的な状況にかかわる評価が多い（田中誠二、二〇一三）。こうした財政状態にかかわる危機意識に起因する家臣との対立として、毛利房晁の強制隠居事件がある。文化九年六月、毛利房晁が差控を命じられた上で、翌月隠居させられた。事件の発端は萩へ帰国した斉煕に対し、御国加判役の宍戸親朝・益田親愛・福原房純が同じく加判役を務めていた毛利房晁（厚狭）・毛利親頼（大野）・当職の堅田就正による会合の存在を報告したことであった。宍戸親朝らの取り調べを受けた際、毛利親頼が述べた内容によれば、会合の全体は次のようなものであった。

同年の三月ごろ、親頼宅を訪れた山縣左次馬から毛利房晁が現在の萩藩毛利家の財政状況を憂慮し、その立て直しに対して意見を持っているという話を耳にした親頼はその後、房晁宅を訪れ、この件について相談を行うようになった。当初参加者は房晁・親頼・山縣左次馬の三人であったが、ここに以前から厚狭毛利家に出入りしていた片山潤蔵が加わり、さらに親頼が当職の堅田就正を招き、参加者間で財政立て直しの案を協議するようになった。この会合のなかでは、誰をどの役職に任命するかなど、家臣の配置についても議論されていたと宍戸らは斉熙に報告していたが、この点については親頼も認めている。

親頼の証言によれば、親頼が役職の配置について協議するならば、自分たちが特定の役職に就任することは避けるべきだと主張したことから、房晁と親頼らの間で意見が割れるようになった。さらに当職という重職にある堅田もこうした重要事項を宍戸らほかの重臣を抜きにして相談するということに疑問を持ち、結果として親頼・堅田はこの計画から抜けたという。こうした証言を受け、斉熙らは最後まで計画に残った房晁にもっとも重い責任があるとし、目通遠慮の後に隠居という厳しい処罰に踏み切ったのである。

親頼らの主張については、意見書は破棄したと証言されているが、『斉熙公御代三大夫建白』と題された一冊が山口県文書館に残されている。表紙に「未決」と朱書きされたこの意見書に連名しているのは毛利房晁・毛利親頼・堅田就正であり、いずれも斉房の代から仕える立場として財政再建に対する意欲を見せた。しかし、こうした計画を一部の家臣の間のみで議論し、その内容が自身も含めた役職の配置に及んだことが斉熙や他の一門らから問題視されたのである。

さらに、斉熙は文化八年に当役の児玉親忠の提案を受け、斉房の定めた所帯方一途地方捌の停止を決定した。治親の治世に一般会計が江戸・国元で分けられたことは先に述べたが、斉房は享和二年（一八〇二）にこれを見直し、所帯方一途地方捌、すなわち国元に財政の主導権を与えていたものの、斉熙はこれの停止を決定したのである。この決定の理由については、所帯方一途地方捌の状態では、江戸方のわずかな支出であってもいちいち国元へ報告して仕送りを求めなければならず、これでは大名の「御威光」にもかかわるというものであった。これは後年の家格上昇運動への布石を感じさせないでもないが、こうした結果、借銀は文化八年（一八一一）に四万四千貫目となって以降、文政五年（一八二二）には五万貫目、天保期の六万貫目、八万貫目と膨れ上がっていった。

ところで、斉熙の治世はロシア・イギリス船の接近に伴う海防危機への対応が求められた時代と軌を一にしている。萩藩毛利家も従来の軍事動員を基軸に置きながら対策を検討した。特に斉熙が力を入れたのが「神器陣」の創出である。文化九年、帰国中の斉熙は水軍師範森重曽門《そもん》を招き、合武三島流の訓練を実施した。ついで、曽門に銃陣の編成を依頼し、同十四年には萩城下の菊ヶ浜でその訓練を実施した。こうして誕生した陣を斉熙は「神器陣」と名付け、その訓練に力を注ぎ、文政九年には城下東浜崎町に習錬場を設けている（岸本覚、二〇〇〇）。

一方、斉熙は毛利家の先祖や遠祖の墓所調査も指示している。明和七年（一七七〇）の元就二百回忌に際し、元就の廟所の修復が行われたが、文化九年には安芸国吉田郡山城跡に隆元と郡山城主歴代の墓所が創出された。この時、萩藩毛利家は密用方湯浅仁兵衛に現地調査を命じ、報告書を提出させた。その結果、実地調査による証明は難しいとしながらも、文献調査による裏付けがなされたとして吉田郡山城大通院跡を隆元墓所とした。この年は隆元の二百五十回忌に当たっており、さらには同年に完成した『寛政重修諸家譜』によって、隆元の正統復帰が実現した。こうした点が、毛利家正統として隆元の廟所創出を計画する要因となったと考えられる。さらに同十四年には鎌倉に遠祖大江広元・毛利季光の廟所が創出され、また文政元年には摂津国打出村に毛利家の始祖とされた阿保《あぼ》親王の墓所の調査・創出がおこなわれた。また、同三年には元就の二百五十回忌法要が執行され、同十二年には元就の神霊である仰徳大明神の神階正一位昇進を実現させている。

このように文化文政期は毛利家の先祖の墓所の調査が行われ、その祭祀がなされるなど先祖の顕彰が熱心に行われた時期でもあった。また、この時期に毛利家先祖の顕彰活動のなかで活躍したのが、後年天保改革を主導する村田清風である。村田は文化七年十一月〜文政二年七月の間、密用方に任じられていた。その在任期間中に村田は文政二年『新裁軍記』の続編の編纂、さらに同六年には「御三霊様御事蹟御記録御用掛」など編纂事業に携わっていた。

このように、斉熙の治世は近世最大の財政逼迫期とされ、毛利房晃に対する処罰からもわかるように、その方針に対して批判的な視線も向けられた。一方で、対外危機に伴う軍備の強化や毛利家の先祖や遠祖に対する顕彰が熱心になされた時期でもあり、評価を下すことが難しい時期であるともいえる。

複雑化する系譜関係

しかし、こうした編纂事業や歴史に対する関心の一方で、萩藩毛利家内部がこの斉熙の代に大きく混乱したことは事実である。その端緒となったのが、文化十一年（一八一四）十月に斉房の遺児である徳丸が江戸で死去したことだった。当時、斉熙は帰国中であり、徳丸を帰国中の仮養子に指名していた。そのため、徳丸の死去に伴い新たな仮養子を幕府に届け出る必要があった。

この時、斉熙には家督相続前にもうけた娘のほかに、文化十一年五月に男子（保三郎）が誕生していた。これが後の十二代藩主斉広であるが、徳丸死去時点ではまだ生後五ヵ月の嬰児である。庶出とはいえ実子がいる以上、この保三郎の存在を幕府に届け出る、すなわち「丈夫届」を提出すれば万事問題なく済むはずであったが、この時斉熙はこの手続きを躊躇している。

なぜ、斉熙はこうした態度を見せたのか。この点について、『弾正様御仮養子事』という史料では、斉熙とその周辺は保三郎がいまだ幼年であり、後継者として届け出ることに対する不安を覚えていたと記されている（「保三郎様被成御座候得共、当夏御誕生ニ而御幼稚其上御丈夫御届も不相済候得者、御仮養子御願之所いか、可有之哉、尤右御願之所御丈夫届より唯々相調候道も可有之候へ共肝要御家之御欠替ニ候得者、御幼稚之御方を被仰願候段被為対　御先祖様御本意ニ無之御事ニ被思召候」）。実際、斉熙の子であり、保三郎の兄にあたる俊次郎がこの二年前に亡くなっていた。さらに今回徳丸も夭折したことから、斉熙やその周辺が生後間もない保三郎を後継者として確定してしまうことにためらいを覚えたのも無理のないことであった。

しかし、保三郎の代わりに誰を仮養子として指名するのかという問題が残る。過去の例を見れば、真っ先に想定されるのが三末家であり、この時も詮議過程でその存在が言及されているものの、長府藩毛利家当主元義については家政の不安から、徳山藩主広鎮は健康上の不安から候補者からは外されている。

一方、斉熙らが後継者候補として注目したのが、毛利親著（定次郎）の子どもたちである。毛利親著については前章で触れたように、萩藩毛利家七代藩主重就の子であり、他家へ養子に出ることなく、部屋住として一生を過ごした。このため、正式な妻帯はしなかったものの、側仕の女性との間に三子（豊之允・兼之進・磯）をもうけた。この時、斉熙らは親著の子どもたちについて、親著が他家へ養子に出ず、その子どもたちもそのまま萩藩毛利家に残ったことから、子どもたちと斉熙との血縁関係の近さを強調した（「定次郎様御事御一生御部屋住ニ被成御座、其御子引続御部屋被立置候得者、御続も近く候」）。

親著は寛政十二年（一八〇〇）に死去していたが、その子どもたちは引き続き八丁御殿で養育されていた。この時、親著の二人の息子の内、豊之允は享和三年（一八〇三）に宇部福原家の養子となっており、福原房昌と称していた。このため、斉熙らとしてはどの家にも養子入りせずに八丁御殿での生活を続けていた兼之進をまずは候補としたものの、同人の健康上の問題から豊之允を仮養子とすることを決定している。

歴代の萩藩主を見れば、四代藩主吉広は一門二席の右田毛利家に養子入りした後、実兄の吉就の死去に伴って家督を相続していることから、今回の豊之允の仮養子指名も問題はないように思われた。しかし、これに難色を示したのが、一門六家であった。帰国中であった斉熙は宍戸就年と毛利親頼に対し、豊之允の仮養子指名の方針を述べた。この時、親頼は加判役を務めており、宍戸就年は非役ではあったが一門の長老であったための人選であった。しかし、就年は病気のため当日は欠席し、親頼のみが豊之允の仮養子指名の内意を受けた。しかし、親頼はこの方針について自身一人では決定できないほどの重要事項であるとし、難色を示した。

親頼の危惧と宇部福原家

ここで親頼が指摘したのは、豊之允の養子入り先が宇部福原家、つまり萩藩毛利家の一族と位置づけられる一門六家ではなく、代々家老を勤める家とされてきた準一門二家であるという点であった。親頼の主張によれば、豊之允を宇部福原家の養子とする際にも家中でさまざまな意見があったという。この点について親頼は、当時斉房らは大名の兄弟であれば一門六家のほかに養子に遣わすことはないが、豊之允は大名の兄弟の子どもであるから、準一門の宇部福原家に養子に出しても問題がなく、一門にとっても支障はないとして豊之允の養子入りに理解を求めたと述べた（「御連枝様方ハ六家之外江被下候儀無之候得共、豊之允殿儀者　御連枝様之御子之儀ニ付福原家江被下候而も被苦間敷、於御一門衆否之儀も有之間敷との御事ニ而有之候」）。また、親頼は萩藩毛利家四代藩主吉広の家督相続の経緯についても触れた。この時の親頼の主張は吉広の家督相続が叶ったのはその養子入り先が一門六家であったこと、今回宇部福原家に養子入りした豊之允に家督を相続させるという運びになれば、それは一門六家全体にかかわる問題であるとしたのである（「青雲院〈吉広〉様も六家之内ニ付御家続も被成たる御事候得者、両家之衆江被下候を又々御取返と申儀、六家之衆折相旁如何可有之哉」）。

これに対して、斉熙の内意を伝えた児玉は、吉広は右田毛利家から萩藩毛利家の家督を相続したが、今回の豊之允の場合はあくまでも宇部福原家から萩藩毛利家への帰家であるとした（「青雲院様も六郎左衛門〈毛利就信・右田〉殿家より御家続ニ御直り被成、此度とハ格別之御事ニ御座候、豊之允殿者御引取可被仰付との御事ニ候」）。つまり、この時の児玉の主張では、養子入先から生家へ戻り、その上で仮養子とするのであるから、養子入先の家格がどういったものであったとして、親頼の危惧する問題は起きないとしたものの、親頼は返答を保留したまま、ほかの一門らとの相談を求めている。

このため、翌日再度宍戸就年と親頼に登城が命じられた。この時は就年の代理として子の宍戸親朝《なりとも》が登城し、豊之允の仮養子指名の方針が再度伝えられるとともに、斉熙の見解を示した御趣意書が渡され、ほかの当役中とも相談するように命じられた。

この時、斉煕の御趣意書のなかでは、徳丸の死去に伴う保三郎の後継者指名を避ける理由について「御家御安心之御為」であるとした。その上で、三末家を仮養子としない理由について次のように説明している。親著の子どもたちと元義（長府藩主）はいずれも斉煕にとっては従弟にあたる。その中でも元義は末家ではあるが、萩藩毛利家から見れば別家にあたり、親著の場合は一生部屋住として萩藩毛利家に残った立場であるため、まずは兼之進が仮養子として適当であると考えるが、病身であるためそれも叶わない。そのため、豊之允を一度宇部福原家に養子に出しているものの、萩藩毛利家に引き取り、斉煕の在国中の仮養子として指名する意向である。

（「定次郎様御子様方并甲斐守様孰も実者御従弟ニ付近き御続柄ニ候、其内甲斐守様乍御末家御別家之儀　定次郎様御事者御一生　御家ニ被成御座たる御事ニ付先者兼之進様御相当ニ候処、御病身ニ付不被任思召候、左候へ者豊之允方一旦豊前家江被進候事ニハ候へ共、御引取被仰付、御在国中之御仮養子ニ可被仰願と被思召候」）

宝暦期の後継者選定過程で、重就・広定兄弟は生家である長府藩毛利家は萩藩毛利家の有事に後継者を輩出してきた家であるという強い自負を見せていた。しかし、ここではそうした自己意識とは別に、長府藩毛利家は「別家」とされ、分家としての役割を担う同家よりも部屋住として生家に残った親著やその子どもたちのほうが有力な後継者とされたのである。

こうした斉煕の意向を受け、一門らは豊之允を萩藩毛利家に引き取り、仮養子として届け出ることを受け入れた。このため、改めて豊之允の養父にあたる福原房純が御前に召し出され、豊之允の引き取りが命じられた。豊之允は弾正教元《のりもと》と名を替え、萩藩毛利家に戻った。その後、文政二年（一八一九）に斉煕は教元（斉元）を娘の聟養子として迎え、自身の後継者とする旨を幕府に届け出た。その後、同四年に斉元は斉煕の長女を正室に迎え（婚姻を正式に公表したのは同六年）、同七年に斉煕の隠居に伴い、萩藩毛利家の家督を相続した。

こうした経緯を経たためか、政治的には斉熙の存在が強く影響を受ける立場にあった斉元であるが、一方で柳桜亭江戸廻花也と称し、数多くの狂歌摺物を残したことでも知られている。また、斉元は側室に山東京山《さんとうきょうざん》の娘を迎えただけではなく、京山本人とも交流を持っていたことが確認できる（津田眞弓、二〇〇〇・二〇一一）。

ところで、先に述べたように斉熙には実子である保三郎がおり、実子がいる以上、斉元を聟養子として迎えるには不都合が生じるため、幕府に対しては保三郎の存在は秘されたままだった。しかし、萩藩毛利家内部では斉元の後継者を保三郎とすることで合意がなされており、家中に対しては隠居斉熙・藩主斉元・世子斉広（保三郎）を合わせて「三殿様」と称するように命じられた。

斉熙の子どもたち

斉熙は正室法鏡院との間に子はなかったが、側室との間に三男六女をもうけた。この内、萩で生まれた俊次郎・多亀姫・直姫は早世したが、そのほかの子どもたちは成人している。斉熙の子どもたちについて、家督相続前にもうけ、斉元の正室となった長女は本章三節で後述するが、ここではほかの子どもたちについてみていきたい。

成人した斉熙の子の内、長女艶姫（蓮容院）と次男斉広は側室真嶺院（池上氏）の所生であるが、江戸で生まれた三男信順《のぶゆき》（文化十三年生）・三女万寿姫（文政元年生）・五女八重姫（文政三年生）・六女美知姫（文政六年生）は側室金子氏（玉温院）の所生である。

斉広は文化十一年（一八一四）萩で生まれ、文政五年（一八二二）に斉元の後継者となった後も同十一年に出府するまで萩での生活を続けた。一方、江戸で生まれた玉温院所生の子どもたちは斉熙の正室である法鏡院（三津姫）の養子となり、江戸で養育された。女子については、三女万寿姫は天保六年（一八三五）に対馬藩主宗義章《そうよしあや》に嫁ぎ、五女八重姫は同十年徳山藩毛利家の元蕃《もとみつ》に嫁ぎ、六女安喜姫（美知姫）は同十二年水野忠武《ただたけ》に嫁ぎ、同人が死去した後、文久元年（一八六一）に清末藩毛利家の元純に再嫁した。

ところで、斉熙の娘たちには京都の公家や宮家からも縁談が持ち込まれていた。文化八年には艶姫に一條家から

図23　毛利斉広　毛利博物館所蔵

縁談が持ち込まれたのを皮切りに、文政元年には九条家から縁談が持ち込まれた。そして、同五年には鷹司家・有栖川宮家・伏見宮家から縁談が持ち込まれている。この時、鷹司家は斉熙の娘を迎えた上で、鷹司家の娘を保三郎（斉広）の正室とすることを申し入れている。また、有栖川宮家・伏見宮家はいずれも自家の娘を保三郎の正室として嫁がせたいと求めており、斉元の後継者となることが確定して以降、保三郎のもとにも縁談が持ち込まれていたことがわかる。

この内、保三郎については、次節で述べるように萩藩毛利家としては是非とも希望する相手がいたことから、早々に縁談は持ち込まれなくなるが、斉熙の娘たちに対してはこの後も引き続き縁談が持ち込まれていた。特に、鷹司家は一度萩藩毛利家から断られた後もたびたび縁談を求めている。鷹司家と萩藩毛利家は毛利秀就の娘竹姫が鷹司房輔に嫁ぎ、毛利吉広の正室として鷹司兼熙の養女（同輔信の娘）小石君（養心院）が嫁ぎ、重就の娘佐代姫が鷹司輔平に嫁いでおり、鷹司家としても婚姻関係を結び「重縁」とすることで、萩藩毛利家とのつながりを強化したいという意図があったものと考えられる。

文政六年段階で、斉熙はたとえ縁談の内約であっても国元重臣らや大名家族の意向を確認する必要があることから、京都からの縁談は断るという姿勢を見せている。しかし、斉熙が隠居した後も京都からの縁談の申し込みは続いた。これに対しても、萩藩毛利家は斉熙の娘たちがいまだ幼年であることや、他家からも縁談の申し入れがなされていること、さらには萩藩毛利家の財政状況が厳しいことなどを理由として再度固辞した。しかし、文政九年には萩藩毛利家が鷹司家からの縁談の申し入れを断ったことを耳にした一条家が縁談を申し入れた。この時、一条家は鷹司家と比べ、自家の嫡子は未だ十四歳であり、斉熙の娘が幼年であるならば一層都合が良いということ、自家は奥御殿をそのまま使用できる状態であるため、住居周りの普請などの費用をかける必要がないことなど萩藩毛利家の提示した条件に適っていることを強調し、この縁談の検討を求めた。この縁談についても、萩藩毛利家は再度斉熙の娘たちは未だ幼年・病弱であることを理由に断っている。

ところで、大名家の娘の場合、家同士内々の段階で縁談がまとまっていても、別の家から縁談が求められることもあった。天保九年（一八三八）、斉熙の娘安喜姫（美知姫）に宇和島藩伊達家から縁談が持ち込まれた。実は、宇和島藩伊達家との縁談はすでに一度検討され、その際に条件が整わなかったことから正式な取り決めまでには至らなかった。しかし、宇和島藩伊達家と二年前に亡くなった斉広が親しかったことから、再度宇和島藩伊達家から縁談の申し入れがなされた。しかし、この段階で安喜姫（美知姫）は水野忠武との縁談が内々で決まっていたことから、正式にこの縁談には断りを入れている。しかし、宇和島藩伊達家との関係はこれで終わりになったわけではなく、嘉永三年（一八五〇）には斉元の娘である孝姫が伊達宗徳に嫁いでいる。

一方、娘たちにはこのように縁談が持ち込まれていたことが確認できるが、男子である信順に対しては縁談が持ち込まれた様子が確認できない。信順はこの後、敬親の家督相続と入れ替わりに萩へ下向するまで江戸での生活を続けた。

2　将軍家とのつながりを求めて

家斉の娘との縁談

このように斉元の家督相続とその後の斉広の家督相続に向けた下地を整える一方、萩藩毛利家を揺るがすもう一つの動きも始まっていた。それが将軍家斉の娘との縁談である。十一代将軍家斉が歴代将軍のなかでも圧倒的に多くの子女をもうけたことはよく知られている。通常であれば、将軍家の子女は家門に嫁ぐことになるが、家斉の場合、家門のみではなく、譜代や外様大名も縁談の対象となった（表8）。また、縁談の相手となった大名家を見れば、たとえば溶姫が嫁いだ金沢藩前田家が用意した住居（御守殿）とその門（現在の東京大学赤門）の例からもわかるように、大奥と同程度の生活を維持させるため、多大な出費が求められた。しかし、こうした縁組は大名家にとっては多額の出費を伴う負担であると同時に、将軍家と縁戚関係になることで種々の便宜を得ることにもつながった。

一方、外様大名である萩藩毛利家の場合もこうした縁組の有力な候補となるはずであったが、斉元は斉熙の娘を正室として迎えることを前提として家督を相続しており、徳川将軍家と縁戚関係を結ぶ機会を逸していた。このため、萩藩毛利家では文政四年（一八二一）に田安家の添削を受けた上で、斉広（保三郎）と家斉の娘との縁組を命じてほしいという願書を作成し、提出している。その甲斐あってか、翌年には保三郎が斉元の後継者として認められ次第、家斉の娘との縁組が命じられるだろうという風聞を入手している。これを受け、萩藩毛利家は保三郎の丈夫届を提出して、斉熙の実子であることを公表するとともに、斉元の後継者とすることを幕府に届け出た。付言すれ

表8　徳川家斉子女の縁組先

名前	縁　組　先
淑姫	一橋徳川斉朝正室
敬之助	尾張徳川宗睦養子
綾姫	仙台藩伊達周宗婚約者
峯姫	水戸徳川斉脩正室
斉順	紀伊徳川治宝婿養子
浅姫	福井藩松平斉承正室
虎千代	紀伊徳川治宝婿養子
元姫	会津藩松平容衆正室
文姫	高松藩松平頼胤正室
斉明	清水家相続
斉荘	田安徳川斉匡婿養子
盛姫	佐賀藩鍋島直正正室
斉衆	鳥取藩池田斉稷婿養子
和姫	萩藩毛利斉広正室
溶姫	金沢藩前田斉泰正室
斉民	津山藩松平斉孝婿養子
末姫	広島藩浅野斉粛正室
喜代姫	姫路藩酒井忠学正室
永姫	一橋徳川斉位正室
斉温	尾張徳川斉朝婿養子
斉良	館林藩松平斉厚婿養子
斉彊	清水家相続
斉善	福井藩松平斉承養子
斉裕	徳島藩蜂須賀斉昌養子
斉省	川越藩松平斉典養子
斉宣	明石藩松平斉韶養子
泰姫	鳥取藩池田斉訓正室

ば、文政二年に萩藩毛利家が斉元を斉熙の娘聟として届け出た時、斉元を聟養子として迎える理由として斉熙に男子がいないためとした。このため、保三郎は文化十一年（一八一四）の生まれであるにもかかわらず、文政二年の斉元の聟養子届の後に生まれたことにしなければ、幕府に対する届け出と矛盾をきたすことになってしまった。この矛盾を隠すため、文政五年の丈夫届の提出時には九才の保三郎は四歳と届け出られた。しかし、こうした年齢操作の実態については幕府側も承知していたらしく、後日萩藩毛利家に対して改めて保三郎の実年齢を問い合わせている（大森映子、二〇〇四）。

同六年、萩藩毛利家に対して斉広（保三郎）と家斉の娘である和姫《かずひめ》との縁組が命じられた。和姫は文化十年の生まれであり、実年齢を見れば保三郎との釣り合いも十分に取られている。この時、萩藩毛利家は表方の役人にほかの事柄をどれだけ倹約したとしても今回の縁組を優先するようにという意向を示し、準備に取り掛かっている。

では、どうして萩藩毛利家はこの縁組にこれだけ力を注いだのか。それは『御内願一事』という史料のなかでわかりやすく説明されている。同史料は文政十年以降、萩藩毛利家が官位の昇進や格式の上昇を求めて幕府に提出した願書を収録した史料である。通常、大名の官位の昇進など家格に関連した事項は将軍の意思で決定されるため、表向きの働きかけは許されなかった。しかし、実際には各大名家は縁戚関係をはじめとするさまざまな人的関係を利用し、家格昇進を求める働きかけを行っていた。ここまでみてきたように萩藩毛利家も田安家と縁戚関係になったのをはじめとして、有力者からの助言や保護を受けながらさまざまな内願を行ってきたのであるが、ここで家斉の娘を斉広の正室として迎えたことで、大奥とのつながりを獲得したのである（根本みなみ、二〇二〇b）。

表9で示したのは『御内願一事』に収録された願書の提出先であるが、老中らのほかに女性の名前が確認できる。ここで見られる女性たちは和姫との婚姻の準備段階で萩藩毛利家に出入りしていた大奥関係者であり、萩藩毛利家は自家の老女らを通じてこうした大奥から来る女性たちに願書を託し、内願運動を有利に展開していった。

表９　萩藩毛利家の内願書の提出先

<table>
<tr><th>作成年代</th><th>要　件</th><th>提出先</th></tr>
<tr><td>文政10年(1827)9月(日不明)</td><td rowspan="2">斉元の少将昇進</td><td>水野忠成(老中)</td></tr>
<tr><td>文政10年(1827)9月(日不明)</td><td>徳川斉匡(田安家)</td></tr>
<tr><td>文政12年(1829)8月25日</td><td>斉元の昇進と斉広の侍従拝任と元服</td><td rowspan="2">水野忠成(老中)</td></tr>
<tr><td>文政12年(1829)8月26日</td><td>毛利家歴代の官位書上</td></tr>
<tr><td>文政12年(1829)8月25日</td><td>斉元の少将昇進</td><td>田安家</td></tr>
<tr><td>文政12年(1829)11月27日</td><td>斉元の少将昇進と斉広の侍従拝任と元服</td><td>中奥老女幾島→和姫付老女→本丸老女</td></tr>
<tr><td rowspan="4">文政12年(1829)11月5日</td><td rowspan="4">斉元の少将昇進と斉広の侍従拝任と元服</td><td>三嶋所左衛門→表使浜田→御城老女野村</td></tr>
<tr><td>土岐朝旨(御側御用取次)</td></tr>
<tr><td>水野忠篤(御側御用取次)</td></tr>
<tr><td>中野清茂</td></tr>
<tr><td>文政13年(1830)1月24日</td><td rowspan="2">斉広の侍従拝任と元服</td><td>水野忠成(老中)</td></tr>
<tr><td>文政13年(1830)1月25日</td><td>中奥老女幾島→和姫付年寄</td></tr>
<tr><td>天保6年(1835)11月7日</td><td>斉元の従四位上中将昇進</td><td rowspan="2">大久保忠真(老中)</td></tr>
<tr><td>天保6年(1835)11月7日</td><td>他家との比較</td></tr>
<tr><td rowspan="8">天保6年(1835)11月7日</td><td rowspan="8">斉広の従四位上少将昇進</td><td>大久保忠真(老中)</td></tr>
<tr><td>土岐朝旨(御側御用取次)</td></tr>
<tr><td>御表老女幾嶋→大奥</td></tr>
<tr><td>水野忠篤(御側御用取次)</td></tr>
<tr><td>白須政徳(御側御用取次)</td></tr>
<tr><td>田安家家老</td></tr>
<tr><td>大久保家家老</td></tr>
<tr><td>田安家</td></tr>
<tr><td>天保6年(1835)11月12日</td><td>斉元の中将・斉広の従四位上少将昇進の推挙依頼</td><td>田安家</td></tr>
<tr><td>天保6年(1835)11月28日</td><td>斉元・斉広の昇進</td><td>大久保忠真(老中)</td></tr>
<tr><td rowspan="5">天保6年(1835)12月6日</td><td rowspan="5">斉元・斉広の昇進</td><td>大久保忠真(老中)</td></tr>
<tr><td>田安家</td></tr>
<tr><td>土岐朝旨(御側御用取次)</td></tr>
<tr><td>桂林院→大奥</td></tr>
<tr><td>水野忠篤(御側御用取次)</td></tr>
<tr><td rowspan="4">天保6年(1835)12月25日</td><td rowspan="4">斉煕の昇進</td><td>大久保忠真(老中)</td></tr>
<tr><td>土岐朝旨(御側御用取次)</td></tr>
<tr><td>水野忠篤(御側御用取次)</td></tr>
<tr><td>大奥</td></tr>
<tr><td>天保7年(1836)4月</td><td>斉煕の昇進</td><td>記載なし</td></tr>
<tr><td>嘉永6年(1853)12月29日</td><td>挟箱の金紋を顕す事</td><td>記載なし</td></tr>
</table>

作成年代	要件	提出先
安政元年(1854)正月	挟箱の金紋を顕す事	記載なし
安政元年(1854)2月9日	元徳の初御目見時の侍従着席着座と元服時の従四位下侍従拝任	阿部正弘(老中)
		牧野忠精(老中)
		本郷泰固(御側御用取次)
安政元年(1854)2月20日	元徳の初御目見時の侍従席着座と元服時の従四位下侍従拝任	阿部正弘(老中)
		牧野忠精(老中)
		本郷泰固(御側御用取次)
安政4年(1857)11月	敬親の正四位下中将昇進	志賀金八郎(奥右筆組頭)
		堀田正睦(老中)
		平岡道弘(御側御用取次)
		松平忠固(老中)
		久世広周(老中)
安政4年(1857)12月	敬親の正四位下中将昇進	原弥十郎(御内用先)
		堀田正睦(老中)
		松平忠固(老中)
		久世広周(老中)
		平岡道広(御側御用取次)
安政6年(1859)8月	敬親の中将昇進	加藤惣兵衛(御内用先)
		井伊直弼(大老)
		間部詮勝(老中)
		水野忠寛(側用人)
		平岡道弘(御側御用取次)
		松平乗全(老中)
安政6年(1859)11月	敬親の中将昇進	井伊直弼(大老)
		間部詮勝(老中)
		松平乗全(老中)
		水野忠寛(側用人)
		平岡道弘(御側御用取次)

『御内願一事』より作成

では、願書のなかで萩藩毛利家はどういった主張を展開したのか。『御内願一事』に収録された願書では文政十年（一八二七）以降、斉元の少将昇進や世子斉広の侍従叙任といった従来萩藩毛利家が悲願としてきた事柄にかかわる内容が多く見られる。しかし、時代が下るにつれ、斉元の中将昇進や隠居である斉熙の昇進のように、萩藩毛利家の先例や家格を超えるような内容にも及んでいる。

「御続柄」の家としての歴史

次に作成された願書の内容から、萩藩毛利家の主張をみていきたい。まず、収録された願書のなかで共通した特徴として、萩藩毛利家がこれまでに将軍家と築いてきた関係を主張の根拠としているという点がある。文政十一年の願書では初代藩主秀就が袴着の際に家康から長袴を拝領し、その後秀忠の養女である龍昌院を正室に迎えたことから萩藩毛利家の家柄について説明している。しかし、願書では続く文章のなかでこうした「御続柄」は五代藩主吉元の代で途切れたとする。これは吉元が分家である長府藩毛利家から家督を相続したことに起因するものであり、この結果、萩藩毛利家は「昔年之家格」が衰えていったと述べている。

こうした状況の中で萩藩毛利家が転機として位置づけたのが、八代藩主治親と田安宗武の娘邦媛院との縁組である。これにより萩藩毛利家は再び「公辺御続柄」を得ることができるようになったとし、その恩恵として重就の少将昇進、治親の家督相続前の侍従叙任が実現したと述べている。四章で述べたように、『御国政御再興記』のなかでは重就の少将昇進はあくまでも重就の功績を幕府が認めたことによるものとして位置づけられていた。しかし、ここではそれが田安家の助力によるものであることを認めているのである。

また願書のなかで明らかにされているように、斉房の跡を継いだ斉熙の昇進も田安家からの助力を受けたものであった。その上で今回和姫との縁組が命じられたことをもって、萩藩毛利家の家格は「先祖秀就先蹤ニも相復」、初代秀就の代のものまで回復したと述べているのである。つまり、ここでは将軍家との関係、特に縁組を通じ、将軍家との縁戚関係を持つことにより便宜を受けてきた点を萩藩毛利家の歴史として主張しているのである。

文政十二年の願書では、斉広と和姫との縁組を家格の回復として喜びながらも、その上で改めて藩主斉元の官位

図24　和姫墓所　萩市大照院

家斉の娘である和姫の墓所には徳川家の葵の紋が刻まれている

昇進を求めているのであるが、そのなかでは他大名家の存在にも触れている。願書のなかでは他大名家に便乗するわけではないと断りながらも、家斉の子女を迎えた大名家が家格や官位の上昇といった恩恵を受けていることについて触れている（「全他家之御仕成ニ相泥ミ彼是と申立候訳ニ者無御座候得共、同席之内ニ而も公辺御続柄ニ依候而之御事ニも御座候哉、近来格別結構之御仕成被仰付候部も彼是有之儀ニ御座候」）。将軍家と縁戚関係となることによって種々の便宜を受ける大名家が現れたことは、大名相互間でも激しい競争意識を生むことになった。つまり、一連の内願も萩藩毛利家の家格を秀就の代のものまで戻すというだけではなく、同席の他大名家との競争のなかでさらに激化していったのである。

この後、同十三年に今度は斉広の初御目見の際の侍従席着座と十五歳未満での元服および元服時の侍従叙任を求める内願書が作成された。この内願書は萩藩毛利家の老女を通じて和姫付の女中に渡された。この後、斉広は初御目見の際には侍従席への着座を許され、十五歳以下でありながら特例として元服を許された。この時、老中の水野忠成から渡された書取のなかでは、今回の内願を認める要因として和姫の「厚き御願之趣」があったとしている。

ところで、和姫は文政十二年十一月に萩藩毛利家に移り、斉広との婚礼をおこなったが、翌年七月には死去してしまう。しかし、萩藩毛利家は和姫の死後も大奥へ女使を遣わし、国産の品々を内々で献上することを願い出ている。また、和姫の死後もその存在について内願書のなかでたびたび触れられており、萩藩毛利家としては将軍家斉の娘聟の家であるという点を全面に主張し、内願運動を継続していた。こうした内願活動がどれほどの影響を持っていたかは隠居斉熙・藩主斉元・世子斉広が少将まで昇進したことを見れば、明らかであろう。

内願運動が残したもの

ところで、萩藩毛利家は大名や隠居、世子の官位昇進を求める理由として「御国政」、つまり家臣団統制や領内統治との関係について述べている。しかし、大名の官位昇進はそれ自体が家臣や領民に慶事として無条件に受け入れられるわけではなく、むしろ慶事であるということを家臣らに積極的に印象づけるため、祝賀儀礼などの形で大名・家臣・領民がともに祝う場を用意することが必要とされた。しかし、萩藩毛利家の場合、そもそも祝賀行事自体が簡素であり、官位昇進を家臣や領民らも含めて一体となって祝うようになるのは敬親の治世である。

一方、内願活動を含めた斉熙らの行動は、家臣や領民らに別の形で確かな影響を与えていた。斉熙の治世から悪化していた財政状況は、斉熙が隠居所として葛飾御殿を構え、そこに御殿付の家臣らを配置するなどして大名家族の生活にかかわる出費が増加したこともあり、さらに危機的な状況を迎えつつあった。何より、こうした出費のしわ寄せは国元の家臣や領民らの生活を確実に圧迫していた。

将軍家との縁組が萩藩毛利家の財政に打撃を与えたことは、天保八年（一八三七）に財政を担当する所帯方役の長屋藤兵衛らが当職益田元宣の諮問に応える形で作成された「就御問答御答之覚」のなかで認めている。一方、それはあくまでも財政を圧迫した一要因であり、ほかにも江戸屋敷の火災や官位昇進に伴う臨時の出費などさまざまな要因を上げている。

しかし、こうした地下への負担転嫁に対する反発が目に見える形となったのが、天保二年に起こった防長大一揆である。後年、村田清風がこの時の一揆について「鎌倉以来六百年、芸来三百年之御家と御国を百姓蹴立候口惜さ之事」と述べているように、当時の人々に大きな衝撃をもたらした事件であった。

天保二年七月二十六日、山口宰判小鯖村の観音原皮番所へ三田尻宰判中関の石見屋嘉右衛門ら一行が通りかかった。皮番所で番所役人が石見屋の荷物を改めたが、この時石見屋は犬の皮を所持している旨を申告し、番所役人もそれを認めたものの、居合わせた一人の男が、皮類が荷物のなかにあるのであれば荷物を渡すことはできないと言い、「皮々」と声高に触れまわり、その声を聞いて多人数が集まってきた。当初は石見屋が謝罪することで折り合いがつくかに見えたが、石見屋が番小屋を離れようとしたのを見とがめた人々が再び石見屋を番小屋に連れ戻し、打擲《ちょうちゃく》した。さらに、小鯖村の百姓らが集結し、二十七日には石見屋嘉右衛門を鯖山峠に連行した。ここで今度は三田尻宰判《さいばん》の百姓らも加わり、中関に向かい、石見屋方を打ち壊したことから、本格的な一揆へと展開した（『山口県史』、二〇〇二）。これがこの一揆が「皮騒動」とも呼ばれる所以である。

当時、防長二ヵ国では稲の出穂時期に牛馬の皮類を持ち運ぶと、その年には大風雨が発生すると信じられていた。このため、この時期には百姓らは皮番所を設けて皮類の持ち運びがないか監視を行っていたのである。実際、これ以前にも皮類を取り扱ったという疑惑を受けた家や牛馬の皮を用いて風招きの祈禱を行ったという疑惑をかけられた神職の家が打ち壊されるなどの騒動が起きている。これらの騒動は天候悪化に対する恐怖にとどまらず、米商人が買占米の高騰を狙い、皮類を運んで大風雨を起こそうとしているという百姓側の疑惑にも基づくものであり、石見屋の行動に対して小鯖村の百姓らが激昂したのもこうした背景によるものであった。

一揆は八月初旬には小郡・奥阿武・徳地・美祢《みね》宰判に広がり、下旬には小郡・美祢・舟木・当嶋・奥阿武・熊毛・山代・吉田・大津・大嶋の諸宰判で再度発生している。また、九月には都野・熊毛宰判で起きた一揆はその後十月・十一月にも蜂起し、防長二ヵ国のなかで四ヶ月にわたり一揆が断続的に発生していたことになる。

萩藩毛利家は各代官を通じ、こうした一揆の取り鎮めに奔走し、一門ら上級家臣を各地に派遣し、対応にあたらせた。また、地方知行制を採用していたことから、知行地を有する上級家臣らは自らの家臣（陪臣）らを知行地に派遣したほか、領地に居住する家臣（陪臣）らを通じて対応にあたっていた。

一揆の発生により、帰国中であった斉元は江戸への参勤を延期していたが、一揆鎮圧後、ようやく出府した。さらに、翌年に帰国した後には関係する役人の更迭を行い、一揆発生時の当職だった毛利房謙《ふさかね》を蟄居に処するなど関係役人に対して一揆発生の責任を追及している。また、この時斉元は今回の一揆発生について訓示を行っているが、その中では自身の立場について庶流から聟養子として家督をついだ立場から威光もなく、家督以来政事向きについてもままならないことが多かったと述べた（「元来不徳之上庶流より出たる身柄に付自然と威光も難立其上家督以来所帯令逼迫政道筋も所存行届法度号令も次第に緩せに相成風俗頽廃し人心正らすより起りたる事に候」『毛利十一代史』）。その上で、今後は君臣一体となってより一層の倹約につとめることを家臣に求めたのである。

ところで、この天保二年の一揆に際しては、代官らにより一揆勢には要求書の提出が命じられている。この要求書により、この天保二年一揆の背景には萩藩毛利家による国産取立策が影響していたことが明らかにされている。文政十二年（一八二九）、萩藩毛利家は「産物会所」を設置した。これにより領内産物の多くが低価格で買い上げられ、百姓の生活に大きな打撃を与えることになった。実際、一揆勢はこの国産取立策にかかわりを持つ家を打ち壊しの対象としており、こうした政策が百姓の生活苦の原因としてみなされていたことは間違いない。

しかし、一揆発生時の風説には今回の一揆の根元には国元の財政難があり、さらにその財政難の最大の原因は「江戸表御隠居（斉熙）様御暮殊之外御奢被成、并近年之御入輿（和姫との婚姻）御物入りも響」いたことであったと噂されていた（「天保二卯年長州百姓一揆風説書」）。同様の風説は阿武郡下田万村庄屋大谷六兵衛の記した「百姓一揆出込騒動一件諸控」のなかでも言及されており、今回の一揆の大元にある財政難の原因が斉熙たちの浪費や和姫との縁組にあるということは、ある程度共有された理解であったといえよう。

何よりもこのことに直接言及したのは、世子の斉広であった。天保二年の全領規模の一揆の報を受け作成したと言われる「御内書」（「世子告文」）で斉広は「士民ノ困窮邦内ノ悲喚悉ク余カ婚娶ノ事ニ起リテ大ニ両尊公ノ寝食ヲ安シ給ハサルニ至ル実ニ是長ク大息ノ至リ也」と述べ、一揆の発生という社会不安と自身の婚姻を関連づけ、世子という立場にある者として、今後再婚しないということを明言している。

しかし、この後も萩藩毛利家は和姫との由緒を利用した内願を継続している。『御内願一事』に収録された願書のなかでは「姫君様御威光」という表現がたびたび用いられ、和姫、さらには将軍の「御威光」による領内統治の実現のためにはさらなる官位の昇進が必要不可欠であるという主張がさかんに繰り返されている。ただし、実態としては官位昇進を利用し、家臣団秩序の統制や領民の説諭などを行った形跡はなく、幕府に対しては和姫の聟の家としての家柄を主張し、家臣や領民に対しては財政難から一揆に至るまでの領内の混乱が斉広と和姫の縁談と結び付けて説明されるという矛盾した状況に置かれたのである。

3　家を支える女性たち

斉房正室・貞操院

貞操院は栄宮（同宮、幸姫）といい、天明二年（一七八二）有栖川宮織仁親王とその正室房君の間に生まれた。斉房（当時は義二郎）との間に縁談が起きたのは同四年であり、この時栄宮は未だ数え年三歳であった。史料で確認できる限りでは、この縁談は萩藩毛利家から持ち掛けたものであったらしい。萩藩毛利家の場合、摂家をはじめとする公家との縁談はこれまでも見られたが、宮家との縁談はこれが最初である。しかし、唐突な申し入れというわけではなく、図25で示したように栄宮の生母である房君は重就の孫にあたり、こうした関係が今回の縁談につながったと考えられる。

縁談が成立した時点では義二郎・栄宮ともに幼年であり、今後十年程度は「内約」という形にとどめ、表向きの披露は行わないという取り決めがなされた。しかし、この翌年、栄宮の姉である孚希宮《ふきのみや》と婚約していた尾張徳川家が将軍家との縁組を持ちかけられたため、有栖川宮家に対して婚約の撤回を求めたことを契機に状況が変わった。義二郎（斉房）がいまだ幼年であり、有栖川宮家との婚約を表向きにしていない以上、今後他大名家、特に治親の縁談の際のように萩藩毛利家側からは断ることができないような相手から縁談が持ち込まれ、有栖川宮家との縁談を撤回せざるをえなくなる事態を危惧した房君は萩藩毛利家に対し、義二郎と栄宮の婚約について幕府からの許可を得て、表向きに公表することを求めたのである。この房君の危惧はまったくの杞憂ではなく、この直後に有栖川宮家との婚約を撤回した尾張徳川家が萩藩毛利家に対して孚希宮との縁談の仲介を持ちかけている。この場合、どちらにしても有栖川宮家との縁談であるということに変わりはないものの、この様子では今後どういった相手から縁談が持ち込まれるかわからないという点については萩藩毛利家も同意し、予定よりも早い天明五年八月に義二郎（斉房）と栄宮の婚約について幕府から許可を受けることとなった。また、孚希宮はこの後尾張徳川家の世話を受け、広島藩浅野家に嫁いでいる。

しかし、斉房が文化六年（一八〇九）に死去したことにより、栄宮は貞操院と称し、斉房の遺児である徳丸を養子としたものの、同十一年には徳丸も早世した。その後、貞操院はしばらく江戸で生活したものの、同十三年に実家のある京都に一度戻った後、文政十二年（一八二九）には萩に下向している。このように長く江戸を留守にしていたことから、萩藩毛利家の人々に対する影響はなかなか見えにくい部分もあるが、生家である有栖川宮家とのかかわりも持ち続け、保三郎（斉広）の縁談についても仲介を持ちかけられている。

貞操院との縁組に際し、萩藩毛利家は田安家の娘であり、将軍家養女の種姫とは姉妹であったことから、折に触れ登城する機会がある邦媛院とは異なり、宮家の娘である栄宮（貞操院）は供の人数など減少が見込めるとしていた。し

図25　萩藩毛利家・有栖川宮家系図

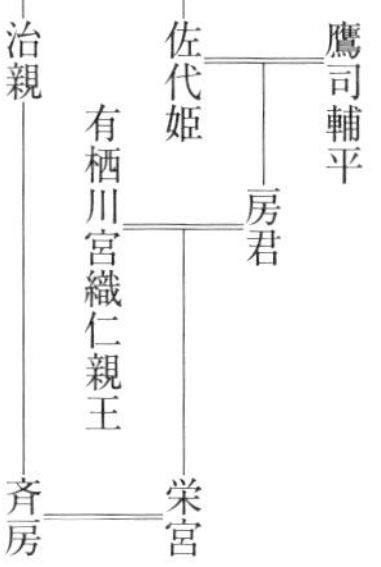

『近世防長諸家系図綜覧』『近世有栖川宮歴代行実集成』より作成

かし、後年、こうした状況は変化し、貞操院も大奥とのつながりを持つこととなった。

『斉房公御縁組以来御前様付沙汰控』によれば、文化十一年、萩藩毛利家に対し、江戸城西の丸御簾中付の老女から貞操院付の老女を登城させるように依頼があった。この御簾中とはのちに十二代将軍となった家慶の正室楽《さざ》宮《のみや》（浄観院）であり、貞操院から見れば異母妹にあたる。もっとも、楽宮は寛政七年（一七九五）の生まれであり、同九年に江戸へ下向した姉の貞操院とともにいる時間は短かったものの、家慶の正室となって以降は江戸にいる数少ない兄姉の一人として貞操院との交際を求めたものと考えられる。一方、貞操院もこの依頼を受け、今後折に触れ大奥へ老女を派遣し、楽宮の近況などを聞きたいと萩藩毛利家の表方の役人に申し入れている。

しかし、貞操院からの申し入れを受けた萩藩毛利家の表方の役人はこの内容に難色を示した。理由は大奥との交際に伴う出費である。大奥へ老女を派遣するということは進物や女中らへの贈り物など費用がかさむものであり、文化十年に楽宮の男子出産に伴い内々で老女を派遣した際にはおよそ銀十貫目の出費があったとしている。たとえこの時ほどではないとしても、大奥との交際にかかわる出費は貞操院に対して与えられる仕渡銀の内では到底賄えるものではなく、必然的に臨時の仕送りが必要であった。江戸当役の児玉親忠はこの点をもって貞操院付の役人に説明を行ったものの、貞操院は再度役人を派遣し、大奥への老女の派遣を求めている。

この時、貞操院は「江戸には家慶正室の楽宮と輪王寺宮舜仁入道親王《しゅんにんにゅうどうしんのう》のほかに兄弟姉妹はおらず、輪王寺宮舜仁入道親王とは頻繁な交流はしていない。そのため、楽宮だけであっても内々で交際を行いたい。なおこの関係は貞操院個人のものではなく、これから先萩藩毛利家が将軍家に対して嘆願を行うこともあるだろうから、その際に萩藩毛利家のためにもなることであるから、難渋ではあるが、国元へ知らせ、許可が与えられるように取り計らうように（「爰元者御兄弟様方とても御数なく西之丸・上野之外不被為在、其内上野宮様者各別厚き御勤相不被為在被為済候儀、左候へハ西之丸計之御事ニ付御内々之御勤相をハ被遊度、猶又右御因ミ一通り之儀ニも無之、往先御表御願事も可有之、左様之節者御手遣ひ一方之御為ニも相成事ニ付、御難渋なから御国江申遣候而成ともいつれ之道相調候様ニとの御事之由」）」と指示している。つまり、自身の交際関係を今後の萩藩毛利家の利益につながるものであるとしているのである。

しかし、萩藩毛利家の表方の役人も斉熙も「御兄弟様之御間御情相」による交際であり、貞操院が先代藩主の正室である以上、養子である斉熙をはじめ周囲からは止めにくく、ひとまずは出費がかさむような頻繁な交際は阻止したいという点で見解が一致しているが、貞操院が主張した大奥との関係強化による内願に対して興味を示した様子が確認できない。後年、斉広と家斉の娘との縁談を求め、その関係を通じて官位昇進や家格上昇に熱心に取り組んだことと比較すると、斉熙らの態度は説明がつかないようにも見えるが、むしろ当時は十一代将軍徳川家斉の治世であり、家斉を取り巻く人的関係を通じた内願が影響力を持っていたからこそ、貞操院の提案に斉熙らは興味を示さなかったとも考えられる。この後、貞操院に対する仕渡銀はわずかに増額されたが、貞操院—楽宮を経由した内願活動が展開された痕跡は見られない。

しかし、貞操院—有栖川宮家とのつながりが萩藩毛利家にとって重要度の低い事柄であったわけではなく、文化・文政期に行われた毛利家先祖の神格化をめぐる交渉や文政十二年の元就の神階昇進についても、縁戚関係を通じた有栖川宮家や鷹司家とのつながりが利用されていたことがわかる（岸本覚、二〇〇四）。

この後、貞操院は萩へ下向した後、同地での生活を続け、嘉永五年（一八五二）に萩で死去した。

斉熙正室・法鏡院

この時期の萩藩毛利家の奥向を見ていく上で、もっとも存在感を発揮したのは斉熙の正室である法鏡院であろう。文化六年（一八〇九）、斉房の死去によって斉熙が家督を相続することになり、萩藩毛利家は急ぎ斉熙の正室を探す必要が生じた。そこで各大名家の適齢期の娘を探すことになったのであるが、山口県文書館所蔵文書のなかにはこの時期に萩藩毛利家が大名家や公家の娘たちの年齢などを調べていたことを示す史料が残されている。ここでは上杉家、立花家といった同席大名家のほか、彦根藩井伊家や御三卿の各家についても情報を集めていたことが確認できる。このなかで、萩藩毛利家が正式に縁談を取り結んだのが、鳥取藩池田家の三津姫（後の法鏡院）である。三津姫は鳥取藩主池田治道《はるみち》の娘であったが、実父はすでに死去しており、

図26　毛利斉熙・三津姫（法鏡院）の縁組にかかわった人々　実線は実子、点線は養子を示す

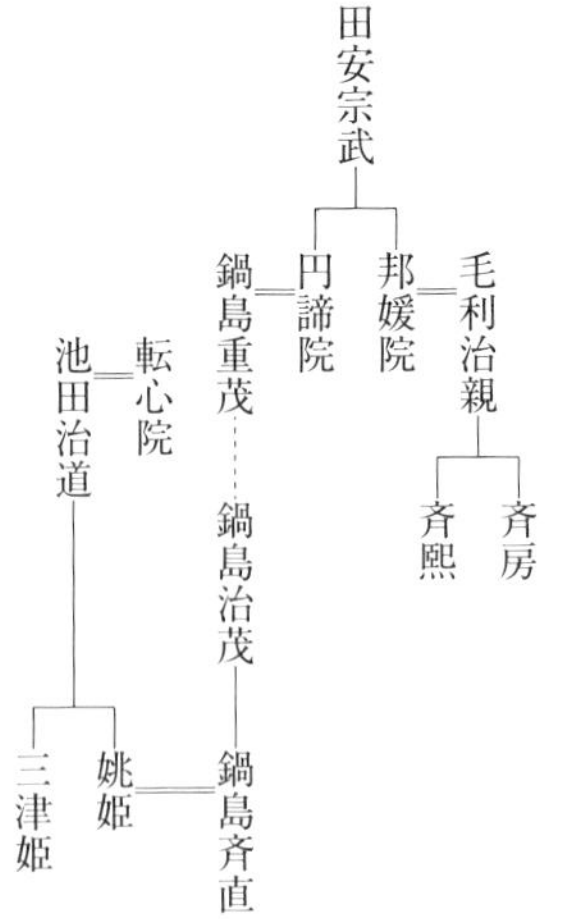

図27　池田治道系図

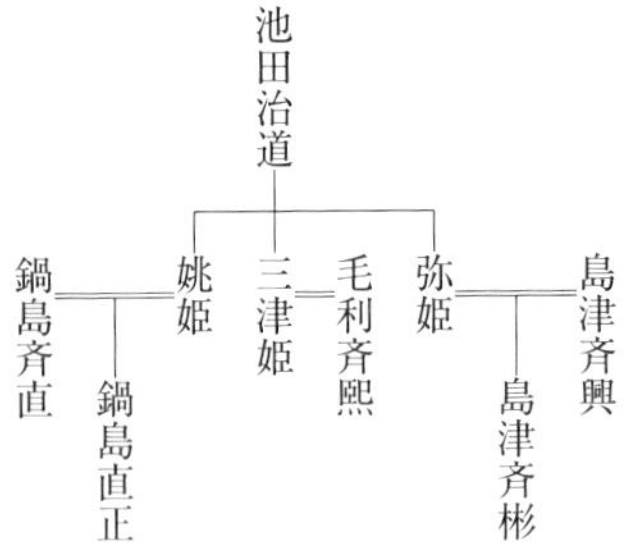

当時は兄の斉稷《なりとし》が藩主となっていた。

この縁談は、池田家の留守居から萩藩毛利家の公儀人のもとに持ち込まれたものであった。この時、池田家側の説明によれば、この縁談を積極的に推し進めたのは治道の継室である転心院（紀伊徳川重倫の娘）であった。転心院はまずは治道の娘であり、佐賀藩鍋島斉直に嫁いでいた姚姫に相談し、そこから鍋島重茂《しげもち》の正室であった円諦院へ縁談の仲介を依頼したという。この円諦院は田安宗武の娘であり、邦媛院とは姉妹の間柄になる（図26）。このように表方の役人の交渉とともに、奥向きの女性たちのつながりも縁談を取り結ぶ重要な働きをしていたのである。

ところで、三津姫（法鏡院）の姉妹の内、弥姫《いよ》は島津斉興に嫁いで斉彬《なりあきら》を生み、姚姫は鍋島斉直に嫁いで斉正（直正）を生んだ。このように、幕末の名君として名高い大名たちとも、萩藩毛利家は系譜上はつながりを持つことになる（図27）。

三津姫は文化六年に縁談が成立し、翌七年に正式に婚儀を上げ、萩藩毛利家へと移ってきた。ところで、三津姫は寛政元年（一七八九）生まれであり、幼年時に縁組相手を決めることの多い大名家の子女としては遅い縁談であるようにも見える。この点について、池田家との縁談が成立する前に萩藩毛利家が各大名家の娘について調べていたことは先述したが、このなかでは鳥取藩池田家の娘二人も見られるもの

の二人とも「再縁」となっている。こうした年齢の事情もあり、婚儀に伴う多額の出費を恐れて早期の婚儀をあげることについては慎重であった池田家家臣に対し、転心院は三津姫の年齢を踏まえ早々に婚儀を行うことを主張した。結果として、萩藩毛利家側も略式での婚儀を希望したことから、文化七年に三津姫は萩藩毛利家へ入輿することとなったのである。

当時は未だ邦媛院は存命中であり、姑にあたる貞操院も江戸で生活していたものの、三津姫は自身の見解についてたびたび表方に発言を行っていたことが確認できる。特にそれが顕著に見られるのは、斉熙の子どもたちの処遇についてである。

斉熙の長女である美和姫（艶姫、後の蓮容院）は斉熙の家督相続前に生まれ、萩で養育されていた。文化七年、萩藩毛利家に入輿した三津姫（法鏡院）は早々に当役の児玉親忠に対して、国元で生活する美和姫を江戸へ呼び寄せ、手元で養育したいという希望を伝えた。しかし、当時は斉熙の家督相続と婚姻という慶事が続き、さらに物価の高い江戸で生活する大名家族を増やすことは当然萩藩毛利家の財政に負担をかけることになることから、児玉はこの要望は受け入れられないとした。しかし、この回答を受け、三津姫は美和姫を江戸に呼び寄せることは諦めたものの、自身の「御養」としたいという希望を再度表方に示すなど、その養育に積極的にかかわる姿勢を見せた。

三津姫は文政七年（一八二四）に斉熙が隠居した後は「大御前様」と称し、斉熙とともに隠居所である葛飾御殿で生活したが、天保七年（一八三六）に斉熙が死去した後は法鏡院と称し、葛飾御殿から麻布御殿へと移った。ところで、養女である美和姫（蓮容院）が奥向き、特に萩藩毛利家の女性や子どもたちの処遇についてほとんど発言を行わなかった分、法鏡院はこれらの人々の処遇について積極的に発言を行っていた。特に斉熙の死後もその娘たちの稽古事の手配などを表方に命じ、子女の養育において主導的な動きを見せた。しかし、こうした動きは時に表方の家臣との間に見解の相違を生み、取り扱いが困難になる事態も生じていた。こうした動向は次章で扱う敬親の治世とのかかわりのなかで論じるのでここでは詳細には触れないが、将軍家から嫁いできた和姫（貞惇院）は早世し、貞操院は江戸を離れているなかで、法鏡院は天保十四年～弘化三年（一八四六）まで山口に滞在した期間はあったものの、安政三年（一八五六）に死去するまで長らく萩藩毛利家の江戸での奥向きを取り仕切る立場として、萩藩毛利家の子どもたちや側室の処遇に気を配った。

斉元正室・蓮容院

蓮容院は享和四年二月（一八〇四、同月に文化に改元）に江戸で生まれた。生母は側室真嶺院（池上氏）であり、後に斉元の後継者となった斉広の同母姉にあたる。誕生時、実父の斉熙は家督相続前であったことから当初は「於艶様」と称されていたが、斉熙が実兄斉房の後継者となり、家督を相続したことを受けて文化六年（一八〇九）に「艶姫様」と呼び名が変わり、翌年には萩城の西御殿に入った。その後も賀寿姫・儀姫・由美姫・美和姫と名前が変わっているが、繁雑さを避けるためここでは美和姫とする。また、実父である斉熙が正室に三津姫を迎えた後は、三津姫の「御養」となった。

国元で生活していた時期の美和姫にも一条家をはじめとする公家から縁談が申し込まれていたが、萩藩側はこれを固辞している。その後、斉元が斉熙の後継者として美和姫の聟となることが幕府から許可される前年の文政元年（一八一八）に美和姫は出府し、以降江戸で生活を続けた。しかし、婚姻の時期については美和姫の出府前後から詮議が開始されたものの、実際に婚姻が行われるまでにはたびたび時期が変更されている。

当初、斉元と美和姫の婚儀は文政四年に行われる予定であった。しかし、斉熙が萩藩毛利家の財政状況や美和姫の年齢からこれに懸念を示したため、時期について再考がなされることになった。結果、同三年春に美和姫が新居である麻布新御殿へ移ることをもって「御内婚」を前倒しして済ませることで一致したものの、貞操院の実父である有栖川宮織仁親王の死去や元就の遠忌法要により、「御内婚」を行うことができず、やむなく文政三年四月に内々で結納の取り交わしのみを行った。

その後、「御内婚」と称して美和姫が麻布新御殿へ移ったのは同四年であった。しかし、「御内婚」が済んだ後も表向きには美和姫の立場は斉熙の娘であり、その呼称も「美和姫様」のままであった。この後、同六年に斉元と美和姫の婚姻が親類諸家にも披露されたことで、ようやく美和姫の呼称は藩主の正室である「御前様」へと改められた。

しかし、このように斉元と美和姫の婚姻について詮議がなされていた時期は、斉広（保三郎）の丈夫届の提出や和姫との縁談に萩藩毛利家が力を注いでいた時期であった。このため、時期をめぐって二転三転した斉元と美和姫の婚儀は、将軍家との縁談という慶事の前に万事省略の対象とされ、家臣らとの祝儀の取り交わしなども省略された。

斉元の正室となった後の美和姫の行動については、隠居した父の斉熙のもとを訪問していたこと、また、実父である斉熙も訪問した美和姫に滞在の延長を勧めていたことなどが確認できる。さらに、蓮容院付の医師の人選については、斉熙の意向も踏まえて人選が行われるなど、そのかかわりが密であったことがうかがえる。

天保七年（一八三六）に斉元が死去したことから、美和姫は瑞鶴院と称し、後に蓮容院と改めた。ところで、蓮容院の場合も養母である法鏡院と同様に、夫の庶子たちを自身の「御養」とはしたものの、養母である法鏡院に比べ、夫の庶子たちの養育などについて積極的に発言を行った様子は見請けられない。

その背景には斉元の庶子たちは生後数年以内に生母とともに萩へ送られ、同地で養育されていたことも影響していると考えられるが、一方で蓮容院の体質的な問題もあった。斉元との婚姻後も、蓮容院の健康状態や侍医の配置に周囲が気を配る状況にあった。また、天保七年に夫である斉元が死去した後の様子については、際立って重病というほどでもないが、以前から抱えていた体質的な問題のため、あまり表には出ない生活をせざるをえない状態であると述べられている（「蓮容院様御機嫌御障之儀も不被成御座候得共、兼而之御弱体ニ付御紛としても不被為在、御茶事而已被為立御日候事」『儀姫様斉元室付御沙汰控』）。こうした要因が重なったことから、法鏡院と比較した場合、庶子らへのかかわりが限定される部分があったものと考えられる。

貞操院や法鏡院が夫の死後、江戸や萩、京都と居所を何度か移したのとは対照的に、蓮容院は江戸での生活を続け、天保九年十二月に養母である法鏡院に先立ち死去した。

コラム—2

吉田松陰と毛利隆元

近世を通じて正統、つまり歴代当主から外されてしまった隆元であるが、その隆元の伝記として『常栄公伝』という書物がある。著者は幕末の思想家として名高い吉田松陰であり、隆元の誕生から筆を起こし、その事績を記している。書名の「常栄」とは隆元の戒名である。

本書でも述べたように、隠居後も影響力を発揮した毛利元就のもとでは、当主である隆元の存在感が薄らいでしまうこととなった。しかし、松陰が『常栄公伝』で記した隆元は、陶隆房の討伐を元就に進言し、自ら率先して戦に臨む勇猛果敢な武将であるだけではなく、父である元就に対する孝心や家臣に対する仁心に溢れた人物（「素行端正、敵に臨みて勇決、特に仁孝に敦し」）として描かれる。また、大江氏の流れを汲む家の出身として、和歌への造詣も深く、その功績や人柄は両川と位置づけられる弟の吉川元春や小早川隆景に劣るものではなかったと述べた。しかし、弟たちとは異なり、隆元は元就の下にあることが多かったため、その功績が後世に伝えられることが少なかったと述べ（「洞春公（元就）の麾下に在りて密謀運策す、故に世伝ふる者少なし」）、藩祖三代とされた元就・輝元・秀就と比較して、隆元が功績に見合った十分な取り扱いを受けていない状況を嘆いた。

ところで、松陰がこの書物を通じて賞賛したのは隆元だけではない。松陰は「今公職を襲ぎ、祖を敬ひ祭を重んじ、廃典を興し絶世を継ぐ、至らざるところなし」と述べた。ここで登場する「今公」とは松陰にとっての主君である毛利敬親（慶親）である。松陰は敬親が隆元への祭祀を輝元（天樹院）・秀就（大照院）と同格としたことに触れ、そうした行いを含めた敬親の事績を「至らざるところなし」と賞賛したのである。つまり、この『常栄公伝』という書物は江戸時代において忘れられていた隆元という存在を顕彰するというだけではなく、その顕彰に積極的に取り組んだ存在として毛利敬親もまた顕彰しているのである。

コラム―3
禁門の変の死者たち

禁門の変では来島《きじま》又兵衛や久坂玄瑞など著名な人物が亡くなった。しかし、それ以外にも出兵した家老らに従い、多くの萩藩毛利家家臣や陪臣が出兵し、亡くなっている。『幕末維新全殉難者名鑑』によると、禁門の変の当日だけで一五〇人以上の萩藩毛利家の関係者が死亡したとされている。このほかにも戦場からは脱出したものの、途中で幕府軍に捕縛され、獄死・刑死した者もあった。

　ここでは嫡孫を失った出羽《いずは》家に残された史料から当時の様子を見ていきたい。出羽家は嫡孫孫四郎が福原元僴に従って元治元年（一八六四）六月に上京した。そして、福原のもとで伏見に滞在していた七月十八日に禁門の変が勃発したのである。

　孫四郎に従い、後に萩に戻った出羽家の下人は、孫四郎は藤ノ森において戦闘に遭い、負傷をした後、

図 28　京都霊山墓地の長州藩士墓所

大坂屋敷へ引きあげることになり、同月十九日に伏見で乗船したと萩の家族に伝えた。しかし、伏見で乗船して以降の孫四郎の行方は一向に知れず、萩の家族たちは孫四郎は伏見で乗船したが、摂津国桜之宮で敵方に囲まれ切腹したという風説も耳にしていたものの、確証はないままであった。また、第一次長州征討・下関戦争といった混乱に晒されるなかで、萩藩毛利家側も禁門の変以来の行方不明者の捜索のため、行方不明者の名前や年齢などの情報を書き上げて提出するように度々指示した。出羽家はこの度に願書を提出し、孫四郎の捜索を求めたが、その生死も最期の様子も分からないままであった。

慶応元年十月に提出された願書では、出羽家としては孫四郎の祖父である源八が死去した場合、聟養子による家督相続を求めた一方、万一孫四郎が帰国できた場合にも言及し、その生存に一縷の望みをかけていた。しかし、明治二年・同三年には孫四郎に対し祭祀料が下賜され、父の孫平次も「就而ハ弥令死亡之段落着仕次第ニ御座候」（「出羽実義願書写」）としている。出羽孫四郎の墓は萩の徳隣寺とともに、京都霊山にある。

七　「御威光」の立て直しと「元就公ノ御血統へ立帰り」

毛利敬親・定広

1　毛利敬親の家督相続

幕末維新期の萩藩毛利家の動向については、一般書・学術書を含め、ここで全ては列挙できないほど多くの成果が蓄積されている。そして、その多くがこの敬親から話を始めるわけではあるが、本書はこの敬親の治世が最終章である。敬親の生涯については、明治以降顕彰という形で編纂事業が進められ、伝記などを通じて明らかにされてきたが、一近世大名としての敬親はどういった存在だったのか。本章のなかで幕末維新期の長州藩の動向についてつまびらかに見ていくことは到底できないが、かわりにここでは一近世大名としての敬親の存在に焦点を当て、その動向を追っていきたい。

敬親の生い立ち

敬親は文政二年（一八一九）二月に江戸で生まれた。幼名は猷之進《ゆうのしん》（みちのしん）という。生母は側室恵日院（原田氏）であり、敬親が生まれた時点で父の斉元は斉熙の後継者として正式に認められる前の部屋住という立場であった。また、当時の萩藩毛利家は斉元と美和姫（蓮容院）との婚姻や保三郎（斉広）の丈夫届の提出や縁談が控えていた。このことが影響したためかは不明であるが、敬親はそのまま江戸で養育されることはなく、翌年に生まれた同母弟の牧之助と生母の原田氏とともに、同四年に萩へ送られた。牧之助は萩到着の直後に死去したため、敬親は父の異母弟とその子の住む八丁御殿で養育された。

図29　毛利敬親　山口県立山口博物館所蔵

この後、斉元は側室栄寿院（山東氏〈山東京山の娘〉）との間に孝姫（文政十二年生）・教徳《のりゆき》（基之助、同十三年生）の二子をもうけたが、この二人も敬親と同様に萩で養育された。このほかに斉元が国元でもうけた厚姫（三寿姫、同十年生）・嘉姫（天保六年生）が萩で生活していた。後年、蓮容院は国元で養育されている敬親・孝姫・教徳を自らの養子としたが、前章で言及したように、体調の問題もあったためか、その養育について積極的に発言をした様子は確認できず、子どもたちの養育についてはもっぱら各御殿付の頭人が担っていた。萩での敬親の様子をみていくと、明倫館の稽古の見学や神器陣の見学など、家臣の前に出る機会も多数あったことが確認できる。一方、これは江戸で成長する斉熙の三男信順とも同様であるが、この時期に敬親に対して養子や聟入りの相談が持ち込まれた様子などは確認することはできない。

敬親の妹の内、嘉姫は天保十四年（一八四三）に死去したが、厚姫は同六年に須佐益田家の親興《ちかおき》に嫁いだ。嘉永二年（一八四九）に親興が死去した後は萩藩毛利家に戻り、清末藩主元純と婚約したが、入嫁する前の安政三年（一八五六）に死去した。厚姫の死を受け、代わりに元純に嫁いだのが、斉熙の娘であり、水野忠武の死後松樹院と称していた美知姫（安喜姫）である。また、孝姫は丸岡藩有馬温純《はるすみ》と婚約したものの後に破談となり、その後嘉永三年（一八五〇）に宇和島藩伊達宗徳に嫁いだが、同六年に死去した。

相次ぐ藩主の死と敬親の家督相続

では、なぜ萩で生活していた敬親が藩主となるに至ったのか。この点について説明するため、まずは敬親が猷之進として萩で生活している間に江戸で何が起きていたのかをみていきたい。

正室貞惇院（和姫）を亡くした斉広は天保二年（一八三一）の一揆の後に自ら再婚をしないことを示していたが、これは家臣のみではなく、幕閣らにも同様の意思を伝えていた。当初萩藩家臣らは、同様に正室としていた家斉子女が死去していた大名家の例に倣うという形であくまでも形式的に幕閣らに相談を持ち掛けていたようであるが、斉広自身の再婚を拒否する意思が強く、周囲もそれを翻意できないとし、幕閣にもその旨を伝えている。一方、正式な形で正室を迎えるということはしなかったものの、萩藩毛利家では斉広に側仕えの女中を召し抱える準備を進めていた。この時、候補に挙がったのが旗本本多丹下の娘であるきの（勇信院）である。この後、きのは萩藩毛利家家臣繁沢図書の養女となり、千佐と称し、斉広に仕えることになった。もっとも、萩藩毛利家としては千佐の身分は「貫切」、つまり実家との縁を切るという形を想定していたものの、実家である本多家はこの点を承服せず、また千佐自身も実家への里帰りや家族との面会を求めたため、たびたび萩藩毛利家の表方家臣と見解の相違が見られた。

天保四年に千佐が生んだ女子は偕姫《ともひめ》と名付けられ、江戸で養育された。この段階では、隠居斉熙・藩主斉元も存命中であり、偕姫の処遇についても表立って議論がなされた様子は見られない。この後、偕姫は幸姫、都美姫と改名した。

このように、表10で示したように江戸で斉熙・斉広家族が生活し、国元で斉元の子どもたちが生活するという形が続いていたが、こうした状況は天保七年の一年間で一変してしまう。同年五月十四日、隠居の斉熙が江戸葛飾御殿で死去した。さらに、続く九月八日に今度は斉元が萩で死去した。このため、萩藩毛利家は急ぎ斉広の家督相続を幕府に願い出、許可された。し

表10　天保6年（1835）時点での萩毛利家の人々

江戸

斉　熙	隠居
法鏡院	斉熙正室
玉温院	斉熙側室
信　順	斉熙の子
万寿姫	
八重姫	
美知姫	

斉　元	当主
美和姫（蓮容院）	斉元正室
斉　広	世子
千佐（勇信院）	斉広側室
偕姫（幸姫）	斉広の子

国元

貞操院	先々代斉房正室
芳春院	先々代斉房側室
真嶺院	隠居斉熙側室

敬親（猷之進）	斉元の子
厚　姫	
孝　姫	
教徳（基之丞）	
嘉　姫	

かし、斉広の周辺について記した『保三郎様御部屋沙汰控』を見ると、天保期に入ってから、病気療養のため斉広の萩への帰国を検討していたことが確認できる。これは斉煕・斉元の相次ぐ死去によって当然立ち消えになったが、斉元の後継者という立場であるにもかかわらず帰国が検討されるということ自体、当時の斉広の病状が決して楽観視できる状況になかったことを示しているといえる。実際、家督相続後、斉広は一度も登城できず、家督相続の御礼登城も名代で済ませていた。

これ以降の展開を『猷之進様御出府御養子一事沙汰控』という史料からみていく。同年十二月一日、斉広の御前に召された毛利房謙（加判役）・梨羽煕昌《ひろまさ》（当役）の両名は斉広から養子を迎える意向を示され、その人選について意見を求められた。これに対し、両名は次のように意見を述べた。

「以前より当役中での話し合いもあり、偕姫様には成長した後も萩藩毛利家に残っていただきたいと考えております。且又猷之進（敬親）様は邦憲院（斉元）様の長男であり、猶更斉広様には養父である邦憲院様との義理もあらせられることと考えられ、往々偕姫様と猷之進様を結婚させ、猷之進様に萩藩毛利家を相続させれば、憚りながら御情相この上ないことかと考え奉ります」

（「兼而当役中申合候趣も有之、偕姫様御事御盛長之上者御家ニ御備り被成度御事、且又猷之進様御事者邦憲院様御物領之御事猶更御前之御為ニ者御義理合被為在候御事ニ被相伺旁往々御取合御家御相続被成進候ハ、乍憚御情相無此上御事哉と奉考候」）

ここで両名は、国元で成長する猷之進（敬親）と偕姫の婚姻という形をもって猷之進に家督を相続させることを提案したのである。また、両名はこうした発案は斉元の遺志でもあり、当役中も同様の見解であるとした。これを聞いた斉広は、斉元の遺志であるならば安心であるとし、両人の発案に同意する意思を示したという（「邦憲院様御内思召も右之通被為在候段被聞召上、至極御安堵被思召」）。

この後、房謙・煕昌は同月四日付で国元の当役中に対して「極密」として、右の経緯について説明を行い、同意を求めている。この段階では、将来偕姫を猷之進の正室とすることを幕府へ願い出ることは考えておらず、当面は「寔ニ御内含」の事柄であるとし、ひとまずは猷之進の養子入りについてのみ当役中へ報告すると断っている。

このように、この段階では急ぎのことではないとされていたため、斉広も猷之進の出府についてはまずは見合わせるとしていたが、この後、直目付らが猷之進の出府を強く求めた。では、なぜ彼らは猷之進の出府の必要性を強く主張したのか。その理由について、史料中ではこの直前になされた「田安様より御縁組之儀御頼」が影響していると述べられている。縁談の内容については『斉広公御逝去沙汰控』のなかで、田安家から斉広が養子を迎えるのであれば、自家の娘との縁談を進めたいと持ちかけられていたことが記されている。直目付は田安家からの縁談が持ち込まれていたことを踏まえ、斉広の後継者を表向きに明らかにしなければ、またどういった相手から養子入や縁談が持ち込まれるかわからないと懸念を示したのである。こうした懸念を踏まえ、直目付は猷之進を江戸に呼び寄せれば、ほかの大名家に対して詳細な説明をせずとも猷之進が斉広の後継者であることを周知できるとした一方、出府がかなわなければ今後も扱いの困難な縁談などの「御難渋」が生じる可能性もあり、それは「御家之御為」にならないと主張したのである。これを受け、斉広は猷之進の出府を決め、その取り計らいを梨羽煕昌に命じたとされている。

ところで、斉広が猷之進の出府の取り計らいを命じたのは天保七年十二月二十八日とされている。そして、この翌日斉広は死去している。斉広の健康状態を考えれば、猷之進の養子入りに際し、斉広がどの程度主体的に決断を下すことができたかという点は慎重になる必要があるが、猷之進（敬親）の家督相続の背景には重臣らの発言が影響していたことは間違いないであろう。

年が明け、翌八年正月十五日、萩藩毛利家は「御手寄」の老中である大久保忠真に対して、斉広の後継者として猷之進を迎え、将来、部屋住の毛利親安の娘（実は斉広の遺児）を猷之進の正室とする旨を記した願書の添削を求めた。そして、大久保の助言を受け、ひとまずは偕姫との縁組についてはこの段階では願い出ず、まずは猷之進を斉広の養子として届け出ることを決定した。そして、猷之進の到着を待って、三月五日、正式に猷之進を斉広の養子として迎えることを幕府に願い出た。

次に、猷之進の家督相続に向けた情報がどのように国元に伝えられたのかをみていく。国元で生活していた貞操院に対しては同年正月十四日付で口上書が渡された。このなかでは、猷之進の養子入りについては本来であれば国元の大名家族の意向も確認した上で決定すべきことであるとは断りながらも、江戸方で幕府方へ内慮伺いなどをすでに進めていると説明している。また、翌日付で一門や準一門、寄組に所属する上級家臣らに猷之進を斉広の後継者として迎え、後に偕姫を猷之進の正室とすることを伝えている。その後、猷之進の養子入りを願う願書の提出およびその受理の情報は順次国元に伝えられた。

猷之進は同年三月二日に江戸に到着した。同月五日に幕府に対し、猷之進を斉広の養子とすることを願い出たことは先述の通りであるが、梨羽らはこの養子願いを提出した日から猷之進に対して、表向きには病気療養中としている斉広に代わり、政事向きを取り計らうようにと斉広の指示として依頼した。この依頼に対し、当初猷之進は固辞したものの、梨羽らの説得により承諾したことが国元の重臣らに伝えられている。

そして、同月八日に幕府から猷之進の養子入りが許可された。この段階から敬親は「若殿様」と称した。さらに同月十日に実名を「敬親」と定めた。通常であれば父である先代藩主から実名を与えられるが、猷之進の場合この役目を担う存在がすでになかったことから、当役中のなかでも年長である梨羽熙昌がこの役目を担った。もっとも、将軍家慶への代替わりが目前に控えており、萩藩毛利家としても元服時には家慶からの一字拝領を受けることを見越して、敬親という名は当座のものと想定していた。

このように敬親の後継者としての地位が幕府から認められたことを受け、今度は同月十四日に幕府へ斉広の発病を報告し、同月十七日にその死去を届け出た。そして、同年六月、敬親は将軍徳川家慶に拝謁し、萩藩主として従四位下・侍従に叙任されるとともに、「慶」の一字を拝領し、慶親と名乗った。繁雑になるため、ここでは引き続き敬親と表記する。

一方、この段階で敬親はあくまでも斉広の養子として届け出られたことから、偕姫とは義理の兄妹という関係になってしまうため、今度は偕姫を毛利親民の娘の都美として届け出ることになった。ただし、徳川斉昭・伊達宗城《むねなり》の書簡を見る限り、偕姫が先代藩主斉広の娘であるということは大名間ではある程度知られていたと考えられる（根本みなみ、二〇一八）。

天保改革と斉熙家族

敬親治世の初期の動向を語る上で欠かすことができないのは、やはり村田清風らの主導で行われた天保改革であろう。萩藩毛利家の天保改革については多くの研究が蓄積されていることから、ここでは先学に学びつつ、その概要をみていきたい。

天保十一年（一八四〇）に出された改革の宣言文のなかでは、今回の改革は「太平二百余年驕奢因習之旧弊」を「洞春公（元就）以来御代々様被立置候古法」へ復古するもの、すなわち「御国政御素返之御大業」であるとされ、元就以来の毛利家の古法への復古であることが示された（『流弊改正控』）。この改革の最大の目標は村田清風が「御借銀八万貫余之大敵御退治」としたように、文化・文政期を通じて膨れ上がった萩藩毛利家の負債の整理であった。この過程で実行された「三十七ヵ年賦皆済仕法」、つまり借金を三十七年賦で返済するという実質的に踏み倒しに近い政策はよく知られているであろう。また、天保二年の大一揆の原因ともなった国産取立政策を放棄したことから、安易な商業政策を行うことは忌避されたものの、一方で外からもたらされる利益を取り入れることには積極的であり、その代表的な政策として下関の越荷方の強化があげられる。

さらに、この改革では「一、御威光之事」とされたように、養子藩主となった敬親の「御威光」についても家臣から進言がなされた。この点については、改革を主導した村田清風・坪井九右衛門《くえもん》の両人が言及していることからもその重要性がわかるであろう。特に坪井の進言をみてみると、「芸州以来」という言葉を用いて、元就以来の故事に触れながら上申を行っていることがわかる（『流弊改正控』）。

この改革で登場した村田清風と坪井九右衛門の存在は、幕末期に萩藩毛利家を二分する二つの党派の発端としても知られている。改革を標榜した村田清風が守旧派の坪井を始めとする反対にあって退役した後、政権を主導した坪井によって村田らの進めた天保改革の路線がことごとく廃止され、再度萩藩毛利家に財政的な危機をもたらすことになったこと、さらにはその後の萩藩毛利家内部ではこの村田の系譜を引く藩政改革派と坪井の系譜を引く守旧派の対立が続き、その最終局面として元治内乱が位置づけられたことにより、敬親の家督相続直後に行われた天保改革は、政治史的展開においても、経済史的展開においても、この後の萩藩毛利家の動向に大きな影響を与えるものとして評価されてきた。特にこの改革を通じて生まれたとされる二つの党派をめぐる動向は、幕末期における萩藩毛利家内部における討幕派の形成とも関連し、長らく注目を集めてきた。ただし、ここで使用される「正義派」「俗論派」という言葉自体は、「正義派」に属した人々の見解であり、その使用については慎重になる必要があろう。

ところで、このように政治・経済の視点に注目が集まってきた天保改革について、近年「家」とのかかわりについて、興味深い指摘がなされている。田中誠二氏は近世後期の萩藩毛利家の経済状況やそれをめぐる政策について総覧した上で、斉熙の治世から続く江戸方の乱費について触れ、改革の成否は江戸方で居住する大名家族らの説得が鍵を握っていたとした（田中誠二、二〇一三）。天保改革が実施された当時、江戸では敬親の養母である蓮容院とともに、法鏡院（斉熙正室）、玉温院（斉熙側室）、偕姫（斉広娘）・勇信院（斉広側室）らが生活していたが、急遽家督を相続することとなった敬親の立場では、法鏡院らに対する遠慮も当然あったと考えられる。

実際、敬親の治世には法鏡院をはじめとする斉熙の家族らとの関係で取り扱いに苦慮する事態がたびたび生じていた。『西御殿艶姫様附諸沙汰控』という史料では、敬親の家督相続に向けた取り計らいが進められる一方で、天保八年二月ごろから江戸で生活していた信順（斉熙の子）の萩下向の手配も並行して取り計らわれていたことが確認できる。信順の萩下向は斉熙の存命中にも一度計画されたものの、途中で翻意したことから中止とされた。この時、翻意したのが信順自身なのか、その周辺なのかは不明であるが、こうした点を踏まえ、江戸方では同年六月に病気療養を理由に信順の萩下向を幕府に届け出た。

信順の萩下向の理由については、内々では物価の高い江戸での生活は気づまりであり、萩で気兼ねしないで済む生活を送りたいという信順の意向によるものとされた（「郷之助様御事当時麻布御屋敷被成御住居御機嫌能被成御座候処、御当地之儀者何歟御物入も強く一躰御気詰ニも被為在候付、御国御引越被成御住居候ハヽ、無御遠慮御歩行等をも被遊御紛ニ相成可然ニ付当秋御下向可被成と被思召候」『西御殿艶姫様附諸沙汰控』）。しかし、『毛利十一代史』には同七年十二月に八木甚右衛門が斉広の養子について、清末藩主の元世に書面を提出したとして処罰を受けたという記述がある。また、同時期には信順の生母である玉温院付の女中が信順を斉広の養子とすることを長府藩毛利家に頼みいれたとして処罰されたことも記されており、重臣間で合意に至った敬親の家督相続についても、家臣の内でその取り扱いをめぐり、不穏な事件が生じていたといえる。

天保八年十月に信順は娘の多年とともに萩へ下向した。ところで、法鏡院が斉熙の子や側室の処遇について積極的に発言を行ったことは先述したが、それは萩へ下向した信順についても同様であった。特に、法鏡院が山口で居住していた時期には、信順を萩から招いていたことや信順付の役人の配置について意見を述べていたことが確認できる。

しかし、この際の表方の反応を見ると必ずしも法鏡院に好意的ではない様子が見られる。たとえば、信順が国元での生活を始めた後も法鏡院はたびたび「御内含」という形で信順の生活環境に対して発言を行っていたことが確認できる。その一つとして、弘化三年（一八四六）、法鏡院は信順付の役人について、奥頭役・御伽役体制ではなく、奥番頭・小姓体制へ変更することを提案した。この提案に対して、表方の役人は信順が「御部屋住」の立場であることを確認した上で、藩主である敬親と同様の格式にすることは「御家之作法崩」であるとして、この「御内含」を退けている。奥頭役・御伽役とは大名家内部で奥向きの職務を担当する役職である。これに対して、奥番頭・小姓は大名の側近として任命される役職である。つまり、法鏡院の提案は経済的な負担というだけではなく、家内部における「作法」、より具体的に言えば構成員間の序列を乱れさせるものとして理解されたのである（根本みなみ、二〇二一）。

ところで、信順がともに江戸から下向した多年は、萩への到着前に道中で死去したが、その後、信順は天保十年に順明《のぶあきら》・弘化元年（一八四四）に喜久《きく》、嘉永四年（一八五一）に静をもうけた。この内、順明・喜久は後の敬親の養子として迎えられた。順明は他家へ養子に出ることなく、明治十六年（一八八三）に萩の八丁御殿で死去したが、喜久は高知藩山内豊範《とよのり》に嫁ぎ、後の幕末の動乱に巻き込まれていくこととなる。

2　先祖への視線

官位の昇進と鞍鐙の拝領

天保八年（一八三七）六月に家督相続を許可された敬親は、萩藩毛利家の慣例に従って従四位下・侍従に任官された。そして、この後の敬親は弘化四年（一八四七）には少将に昇進し、安政六年（一八五九）には萩藩主としては前例のない中将に任じられた。これは当時の萩藩毛利家が担っていた海防の役負担に対する褒賞としての意味合いが強かった。

また、弘化三年四月には幕府から治世良好に対する褒賞として鞍鐙の拝領を受けた。当時、米沢藩上杉家や佐賀藩鍋島家、さらには萩藩毛利家と同年には熊本藩細川家が治世良好や海防の役負担を理由として鞍鐙の拝領を受けていた。

萩藩毛利家の場合、鞍鐙の拝領を受けた江戸方は国元の家臣に対して今回の鞍鐙拝領の意義を説明するため坪井九右衛門に「申含之覚」を与え、下向させた（『慶親公御鞍鐙御拝領一事』）。この「申含之覚」の中では、鞍鐙拝領前後の江戸方の様子を次のように伝えている。

敬親が帰国暇乞いの挨拶を済ませた四月二十二日、幕府から突如翌二十三日の登城を命じられたため、敬親および江戸方の重臣らが状況を案じ、交際のある幕臣や老中らへ問い合わせを行ったところ、安心して登城するようにとの助言を受け（「御暇御礼相済候以後、俄ニ御用召いか様之御用向哉、殿様ニも深く案し被遊、於于下も至而御気遣申上、早速粟屋隼太事御内用先江被差越聞繕被仰付候処、御安心被成御登城候様ニとの事ニ而御趣意ハ一向不相分」）、老中の牧野忠雅からは多少の不調などがあっても明日は必ず登城するように命じられた（「且牧野備前守様江御奉書御請之御使者児玉清四郎罷出候処、御勝手江被召呼、公用人を以明日御用召ニ付而者少々御機嫌相ニ被為在候共、御差押御登城被成候様御達有之」）。この助言を受け、翌二十三日に登城したところ、幕府から鞍鐙の下賜を知らされ、敬親やその周辺はこの慶事を心から喜んだと伝えている（「翌廿三日御登城被成候処、於御白書院御椽頬御老中其外列座結構被仰出之旨被成御承知殿様御満悦、下以一統奉恐悦候」）。

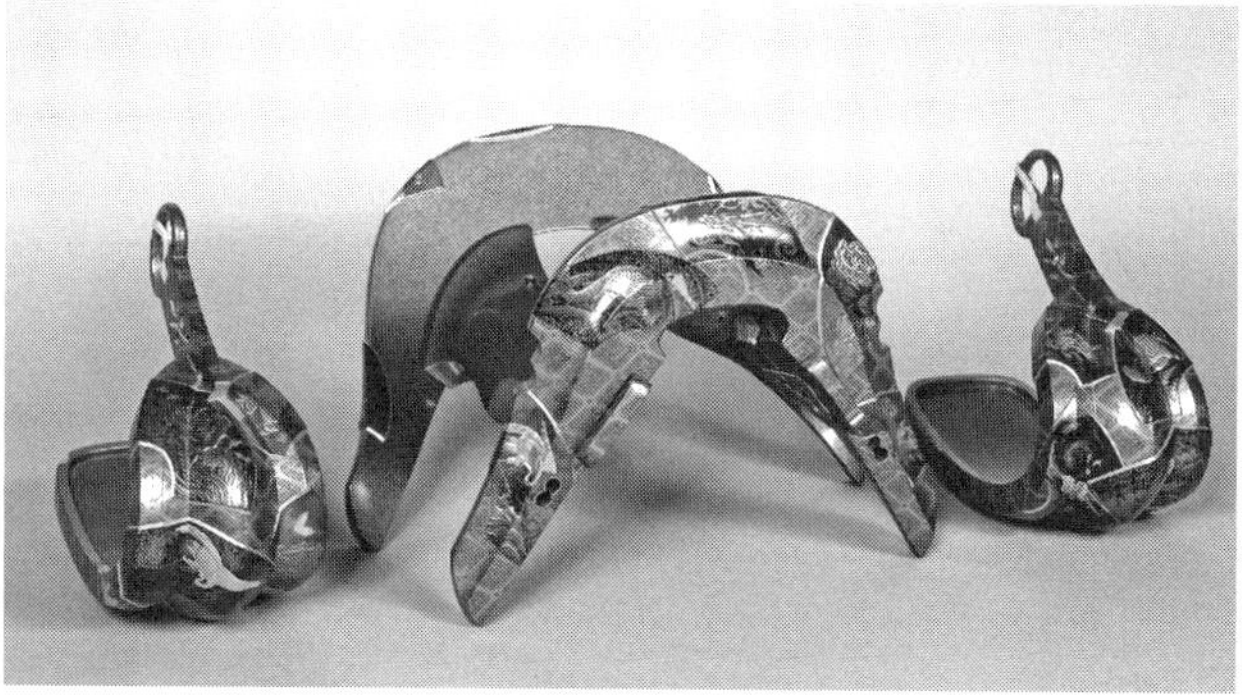

図30　幕府拝領の鞍鐙　毛利博物館所蔵

ところで、この「申含之覚」で江戸方は今回の鞍鐙拝領について、当時は他大名家でも追々改革に励んでいるにもかかわらず、このような褒賞を受けた例はなく、敬親にこうした褒賞が与えられたのはひとえに家督相続以来の政治改革への出精に対する功労であるとした（「於諸侯方も稀之儀当時諸家一統御取締向御出精有之由相聞候処、抽而殿様江右之通被仰付候儀ハ偏ニ御家督以来御政事筋深く御苦心被遊候御功労相顕」）。敬親の家督相続直後から行われた天保改革については先に触れたが、その成果に対する褒賞として今回の鞍鐙拝領を位置づけたのである。そして、この鞍鐙拝領は毛利家先祖に対する孝養であり、子孫に対する亀鑑、つまり規範となるものとして位置づけた（「第一御先祖様江御孝養　御子孫様江之御亀鑑無此上御事、別而御満悦被思召候」）。

その上で、江戸方はこれを契機として、より一層の風紀引き締めが重要であるとし、国元に対しても文武興隆・風俗取締、そして萩藩毛利家が担っていた海防への一層の出精を求めたのである（「然処此度之御賞美ニ付而者向後之御政事筋深く御案し被遊、自然御国中隅々ニ至迄少ニ而もいか、之儀有之候而ハ則公儀御目鑑違ニ相成、左候而者甚以不被相済付而者いかやう之御様子ニ立至り可申哉も難計、実ニ御大事之儀ニ付益々文武御興隆・風俗御取締相成、弥以御仁政行届候様、且異賊御手当筋等別而肝要之儀ニ付彼是被仰合、抜目無之様御沙汰相成候様可申進由、重畳被仰出候」）。

天保改革は弘化元年に一区切りがつけられたとされているが、この鞍鐙拝領はその二年後に起きた一件であり、敬親やその周辺はこれまで取り組んできた改革の成果が幕府から認められたものであるとして、大々的な祝賀行事を催した。特に国元では「祝儀之御能」として、萩城内で御能を開催し、家臣らの見学を許した。この時は二日間にわたり、萩城内で「祝儀之御能」が開催され、家臣だけではなく一部の町人・百姓に対しても御能の拝見が許可され、あわせて二千人余りがこの祝賀行事に動員された。また、領民たちに対しても酒の下賜を行うなど、今回の慶事を家臣・領民らとともに祝うための場が設けられた。

一方、この鞍鐙拝領を受けた敬親は先代藩主斉広の正室であり、家斉の娘である貞惇院の菩提寺である円珠院を参詣し、香典を奉納した。また、幕府に対しては御礼の献上は認められなかったため、内々で「御手寄」の老中である阿部正弘に御礼を贈っていたことが確認できる。こうした行動からは、今回の鞍鐙拝領が第三者の影響、より具体的に言えば和姫との縁組以来の内願の延長にあったとも理解できる。実際、近代に作成された『修訂防長回天史』や『訂正補修忠正公勤王事蹟』などでもこの鞍鐙拝領に際しては、背後でさまざまな働きかけがあったとして、一概に慶事とは言えないとしている。しかし、こうした点は当時の萩藩毛利家側も危惧していたらしく、あくまでも今回の鞍鐙拝領は敬親の政事向に対する幕府からの褒賞であるとして、祝賀儀礼のさまざまな場面で、今回の鞍鐙拝領が第三者の仲介によるものではないという点を強調する姿勢を見せた。

翌年九月には敬親と幸姫（偕姫）の婚儀が執り行われ、同年十二月に敬親は少将へ昇進した。このように打ち続く慶事に対する祝賀行事は歴代と比較しても手厚く行われ、家臣や領民らとともに祝う場が整備された。

しかし、この後、敬親は安政四年には従四位上へ、先述したように同六年には萩藩毛利としては異例の中将へ昇進したが、この時も萩藩毛利家が老中や奥右筆らへ内願を行っていたことが確認できる。この時、萩藩毛利家が内願を行うに至った背景として、嘉永六年（一八五三）以降、幕府から命じられた相模国警衛のなかで、隣接する警衛地を預かる細川家の官位昇進も影響していた。承応二年（一六五三）に、萩藩二代藩主毛利綱広（千代熊）が熊本藩三代藩主細川綱利《つなとし》（六丸）よりも一日早く任官されたことは萩藩毛利家が他大名家に優越する自らの家格を主張する根拠として、近世初期以来、萩藩毛利家の官位昇進運動のなかで繰り返し言及されたものであった。このため、萩藩毛利家としては隣接する警衛地を預かる熊本藩細川家が昇進した以上、自家も同程度の昇進を求めて焦ることになったのである。

この時期の内願書では、「御続柄」の関係性に依拠する主張も見られる一方で、官位昇進を「御備場詰之家来中并諸民ニ至迄一統之気方」や「異国船防禦手当之儀ニ付而も諸民ニ至迄自然と気力相励」に影響するものであるとする主張も見られる（『御内願一事』）。つまり、この願書のなかでは、従来の通りに「御続柄」による官位昇進を求める論理とともに、新たに海防政策を担う家として、家臣や領民らの士気高揚のために、官位の昇進を求めるという論理が見られるのである。

安政四年（一八五七）十二月十六日、毛利敬親は「国政向格別入精」および嘉永六年以来の相模国御備場を引き受けた功績により、従四位上に昇進することが申し渡されたが、この時、当役浦元襄は今回の昇進が「御家督已来御国政被入御精、且御備場御委任ニ付而之儀候」であることから「在役之面々ハ不能申、御家来中心得方も可有之との御事」として「格別ニ御書付」を出すことを検討している。

安政五年三月十一日、萩城内において江戸から届いた書付を地方祐筆の周布《すふ》政之助《まさのすけ》が代読した。この書付の中で、当役中は今回の敬親の従四位上昇進について、萩藩毛利家と同様に海防政策に動員された大名家に対して幕府から各別の扱いがない中で実現したものであり、家督相続以来の敬親の国政への出精を幕府が評価した結果であると述べた。これは先述した鞍鐙の拝領と並び、萩藩毛利家にとって前例のない栄誉であると強調した上で、こうした栄誉を受けたこの時こそ、より一層幕府への聞こえが重要な時期であるとし、政治に携わる家臣はもとより、海防政策への動員によって現地に派遣される家臣に対してもさらなる出精を求めた（「此度御沙汰之趣ニ付而ハ御当家御美目之次第　御先祖様方江被為対益々御孝儀相立、御家不朽之御亀鑑無此上、就而者後来之御政事弥御大事之儀公辺江被聞へ旁肝要之御時節ニ付、御国中隅々ニ到迄御趣意不行届而者相済儀、殊更御政事にあつかり候面々者不顧前後廉直正道之筋にかなひ仁政行届候様遂心遣、且又御備場御委任ニ付而ハ是迄も無疎事ニ候へ共、弥御家来中文武出精兼々御用ニ可相立心掛肝要之事候候、此段厚く相心得候様被　仰出候間、存其旨在役之面々且御家来中日夜心遣を尽くし、御奉公之覚悟あるへし」『斉元公・斉広公〈慶親公〉御任官一事』）。

しかし、この演説書も事実を客観的に伝達しているわけではない。たとえば、このなかでは萩藩毛利家に対する幕府の評価が、他家と比較して抜きん出ていることを強調している。しかし、内願書では萩藩毛利家の家臣らが隣接する場所を警固する細川家の昇進を意識し、それを海防への意欲と関連づけて説明していたことは先述の通りである。さらには、前章で見た『御内願一事』に収録された願書では、先祖である毛利輝元が従三位中納言であったことに言及し、この官位への昇進を「何も旧格ニ相復し、多年之志願成就ニ立至り候」としていたのに対し、ここでは敬親が従四位上へ昇進したことを「御家不朽之御亀鑑無此上」とし、称賛している。実際には歴代藩主のなかでも敬親の実父であり、先々代の藩主であった斉元が天保六年に従四位上へ昇進していることに鑑みても、この表現は敬親の善政を強調するために意識的に誇張したものであるといえよう。

毛利家の先祖に対する祭祀改革

ところで、敬親の栄誉が先祖への孝養とされたことは述べたが、敬親の功績を「美政」として称える場面ではしばしば先祖への孝養があげられる（コラム2参照）。そこで、ここでは敬親治世における先祖への祭祀や墓所の創出についてみていきたい。

天保・安政期は歴代の萩藩主やその正室に対する祭祀が見直された時期であった。大名家当主をどこに葬るかという点は家ごとに違いがあるが、萩藩主の菩提寺は東光寺（萩）・大照院（萩）・青松寺（江戸）・瑞聖寺（江戸）というように、国元・江戸双方に存在していた。実際に埋葬されるのは国元の菩提寺であったが、江戸の菩提寺には位牌が安置され、法要が執行されていた。また、官位昇進などの慶事があった場合には、大名は江戸の菩提寺に参詣し、香典の法要を行っていた。しかし、この時の祭祀改革では、祭祀は領地で実施することが肝要という考え方から、江戸での法事が縮小された（岸本覚、二〇〇八）。

さらには、この祭祀改革は「藩主」だけではなく、それ以前にさかのぼった先祖へも目が向けられ、毛利家の先祖のなかでも「藩祖」の存在も確定されていった。天保期の改革では、藩祖四代、つまり元就（洞春寺）・隆元（常栄寺）・輝元（天樹院）・秀就（大照院）が最重要視され、この四人を中心に祭祀秩序が整備された。特に、従来は一夜越しの法会しか行われていなかった隆元に対しては、その法要は四日に延長され、藩祖四代としてふさわしい格式に変更がなされた。

また、嘉永六年（一八五三）、京都白川家から隆元に対して神号が与えられた。元就に対し「仰徳大明神」の神号が与えられたことは前章で述べたが、隆元の菩提寺である常栄寺からの訴えを受け、隆元への神号授与に向け、働きかけを進めていたのである。

こうした隆元の神格化は続く安政期の祭祀改革にも影響を与えた。安政期の祭祀改革に際して、萩藩毛利家は儒者の小倉尚蔵（遜斎）・山縣半七（太華）、そして国学者の近藤晋一郎（芳樹）への諮問を通じ、「藩祖」の確定を目指した。この時、山縣・小倉は元就を太祖とし、近藤は秀就としたが、三者合わせた結論として、元就・隆元・輝元・秀就四人について優劣をつけることは難しく、従って、特別な功績を持つ存在として一括してこの四代は萩藩毛利家の「藩祖」とすることを定めた。

ところで、毛利家の先祖に対する関心は家臣の間でも共有されていた。ペリー来航を経た嘉永六年、萩藩毛利家は相模国警備を命じられたことは先述したが、この警備に動員された萩藩毛利家家臣の内でも、来原良蔵《くるはらりょうぞう》のように鎌倉の大江広元・毛利季光墓所を参詣する者が見られた（岸本覚、一九九九）。また、吉田松陰も『常栄公伝』という毛利隆元の伝記を記しており、家臣たちも自らが仕える大名家の先祖への関心を深めていた様子を見ることができよう。

安芸高田の墓所捜索

こうした隆元に対する関心は、毛利家の旧領地における墓所創出という形で具体化した。万延元年（一八六〇）隆元の遠忌法要を前にした萩藩毛利家は文化期に引き続き、再度隆元墓所の調査を行った。この時、萩藩毛利家は家臣の福島吉右衛門を吉田に派遣し、文化期の調査で墓所の可能性が高い場所として報告を受けた高田郡の「大通院谷」の調査をおこなった。

この時の福島吉右衛門の調査内容は『常栄公御墓地再詮議』という史料から知ることができる。現地に赴いた福島はまずは元就墓所を訪れ、地下人《じげにん》による掃除が十分になされていることを確認し、それから文化期の調査で毛利家歴代の墓所とされた「大通院古跡」を訪れ、現地調査や住人たちからの聞き取り調査を行った。この成果として、福島は「大通院」という名の土地にある「常栄寺旧跡」の野面石の墓石を隆元の墓所であるとして報告した。この野面石は文化期の調査でも世良九右衛門という人物によって建立されたことが知られていたが、世良の素性や建立の経緯などは不明であった。しかし、福島の報告によれば、この墓石がこの場所に建立されるようになった経緯は次のようなものであった。

元就・隆元墓所とも以前は萩藩毛利家とのかかわりはなかったものの、百七十～百八十年程前に広島藩主が巡視の際、郡山に登ったところ、何らかの異変があり、途中で下山し、すぐに元就墓所へ代参を派遣し、竹の井垣などを寄進したという。これを萩藩毛利家に報告したところ、それ以降追々萩藩毛利家からの援助がなされるようになり、名代なども派遣されるようになった。ただし、それは元就墓所のみであり、隆元墓所については何の援助も得られないままであった。こうしたなかで、百年程前に毛利家との由緒を持つ農民である世良九右衛門が年月も経過して、このまま隆元墓所の存在が忘れ去られてしまうことを憂いて、自ら野面石の墓石を建立し、隆元の法名を刻んだという。

また、福島は文化期の調査で不採用とされた佐々部早稲田村も訪れ、その旧跡を確認している。ここで福島も早稲田村の隆元墓所と伝えられる旧跡については後世に作られたものであるとした。しかし、福島はこの古蹟を地下人の偽装として批判するのではなく、むしろ、墓所などを作り上げるという行為自体が毛利家の旧領に居住する人々が毛利家を慕うが故の行動であるとしているのである(「仮令不正物ニ候共何と歟其訳可有之儀と猶また勘考仕見候処、芸備之人民者往古之御恩徳を不忘、今以御当家を奉慕、高田郡辺ハ最甚敷、聊ニても御由緒有之者ハ諸人押立候位ゆへ、何かに付御由緒を求出候様子ニ相聞申候」)。

そして文久二年(一八六二)、萩藩毛利家は福島吉右衛門の調査を経て確定した場所に隆元墓所の創出を行った。ただし、萩藩毛利家としては元々あった墓所を再建するという姿勢であったことから、史料上は「重修」とされている。しかし、墓所のある場所はあくまでも広島藩浅野家の領地であることから、墓所の創出に先立って広島藩浅野家との交渉も併せて行われた。萩藩毛利家の願い出に対して、広島藩浅野家からはいくつかの注文がなされたものの、萩藩毛利家側の要求自体に難色を示した様子はない。また、萩藩毛利家としても翌年の隆元三百回忌までに墓所を完成させる必要があったことから、広島藩浅野家の注文を全面的に受け入れている。

このように広島藩浅野家側の家臣らが直接出向いて交渉を行ったのは限定的であった一方、墓所周辺の吉田に居住する領民たちは萩藩毛利家から墓所創出のために派遣された役人たちを歓迎する姿勢を見せていたことが、墓所調査から続けて現地に派遣された福島吉右衛門の書状のなかで記述されている(『常栄公御墓御重修一件』)。

しかし、福島は書状のなかで時に毛利家の旧領である吉田に住む人々が福島に対して土地の売買を持ち掛けたことなどに触れている。また、現地で雇った人々について「兼而貞実に相見候者も利勘ニ付而ハ人柄丸ニ相違仕、如形人気不宜」とし、そのなかで万事「御国風」に取り計らった萩藩毛利家の家臣に対する手当を十分に行ってくれるように国元に報告している。

このように歴代正統の墓所が創出される一方で、歴代正統と家臣らの先祖との結びつきを確認することを目的として、嘉永四年（一八五一）二月、敬親は家臣に対し先祖の戦死武功の「忠節」を追懐し、洞春寺での供養を命じた。このため、同年十月から家臣に対し、先祖以来の戦死忠死者の姓名などを書き上げ提出するよう命じられた。この時、想定された「忠節」とは毛利家の防長減封以前にまで遡るものであり、歴代の毛利家に尽力した存在すべてを対象としている。さらにはすでに断絶している家についても可能な限りその情報を収集するとした。こうして提出された古文書類は『戦死武功書出』十二巻としてまとめられた。この中では家臣から申告された戦死忠死者の姓名について、『譜録』や『閥閲録』、さらには毛利家仕書らと引き合わせた上で、一件ずつ戦死忠死の判断が下された。そして、同六年三月、元就命日に執行される洞春寺での祭祀に際して家臣たちの先祖で戦死忠死を遂げた者の名前を過去帳にしつらえ、供養することが命じられた（布引敏雄、二〇一二）。

3　敬親と毛利家の人々

敬親の正室幸姫

斉広の遺児である幸姫（偕姫）は江戸の桜木御殿で養育された。また、幸姫の生母である千佐は斉広の死後勇信院と称し、娘である幸姫の養育に携わったが、この勇信院の取扱いについては表方の役人との間でたびたび議論がなされていた。そして、この議論のなかで目立つのが、法鏡院の発言である。幸姫が敬親の正室となった後、勇信院は「殿」から「様」付へ格式が改善されたが、これは法鏡院の進言によるものであった。しかし、勇信院の立場をめぐっては、引き続き表方役人との間で見解の相違があったことが確認できる。たとえば、幸姫が法鏡院を訪問した際、法鏡院は悪天候のため幸姫に滞在を延長するように伝えた。しかし、表方の役人は幸姫の滞在延長は認めたが、同行していた勇信院については法鏡院の居住する麻布御殿に滞在する必要はないとし、桜木御殿へ戻るように指示を出した。

この点について、後日法鏡院は、以後幸姫が麻布御殿に滞在する際には勇信院も同様に滞在させるように表方の役人に命じた。しかし、表方役人の見解としては幸姫が麻布御殿に滞在している間は、あくまでも法鏡院が幸姫の「御後見」であることから、勇信院が滞在する必要性はないとしたものの、悪天候などの場合には滞在延長を認めるとした。

これ以外の場面でも、法鏡院はたびたび幸姫を「御見慣」「御見習」と称して麻布御殿へ招いていた。また、幸姫の外出については敬親の在府中に定められた回数に従うとされたものの、法鏡院の発案によるものはこの限りではないとされた。当時の萩藩毛利家では、斉熙正室である法鏡院が引き続き奥向きを取り仕切る存在として、幸姫・勇信院の動向にも影響を与えていたのである。

一方、幸姫自身は萩藩毛利家に生まれ、将来藩主正室として家に残るという自身の立場を少なからず意識していたことが、表方の役人とのやりとりから見ることができる。弘化三年（一八四六）、かねて萩藩毛利家の江戸屋敷に出入りしていた山登《やまと》検校《けんぎょう》が幸姫（偕姫）に対して琴の伝授を申し入れた。しかし、萩藩毛利家の家臣としては、他家に嫁ぐ娘であれば「御飾」として琴の修養を行うこともあるが、幸姫の場合はこうした必要はないという認識を示した。また、幸姫自身も領地である萩に生活する女性たちが琴などの音曲の稽古を禁じられていることを兼ねてから承知していたこともあり、自身も琴の伝授は受けないと附属の役人を通じて表方に伝えている。その際に幸姫は夫である敬親が政事向きに苦心している以上、敬親の助けになるか、もしくは障りになるかなど、毛利家に生まれた自分に対しては何事にもよらず遠慮をしないで言上するようにと表方の役人に伝えている（「御国政ニ付御表様兼而御苦労被遊候、右御助りとも相成、又者御障之儀も可有之、御家江御生れ被遊候而ハ別而之儀不寄何事必用捨不仕申上候様ニと被仰聞」『慶親公御結納御婚礼沙汰控』）。

こうした幸姫の意向に対して、江戸手廻頭の浦元襄《もととし》（靱負）は国元の当職である益田元宣に幸姫の発言を「寔ニ以難有思召奉感服候」と伝えた上で、家中へのより一層の教諭の必要性を述べている。つまり、これは江戸と萩という空間的な差異に基づき、大名家族の生活を区別するのではなく、あくまでも「御家」の構成員としての一体性を強調していく方針であるといえよう。

持ち込まれる縁談

敬親は側室の花里との間に寿美姫（天保十年生）・波津姫（同十二年生）・猷《みちの》之進《しん》（同十四年生）があったが、弘化二年までに死去している。また正室の幸姫との間には嘉永三年（一八五〇）に万世《ませ》姫をもうけているが、同年中に死去した。

こうしたなかで、敬親とその周辺は後継者となる男子を養子として迎えるべくその人選を進めていた。『騄尉様御智養子於銀様御縁組一件』という史料によれば、敬親とその周辺は同四年ごろから養子の選定を行っていたことがわかる。その際、候補としてあげられていたのは長府藩毛利家の子どもたちと徳山藩毛利家の子どもたちであった。しかし、この時点では長府藩毛利家の子どもたちは未だ幼年であり、なおかつそれ以前に長府藩毛利家から養子を迎えたことがあるという点をもって、敬親周辺は徳山藩毛利家の騄尉《ろくのじょう》（定広、広封《ひろあつ》・元徳とも）を有力な候補とし、その正室として長府藩毛利家から銀を迎えることで合意した。敬親と当役らとしてはこの縁組によって、これまで萩藩毛利家への養子入りがなかった徳山藩毛利家からの養子入りとなること、その正室を長府藩毛利家から迎えることで「御本末之御因」をより手厚くすることを期待していた。

ところで、この縁組については敬親が帰国した上で、国元の重臣らとも相談し、具体的な取り計らいを進める予定であったが、実際には江戸方の内治定を経た後、すぐに長府・徳山両藩に内容が知らされることとなった。こうした事情について当役の益田元固《もとかた》らが国元に宛てた書状を見ると、当時の萩藩毛利家が養子を迎えることを急いだもう一つの理由を知ることができる。

益田の書状によれば、敬親の養子縁組について江戸方で内意がまとまったのと同時期に水戸徳川家から老女を経由して縁組の申し入れがなされた（「水戸様御老女衆より中奥和歌山江御男子様御女子様ニ而も此御方江御取組被成度との御事」『騄尉様御智養子於銀様御縁組一件』）。萩藩毛利家としてはすでに徳山・長府藩との縁組を結ぶことで合意しており、この縁組は断ることが決められた。しかし、水戸徳川家以外にも御三家・御三卿も縁組相手を探しているという噂もあり、萩藩毛利家に同様の縁組がこれからもたらされることや、さらにはより強制力を持った形で縁組を命じられる可能性があるのではないかという危惧が生まれた。このため、江戸方としては早々に長府・徳山両藩に縁組の内容を通達し、内々であっても承諾を取り付けておく必要が生じたのである。

さらに、益田らは幕府やその周辺から縁組を持ち掛けられることを防ぐため、まずは養子入りの手続きを行い、今回の帰国は延期することを敬親に提案した。大名は帰国中に仮養子を置くことになるため、実子のいない敬親に対して帰国を口実として養子入りを持ち掛けられることを恐れたためと考えられる。

しかし、敬親はこれに対して、養子を迎えることを幕府に早々に願い出ることには同意したが、帰国の延期については不同意であるという見解を示した。この時、敬親が国元の難渋を理由として自らの帰国の必要性を強調したことから周辺家臣もこの方針を承諾した。このため、ひとまずは銀を養女として迎える旨を幕府に届け出、騄尉については敬親の仮養子として届け出ておくこととした。その上で、騄尉は一度萩に引き取った上で、敬親の参府後に改めて銀の聟養子として届け出ることとなった。

このように後継者として騄尉を据えた一方、敬親は信順の子どもたちである順明と喜久を養子として迎えた。この内、喜久は敬親の養女という立場で高知藩山内家に嫁ぐが、後に萩藩毛利家が幕府から追討の対象となった際、離縁されている。

またもう一人、養子として迎えたのが岩国吉川家当主経幹《つねまさ》の子吉川重吉《ちょうきち》である。文久三年（一八六三）、敬親は岩国吉川家を三末家と同格に扱うことを定めるとともに、重吉を敬親の養子として迎えた。この後、元治元年（一八六四）の第一次長州征伐以降、岩国吉川家は島津家と接点を持ち、萩藩毛利家の仲介を行っており、こうした活動は『吉川経幹周旋記』を通じて知ることができる。また、重吉自身も明治四年に岩倉遣欧使節団に同行し、アメリカに留学した。その後ハーバード大学を卒業し、帰国後は外務省へ入るなど近代史のなかで活躍している（内山一幸、二〇一三）。

養子騄尉への教育

騄尉は天保十年（一八三九）に徳山藩主広鎮《ひろしげ》の子として生まれた。生母は側室滝瀬である。異母兄には後に禁門の変の責任を取って自害する福原元僴《もとたけ》、異母姉に一門厚狭毛利家当主元美正室となった勅がいる。もっとも、騄尉は広鎮が隠居した後に生まれており、養子入りした当時は異母兄である元蕃が家督を相続していた。

嘉永四年（一八五一）十月十五日、一門らに対し、敬親の御意として騄尉を養子とすることが伝えられた。しかし、その場に列席した福原親俊の手控には、こうした御意とは別に、当役の益田元固から今回の騄尉の養子入りにかかわる経緯について説明がなされたことが記されている。特に、ここでは水戸徳川家からの縁談が持ち掛けられたこととともに、「元就公ノ御血統へ立帰り」のため、徳山藩毛利家から騄尉として迎えることを決定したこと、さらには長府藩毛利家から銀を養女として迎え、将来騄尉の正室とすることが伝えられた。図31で示したように、徳山藩毛利家出身騄尉は元就—隆元—輝元の血を引く存在ということになる。つまり、騄尉の養子入りは元就治世への血統の復古として位置づけられ、家中、特に一門を筆頭とする上級家臣団に伝えられたのである。

養女となった銀は、萩藩毛利家内部では「於銀様」から「銀姫様」へと呼び名が変わり、敬親の娘としての扱いを受けることになったが、本人が幼年であったことから引き続き長府藩毛利家で養育された。一方、徳山で生活していた騄尉は敬親の後継者として出府するまで、萩へ引き取られ養育されることになった。これに先立ち、騄尉には『事斯語』と『民政要編』という二冊の書物が送られた（『騄尉様御内養子並萩御引越一件』）。『事斯語』は敬親の先代藩主である斉広の行状を記した書物である。また『民政要編』は山県太華の筆によるものであり、

図31　徳山藩毛利家系図

『近世防長諸家系図綜覧』より作成

為政者としての施策理念について述べた書物である。これを考えれば、将来の大名としての教育がこの時点から始められていたといえるであろう。嘉永五年二月二十四日に徳山を発った騄尉は同月二十七日に萩へ到着し、明倫館の内に建てられた新御殿へ入った。

なお、この時に任命された騄尉付の小姓の一人に高杉晋作の実父であり、当時家督相続前だった高杉小忠太の名前がある。小忠太はこの後敬親の小姓や奥番頭、直目付などを歴任した。また、明治二年（一八六九）に毛利家家扶となった。また、同五年には「御事蹟編輯掛」を命じられ、この時期の仕事内容は『高杉丹治編輯日記』として残されている。

ところで、小忠太の同役に長井雅楽がいた。萩藩毛利家は、文久元年（一八六一）に要路にある家臣に対して時局対策の方針を諮問した。その中で、当時直目付の職にあった長井が検索した長文の論策は「航海遠略策」と呼ばれ、敬親によって国策とされた。しかし、この策は後に久坂玄瑞らの反対を受け、長井は文久二年に失脚して親類預けの処分を受け、翌年に切腹を命じられたことは広く知られているであろう。長井は切腹を命じられた際、同僚であった小忠太に対して遺書を残している（青山忠正、二〇〇七）。

図32　毛利元徳　毛利博物館所蔵

では、分家から本家である萩藩毛利家を相続することになった騄尉にはどういったことが求められたのか。嘉永五年に加判役の毛利元美《もとよし》や当職の毛利元《もと》亮《すけ》ら重臣らは萩に到着した騄尉に訓戒を示したが、このなかでは今回の騄尉の養子入りが敬親の「深き思召」によるものであるとした。そして、家督相続以来の鞍鐙拝領や官位の昇進といった敬親の名誉について言及した上で、縣尉に対しても万事敬親の「思召」を継承して、萩藩主としてふさわしい行動をとることを求めた（「縣尉様ニも往々殿様思召を被為継万端御先例をも被為守、御質素御倹約を被為行御家来中末々万民ニ至迄御仁恵之思召肝要之御事ニ御座候間、只今より御心を被為用候様被為在度」『縣尉様御聟養子於銀様御縁組一件』）。

また、元美らは近世を通じた三末家や岩国吉川家との関係にかかわる点にも言及し、萩藩毛利家の同族関係に対する理解と先例に基づいた行動に留意するように求めている（「且又御末家岩国之儀者別而御先格ニ不違様御取扱被仰付儀ニ付是等之儀も追々被知召置度御事ニ奉存候」）この点については、『治元公申上』でも見られた点と共通していることであるが、末家である徳山藩毛利家出身の縣尉に対してはこの点については十分な留意を求める必要があると考えられたのであろう。

縣尉の江戸入り

縣尉は嘉永七年（十一月に安政に改元）正月に萩を立ち、二月に江戸に入った。そして、将軍家《いえ》定《さだ》の目見えを受け、正式に敬親の世子となり、従四位下侍従・長門守に叙任され、将軍家定からの偏諱を受け定広《さだひろ》と名乗った。その後、安政五年（一八五八）に敬親の養女となっていた銀姫を正室に迎えた。また、文久元年（一八六一）には世子の立場のまま少将に任じられた。

ところで、同年に「嫡子御雇」という立場で定広の小姓となったのが、高杉晋作である。この時点では定広は江戸にあり、晋作が日常的に仕えることはなかったものの、この後晋作が士籍を離れた際にも定広の宿舎の一部に滞在を続け、後の中央政局の変動が続いた時期には書状を取り交わすなど密接な関係を維持していたことが知られている。実際、文久二年に晋作が外国公使の襲撃を計画した際、その情報を耳に入れた定広は居住していた桜田屋敷を単騎で飛び出し、自ら晋作の説得を行った。しかし、公使襲撃は諦めたものの、晋作らは同年に建設中のイギリス公使館の焼き討ちを行っている。

文久年間に入ると、萩藩毛利家を取り巻く状況は目まぐるしく変化していく。文久三年には将軍家茂《いえもち》が上洛し、攘夷期限を五月十日と定め奏上した。そして、この期限をもって萩藩毛利家は下関海峡を通過する外国船に対する砲撃を開始した。五月十日にはアメリカ商船ペンブローク号が、同二十三日にはフランス軍艦が砲撃を受け、こうした行動が後の下関戦争へとつながっていく（保谷徹、二〇一〇）。また、同年には藩庁を山口へ移鎮したことから、本来であればこの時点で山口藩毛利家と称するのが適切ではあるが、ここでは煩雑さを避けるため、引き続き萩藩毛利家と呼称する。

しかし、同年八月の八・一八の政変を経て、萩藩毛利家は中央政局から追放された。翌年には福原元僴《もとたけ》らが朝廷への嘆願を目指して上京し、同年七月には世子定広の上京が決定し、同年七月十三日に定広が出発した。しかし、十八日、武家伝奏から萩藩毛利家京都留守居に対し、即時撤兵が通達されたことを契機として、福原元僴・益田親《ちか》施《のぶ》・国司親相《ちかすけ》らが進軍し、翌日、蛤御門付近で会津勢と戦闘となった。いわゆる禁門の変の勃発である。

禁門の変で大敗を喫したのと前後して、八月五日に下関戦争が勃発した。こうした外圧だけではなく、萩藩毛利家の内部も未曾有の混乱に晒されることとなった。元治元年（一八六四）七月の禁門の変を経て敬親・定広の官位が剝奪された。すなわち、朝廷から「従四位上参議左近衛権中将大江慶親」「従四位下左近衛権少将大江定広」の位階官職の停止が命じられたのである。また、幕府からは毛利家父子に与えていた「松平」の称号および大膳大夫・長門守の官途名の使用停止および、将軍の偏諱として与えられていた「慶」と「定」の字が剝奪された。このため、慶親は敬親と、定広は広封と名前を変えざるをえなくなったのである。こうした処置は個人の名乗りにとどまる問題ではなく、公儀権力を形成する大名としての資格一切を剝奪されたということを意味しており、まさしく萩藩毛利家が「朝敵」という扱いを受けたということを意味している。後年、木戸孝允と西郷隆盛による長州処分をめぐる交渉の場面でも、木戸が毛利家父子の処分撤回を強く求めたことからも、当時の萩藩毛利家の人々に強い衝撃を与えたことは推して知ることができよう。

エピローグ——近世大名としての毛利家

生き残った家として

斉房の名君録である『靖恭公遺事』のなかでは次のような逸話が紹介されている。

斉房が江戸への参府のため、備中（現在の岡山県あたり）を移動していると、その後を三四人の女性が裸足でついてきた。毛利家の御供の侍が理由を尋ねると、「私たちは萩の殿様に病気平癒の願掛けをするため、裸足で歩いている」「私たちの国（備前・備中）の人々は毛利の殿様に願掛けをしたところ病気が治った」と答えた。その夜、矢掛の宿（現在の岡山県矢掛町）で志道源右衛門がこの話を斉房の前ですると、斉房の側近くに仕えている小姓たちが「昔はこのあたりまで毛利家の領地だったのに（関ヶ原の敗戦によってそれを失ってしまったことは）残念なことだ」と話をしていると、それを聞いた斉房は「自分はそのように思わない。およそ始まりがあるものは終りがある。歴史上有名な家で滅亡しなかった家は稀である。その中で島津・伊達・毛利・佐竹・上杉などの家が今も残っているのは、先祖のおかげと徳川家による太平の世のおかげである。豊臣家との戦いの中で徳川家に尽くした家が断絶したのは皆結局のところ天命（運命）である。無意味に過去を思い、心を煩わせるのは無益である。今するべきことは今の領地を減らさないようにすることと、領民たちの生活の安定を考えることだけである。誠忠を志し、国政について考えることが肝要なのだ」と言った。恐れ入るほどの器量の大きさで普通の人間の考えではないと周囲は感心した。

（「公或年御参勤之節備中辺にて御備の御跡を女子三四人連にて跣にて参候付、御供立之内より此好天気跣にて行歩は如何哉と問ひ候へは、答可申候は私ともは萩の殿様え病気の願解に三里之間跣にて御供仕候ゆへ、御願を掛候へは平癒致候哉と申候へは、此国の者は追々御願を懸候処孰も快気仕候と申候由、此段委細志道源右衛門承、成程左様の事聞候儀も有之候へとも、虚実如何哉と存候処今日始而実事を承り候と申候由、左候而其夜矢掛の駅御泊にて於御前源右衛門右之趣御咄申上、昔年は此辺まても御領国にて候処残念なる事と御小姓同士相咄候処、公被聞召、被遊御意候は我等は左様には不存候、凡始有ものは必終あり生有ものは必死あり、天地の道あり和漢歴代の事跡を考るに何の国か盛衰興廃なからんや、先本朝にて保元・平治以後鎌倉・室町・織田・豊臣氏を始として足利の代三管領・山名・佐々木・赤松・武田・今川・大友・北條・菊池・少貳・大内・尼子他大小名滅亡せさるの家稀なり、其中に島津・伊達・当家（毛利家）・佐竹・上杉等にして爾今血食せるは祖先の余沢且徳川家治世太平の恩波なり、慶元の乱（大坂冬・夏の陣）徳川家え忠功抜群諸侯の中にも両加藤・小早川・堀・福島等の大家、次に京極・森・堀尾・田中外不暇算大小名の家多断絶す、畢竟皆天命時節なり、空過去之事を思ひ心を労する事は無益なり、只方今の領国を減せぬ計と士民安楽とを慮るへき也、誠忠に志し国政の長策を心掛へき事肝要なりと被仰聞候由、恐入たる御大量凡庸之人の論にあらずと奉感心候事」）

（『靖恭公遺事』『毛利十一代史』九巻）

近世大名家としての萩藩毛利家は、転封や幕府の介入を必要とする大規模な御家騒動を経験することなく、他姓養子を迎えることもなく、近世を通じて「家」を運営することができた大名家である。しかし、本書で見てきたように、それは大名家を存続させる上で、何の困難もなかったということを意味していない。むしろ、家中不和や大名の幼年での家督相続といった危機に臨み、萩藩は生き残っていくために縁戚関係にある有力者たちの力も借りながら、徳川政権下にある近世大名としてふさわしい行動を模索してきたのである。こうした営みを見れば、この逸話の中で斉房が大名家として存続したこと、そしてこの後も存続していくことに殊更価値を見出したのも、納得できるのではないだろうか。

しかし、毛利家のあり方は徳川政権下で生きる近世大名として期待された役割に積極的に適応していったというだけではない。村田清風は「御講武事上書」のなかで、主君を輔翼する存在としての毛利家のあり方を強く主張した。その中では、徳川秀頼といった徳川政権下では敗者とされる人々への献身さえも自らの功績として位置づけた。徳川家への敵対行為ではなく、あくまでも主君である秀頼に対する献身的な奉公として、関ヶ原合戦時の毛利家の行動を全面的に肯定したのである。こうした献身的な奉公は、福島家や両加藤家といった改易されていった豊臣方の大名たちと比べた上での自分たちの優位性の主張へとつながっていった（高野信治、二〇一四）。このような自己意識は、徳川政権下での存続という目的の遂行と同時に、近世以前から続く家としての歴史性に基づく自負が大名家の存在基盤に根深く組み込まれていたからこそ生まれたものであると言えよう。

最後に、この幕末から明治維新の動乱が萩藩毛利家という「家」にどういった影響を与えたのか先学に学びながら簡単に触れておきたい。

近世大名としての終焉

幕府は「朝敵」となった毛利家の討伐のため、元治元年（一八六四）に西国大名らに出兵を命じ、征長総督府が設置された。こうした状況下で禁門の変を招いた麻田公輔（周布政之助）らに対する批判が次第に強まり、対立する椋梨藤太《むくなしとうた》らの圧力により、麻田は退陣し、後に自刃した。また敬親も同年十月に山口から萩へ戻っている。また時期を前後して、総督府参謀として運営の実権を握った島津家家臣西郷吉之助（隆盛）との交渉により、萩藩毛利家は禁門の変の責任を取る形で福原元僴ら三家老に切腹を命じ、その首を広島の総督へと届けた。また、そのほかにも宍戸左馬之介ら四参謀を野山獄で斬首した。

一方、政権を握った椋梨らに対する反発もまた生まれた。同元年十二月、高杉晋作による功山寺挙兵を契機として萩藩毛利家は元治の内訌（内戦）と呼ばれる内乱に突入した。奇兵隊をはじめとする諸隊は防長二ヵ国各地で鎮静軍との戦闘に及んだ。一方、萩では中立の立場にあった家臣らが鎮静会議員と称し、内乱の終結に尽力した。

同二年（四月に慶応に改元）正月には敬親が椋梨をはじめとする同派閥の人員の更迭を行った。これを受け二月には椋梨藤太らは萩を脱出し、岩国を目指したものの失敗し、萩へ護送され、後に斬首された。そして、二月二十二日から三日間、敬親は萩と山口で藩祖四霊に対する臨時大祭を執行し、今回の騒擾の罪を謝罪するとともに、祖霊に対し加護を祈った。この臨時大祭が一連の内乱の終結を象徴する役割を担った。この後、敬親は再度萩から山口へ移っている。そして翌月には幕府に対しては恭順であるが、攻撃を受けた際には武力で抗するという「武備恭順」を藩是として定めた。また、慶応元年十二月以降、西郷隆盛と木戸孝允を代表として、島津・毛利両家が接触し、翌年薩長盟約（薩長同盟）が結ばれたことは今日でも多くの人の知るところである。

一方、幕府は慶応元年に第二次征長出兵に向け、将軍家茂が江戸城を発った。しかし、毛利家と幕府の交渉は決裂し、同二年六月七日に大島へ幕府軍による砲撃が行われた。今日地元では四境戦争とも呼ばれる第二次幕長戦争の勃発である。

本書で主に見てきた近世大名家としての二百年余りよりも、幕末から明治維新にかけての一〇年弱の動乱のほうが萩藩毛利家の歴史としてもっともよく知られた時期かもしれない。しかし、こうした幕末の動乱に関する詳細な検討は先学に譲り、毛利元就から始まった本書では、元就への血筋への立ち帰りとされた定広の養子入りを一区切りとしたい。

参考文献

青山忠正『高杉晋作と奇兵隊』（吉川弘文館、二〇〇七年）
秋山伸隆『戦国大名毛利氏の研究』（吉川弘文館、一九九八年）
市村佑一「長州藩における家臣団形成過程」（藤野保編『藩体制の形成』二、雄山閣出版、一九九三年）
内山一幸・尚友倶楽部編『吉川重吉自叙伝』（芙蓉書房、二〇一三年）
大森映子『お家騒動　大名家の苦闘』（角川書店、二〇〇四年）
大森映子「大名相続における女性」（『歴史評論』七四七、二〇一二年）
小川國治「徳山藩改易と豊海・牟礼両村の下草山紛争」（『山口県地方史研究』七六、一九九六年）
小川國治『転換期長州藩の研究』（思文閣出版、一九九六年）
小川國治「享保期長州藩の文教政策と藩校明倫館—明倫館創設の再評価について—」（『日本歴史』五八九、一九九七年）
小川國治『毛利重就』（吉川弘文館、二〇〇三年）
河合正治『安芸毛利一族』（吉川弘文館、二〇一四年※初版は一九八四年）
河村一郎『長州藩思想史覚書』（私家版、一九八六年）
河村一郎『長州藩徂徠学』（私家版、一九九〇年）
岸田裕之『毛利元就』（ミネルヴァ書房、二〇一四年）
岸本覚「長州藩藩祖廟の形成」（『日本史研究』四三八　一九九九年）
岸本覚「村田清風と軍事改革」（『佛教大学総合研究所紀要』七、二〇〇〇年）
岸本覚「長州藩の藩祖顕彰と藩政改革」（『日本史研究』四六四、二〇〇一年）
岸本覚「毛利家先祖の神格化と京都」（『佛教大学総合研究所紀要』別冊、二〇〇四年）
岸本覚「幕末萩藩における祭祀改革と「藩祖」」（井上智勝・高埜利彦編『近世の宗教と社会2　国家権力と宗教』吉川弘文館、二〇〇

八年）
五條小枝子『戦国大名毛利家の英才教育』（吉川弘文館、二〇二〇年）
齋藤和江「家光政権下の大名茶の湯―将軍家光と毛利秀元」（『日本歴史』七二一、二〇〇八年）
齋藤和江「毛利秀元の茶の湯―最初と最後の茶会」（『史学研究』二七〇、二〇一一年）
佐藤宏之『近世大名家の権力編成と家意識』（吉川弘文館、二〇一〇年）
高野信治『大名の相貌―時代性とイメージ化』（清文堂出版、二〇一四年）
田中誠二「萩藩の本・支藩関係をめぐって」（『山口県地方史研究』六一、一九八九年a）
田中誠二「毛利秀元論―萩藩初期政治史研究序説―」（『山口県地方史研究』六二、一九八九年b）
田中誠二「藩からみた近世初期の幕藩関係」（『日本歴史』三五六、一九九二年）
田中誠二「萩藩の家臣団編成と加判役の成立」（『山口大学文学会志』五五、二〇〇五年）
田中誠二『萩藩財政史の研究』（塙書房、二〇一三年）
津田眞弓「山東京山伝記考―大名家とのつながりを中心に」（『近世文芸』七一、二〇〇〇年）
津田眞弓「柳桜亭江戸廼花也（長州藩主毛利斉元）の狂歌摺物―伝記と『斉元公御戯作集』を中心に」（『浮世絵芸術』一六一、二〇一一年）
布引敏雄「幕末長州藩における戦死忠死者祭祀」（『山口県史研究』二〇、二〇一二年）
根本みなみ「家格争論から見る吉川家認識―毛利家・吉川家を事例に―」（『社会文化史学』五七、二〇一四年）
根本みなみ「家紋が表象する由緒」（『史境』七一、二〇一六年）
根本みなみ『近世大名家における「家」と「御家」―萩毛利家と一門家臣―』（清文堂出版、二〇一八年）
根本みなみ「近世大名家における家臣の「家」と由緒―萩毛利家家臣出羽家を事例に―」（『日本史研究』六九三、二〇二〇年a）
根本みなみ「官位昇進運動に見る内願と『御家』」（『地方史研究』七〇三、二〇二〇年b）
根本みなみ「近世大名家家族をめぐる世代間関係―萩毛利家における世代交代を事例に―」（小池誠・施利平編『家族のなかの世代間関係―子育て・教育・介護・相続』日本経済評論社、二〇二一年）
保谷徹『幕末日本と対外戦争の危機　下関戦争の舞台裏』（吉川弘文館、二〇一〇年）
堀智博「毛利輝元と大坂の陣」（山本博文・堀新・曽根勇二編『偽りの秀吉像を打ち壊す』柏書房、二〇一三年）

松浦義則「戦国期毛利氏「家中」の成立」（広島史学研究会編『史学研究五十周年記念論叢　日本編』一九八〇年）
光成準治『毛利輝元』（ミネルヴァ書房、二〇一六年）
三宅紹宣『幕末・維新期長州藩の政治構造』（校倉書房、一九九三年）
村井祐樹「毛利輝元と吉川家―三本の矢その後」（池亨編『室町戦国期の社会構造』吉川弘文館、二〇一〇年）
山﨑一郎「宝暦末～明和前期における萩藩の記録編纂事業について―江戸大記録方の設置及び中山又八郎の活動」（『山口県文書館研究紀要』三四、二〇〇七年）
山﨑一郎「萩藩元文譜録と永田瀬兵衛」（『山口県文書館研究紀要』三六、二〇〇九年）
山﨑一郎「萩藩密用方と中山又八郎の活動について―藩主重就期における密用方設置前後の動向―」（『山口県文書問研究紀要』三八、二〇一一年）
山﨑一郎「寛政～文化期前半における萩藩密用方について」（『山口県文書館研究紀要』三九、二〇一二年）
山﨑一郎「萩藩における「御制法読知」の儀式と幕末―万治三年「当家制法条々」の読み聞かせ―」（『山口県文書館研究紀要』四七、二〇二〇年）
山本洋「毛利関係戦国軍記の系譜―『芸侯三家誌』について」（『山口県地方史研究』九一、二〇〇四年）
山本洋「『陰徳太平記』の成立事情と吉川家の家格宣伝活動」（『山口県地方史研究』九三、二〇〇五年）
山本洋「『陰徳太平記』編述過程における記事の改変について」（『軍記と語り物』四四、二〇〇八年）
山本洋「『関ヶ原軍記大成』所載の吉川家関連史料をめぐって」（『軍記物語の窓』第四集、関西軍記物語研究会編、二〇一二年）
山本博文『江戸お留守居役の日記―寛永期の萩藩邸』（読売新聞社、一九九一年）
吉田真夫「徳山藩断絶要因解明の一試論―萩藩主毛利吉元の主張と徳山藩主毛利元次の実情―」（『山口県地方史研究』一二五、二〇二一年）
脇正典「毛利氏居城の萩決定について―福原広俊の役割―」（『山口県地方史研究』七二、一九九四年）
脇正典「萩藩成立期における藩主教育」（『山口県史研究』一四、二〇〇六年）
和田秀作「萩藩士宇野家と陶氏の系譜―『宇野与一右衛門家文書』の再検討―」（『史学研究』二五四、二〇〇六年）
『岩国市史』通史編二　近世（岩国市史編さん委員会編、二〇一四年）
『山口県史』史料編　近世二（山口県編、二〇〇五年）

『山口県史』史料編　幕末維新一（山口県編、二〇〇二年）
『福原家文書』（渡辺翁記念文化協会、一九八三〜一九九八年）
大田報助編『毛利十一代史』（マツノ書店、一九八八年※初版は一九〇七〜一九一〇年）

萩藩歴代藩主一覧

代数	名前	法名	生没年	藩主在任年
	毛利輝元《てるもと》	天樹院	天文二十二（一五五三）―寛永二（一六二五）	
一	毛利秀就《ひでなり》	大照院	文禄四（一五九五）―慶安四（一六五一）	慶長五（一六〇〇）―慶安四（一六五一）
二	毛利綱広《つなひろ》	泰巌院	寛永十六（一六三九）―元禄二（一六八九）	慶安四（一六五一）―天和二（一六八二）
三	毛利吉就《よしなり》	寿徳院	寛文八（一六六八）―元禄七（一六九四）	天和二（一六八二）―元禄七（一六九四）
四	毛利吉広《よしひろ》	青雲院	延宝元（一六七三）―宝永四（一七〇七）	元禄七（一六九四）―宝永四（一七〇七）
五	毛利吉元《よしもと》	泰桓院	延宝五（一六七七）―享保十六（一七三一）	宝永四（一七〇七）―享保十六（一七三一）
六	毛利宗広《むねひろ》	観光院	享保二（一七一七）―宝暦一（一七五一）	享保一六（一七三一）―宝暦元（一七五一）
七	毛利重就《しげたか》	英雲院	享保十（一七二五）―寛政元（一七八九）	宝暦元（一七五一）―天明二（一七八二）
八	毛利治親《はるちか》	容徳院	宝暦四（一七五四）―寛政三（一七九一）	天明二（一七八二）―寛政三（一七九一）
九	毛利斉房《なりふさ》	靖恭院	天明二（一七八二）―文化六（一八〇九）	寛政三（一七九一）―文化六（一八〇九）
十	毛利斉熙《なりひろ》	清徳院	天明三（一七八三）―天保七（一八三六）	文化六（一八〇九）―文政七（一八二四）
十一	毛利斉元《なりもと》	邦憲院	寛政六（一七九四）―天保七（一八三六）	文政七（一八二四）―天保七（一八三六）
十二	毛利斉広《なりとう》	崇文院	文化十一（一八一四）―天保七（一八三六）	天保七（一八三六）―天保七（一八三六）
十三	毛利敬親《たかちか》	敬親命（神号）	文政二（一八一九）―明治四（一八七一）	天保八（一八三七）―明治二（一八六九）
十四	毛利元徳《もとのり》	元徳命（神号）	天保十（一八三九）―明治二十九（一八九六）	明治二（一八六九）―明治四（一八七一）

略年表

和暦	西暦	事項
弘治三	一五五七	元就、隆元・吉川元春・小早川隆景に宛てた三子教訓状を作成。
永禄六	一五六三	隆元、尼子攻めの出兵中に急死。
永禄九	一五六六	元就、隠居の意向への輝元の反対を受け、「御四人」体制を整える。
元亀二	一五七一	元就、死去。
慶長三	一五九八	秀元、秀吉の意向により輝元の後継者から外れ、後に長府藩毛利家を興す。
慶長五	一六〇〇	関ヶ原合戦。輝元、毛利家の所領安堵を確認し大坂城から退去。家康から周防・長門への減封が命じられる。
慶長九	一六〇四	吉見広長、出奔する。
慶長十	一六〇五	五郎太石事件が発生。輝元、熊谷元直・天野元信をはじめ石見・出雲の有力国人を粛正。
慶長十三	一六〇八	秀就、龍昌院と縁組。松平の称号を下賜される。
慶長十八	一六一三	輝元、二十一箇条の異見状を作成し秀就の行動を諫める。
元和元	一六一五	大坂夏の陣が起こる。佐野道可、切腹。
元和三	一六一七	広長、許されて萩藩領へ帰参するも、翌年輝元により殺害される。就隆、萩藩毛利家より三万石の分知を受け、徳山藩毛利家を興す。
元和九	一六二三	秀就、輝元より正式に家督を継ぐ。
寛永二	一六二五	輝元、死去。
寛永十一	一六三四	幕府朱印奉行から、長府・徳山両藩の別朱印状発行が提言されるが、一円発給となる。
慶安四	一六五一	秀就が死去し、綱広が二代藩主となる。由井正雪の乱が発生。
承応二	一六五三	元知が長府藩から一万石の分知をうけ、清末藩毛利家が成立する。
万治三	一六六一	「当家制法条々」が制定される。正保の二分減を中止する。
延宝七	一六七九	越後騒動が発生。高田藩松平家の永見大蔵の身柄が萩藩毛利家に預けられる。

和暦	西暦	事項
天和二	一六八二	綱広、病気を理由に隠居。吉就が三代藩主となる。
元禄七	一六九四	吉就が急死。吉広が四代藩主となる。
元禄十二	一六九九	綱広の子元重、福井藩松平家の松平昌親から離縁される。
宝永四	一七〇七	吉広が死去、長府藩毛利家の吉元が五代藩主となる。
宝永五	一七〇八	老中秋元喬知から岩国吉川家の家筋にかかわる申し入れが吉元になされる。
正徳五	一七一五	万役山事件が発生する。
正徳六	一七一六	吉元、元次の不敬を幕府に訴え、徳山藩が断絶の処分を受ける。
享保三	一七一八	長府藩毛利家の藩主元矩、後継者のないまま死去。清末藩毛利家藩主の元平が後継となり、清末藩毛利家が断絶。
享保五	一七二〇	吉元、永田政純に『閥閲録』の編纂を命じる。
享保九	一七二四	吉元、永田政純に『江氏家譜』の編纂を命じる。
享保十四	一七二九	清末藩毛利家が再興。
享保十六	一七三一	吉元が死去、宗広が六代藩主となる。
享保十七	一七三二	宗広の初入国に際して家老の派遣を命じられた岩国吉川家が反発、争論となる。
元文三	一七三八	岩国吉川家の家老吉川外記による汚職事件が発覚。
寛延四	一七五一	宗広が死去、重就が七代藩主となる。
宝暦九	一七五九	重就、元就の菩提寺である洞春寺に参詣し、政治改革の実施を宣言する。
宝暦十一	一七六一	重就、領内の検地を実施し、これによる増高をもとに撫育方を設置する。田安宗武の娘節姫と治親の縁談が成立する。
宝暦十三	一七六三	重就、一門の毛利就盈と毛利広円に対し、岩国吉川家と一門の関係改善と交際の再開を命じる。
明和七	一七七〇	元就の二百回忌法要が行われる。
安永二	一七七三	重就、少将に昇進する。

安永七	一七七八	高洲就忠、『御国政御再興記』をまとめる。
天明元	一七八一	治親、世子のまま侍従に叙任される。
天明二	一七八二	重就が隠居し、治親が八代藩主となる。治親、撫育方資金に関して進言した当職の益田就祥を処分する。
寛政二	一七九〇	萩藩毛利家、『藩翰譜』の歴史認識への訂正・批評のため『藩翰譜参考』および『引書』を作成。
寛政三	一七九一	治親が急死し、幼年の斉房が九代藩主となる。
文化六	一八〇九	斉房が死去する。斉熙が十代藩主となる。
文化九	一八一二	家臣らの独断による財政再建計画を主導した咎で、毛利房晁が隠居を命じられる。斉熙、水軍師範森重曽門を招き、合武三島流の訓練を実施する。隆元が毛利家正統に復帰し、墓所が特定される。
文化十四	一八一七	曽門の編成した銃陣「神器陣」の訓練が実施される。
文政二	一八一九	斉熙、少将に昇進する。
文政三	一八二〇	元就の二百五十回忌法要が行われる。
文政六	一八二三	将軍家斉の娘和姫と斉広の縁組が命じられる。
文政七	一八二四	斉熙が隠居し、斉元、十一代藩主となる。
文政十二	一八二九	斉元、少将に昇進する。
天保二	一八三一	防長大一揆が発生する。
天保六	一八三五	斉元が従四位上に、世子斉広が少将に昇進する。
天保七	一八三六	斉熙・斉元が相次いで死去する。斉広が十二代藩主となるも、十二月に死去。
天保八	一八三七	敬親が十三代藩主となる。
天保十一	一八四〇	天保改革が宣言される。
弘化三	一八四六	敬親、幕府から褒賞として鞍鐙を拝領する。
弘化四	一八四七	敬親、正室に幸姫（偕姫）を迎える。敬親、少将に昇進する。
嘉永五	一八五二	敬親、徳山藩毛利家から騄尉（元徳）を養子入りさせる。
嘉永六	一八五三	萩藩毛利家、相模警備を命じられる。

和暦	西暦	事項
安政四	一八五七	敬親、従四位上に昇進する。
安政六	一八五九	敬親、中将に昇進する。
文久三	一八六三	下関海峡の外国船へ砲撃を開始。八・一八の政変により、萩藩は京都から追放される。
元治元	一八六四	禁門の変が勃発。敬親・定広の官位が剝奪される。下関戦争勃発。高杉晋作が挙兵、内乱となる。
慶応元	一八六五	敬親、「武備恭順」の藩是を定める。
慶応二	一八六六	薩長同盟が結ばれる。第二次幕長戦争が勃発。

あとがき

本書は近世大名を「家」という視点から通史的に見るという試みから始まったものである。一見すると、当然であるかのように見えるこの視点は、実は非常に新鮮なものではないだろうか。大名の早世や幼年での家督相続、有力者との婚姻、もしくは大名家の歴史性に起因する特殊性・独自性は大名家や藩を研究する上で、必ず触れられる点である。一方で、事例として触れられるものの、それが家臣や領民たちを含めた藩や「御家」全体にどのように影響を及ぼすのかという問いになると、途端にそれに答えるのが難しくなる。

藩という政治組織の中心には大名家があり、藩を運営する家臣もまたそれぞれの家の当主である。このことは一般的にも広く知られている。一方で、言い換えれば家が中心にあるからこそ、大名の正室や結婚・養子入りによって家を出た子どもたち、また縁組によってつながりを持った家の存在が藩という政治組織の運営と不可分なものになるとも言うことができる。大名家に焦点を合わせながらも、そこには一大名家だけでは完結しない人間関係が広がっているのであり、こうした関係性を読み解くからこそ、新たに見えてくるものもまた存在している。

さて、筆者が担当した萩藩毛利家は関ヶ原合戦・幕末期の動乱というように、近世大名としての最初と最後に、大きな危機に直面した。けれども、その間の二百年も決して近世大名として順風満帆だったわけではなく、他の大名家と同様に近世を通じて多数の危機的な状況を経験していたこともまた事実である。その中でどのようにして生き残っていくのか、時に危機を好機に変え、時に歴史に対する解釈を変え、大名・家臣がともに生き残る道を模索し続けた。

彼らが向き合った相手には、幕府や他大名たちだけではなく、分家大名である末家や岩国吉川家、家臣となった一族や元々は敵対していた旧国人領主たちもいた。彼らの主張と自分たちの主張にどうやって折相を付けていくのかということもまた、大名を頂点とする形で藩や「御家」を存続させていく上では重要な課題であり続けた。

こうした近世を通じた不断の営みは、関ヶ原合戦や幕末期の動乱と言った華々しい形での活躍とは異なるかもしれない。けれども、生き残ったということに強い自負を抱いた萩藩毛利家の人々の思いを見れば、その価値に優劣がつけられるものではないだろう。少なくとも、本書を通じて、そうした営みの一端でも明らかにすることが出来たのならば、幸いである。

最後に、本シリーズにおいて執筆の機会を下さった兼平賢治氏・野口朋隆氏、本書にかかわる史料の閲覧や図版の掲載に高配を賜った史料所蔵館の皆様に御礼を申し上げたい。また、本書は日本学術振興会科学研究費助成事業特別研究員奨励費（課題番号二〇J〇〇三〇七）の成果の一部である。

二〇二三年三月

根本みなみ

著者略歴
一九九一年、マレーシアに生まれる
二〇一三年、筑波大学人文・文化学群卒業
二〇一八年、筑波大学大学院人文社会科学研究科一貫制博士課程修了
現在、東北大学東北アジア研究センター助教、博士（文学）

〔主要著書・論文〕
『近世大名家における「家」と「御家」―萩毛利家と一門家臣―』（清文堂出版、二〇一八年）
「近世大名『御家』内部における『家』」（『歴史学研究』一〇二八、二〇二二年）
「近世大名家における家臣の『家』と由緒―萩毛利家家臣出羽家を事例に―」（『日本史研究』六九三、二〇二〇年）

家からみる江戸大名
毛利家　萩藩

二〇二三年（令和五）六月二十日　第一刷発行

著　者　根《ね》本《もと》みなみ
発行者　吉川道郎
発行所　株式会社 吉川弘文館
郵便番号一一三―〇〇三三
東京都文京区本郷七丁目二番八号
電話〇三―三八一三―九一五一〈代〉
振替口座〇〇一〇〇―五―二四四番
http://www.yoshikawa-k.co.jp/

印刷＝株式会社 三秀舎
製本＝誠製本株式会社
装幀＝河村　誠

ISBN978-4-642-06882-6

家からみる 江戸大名

徳川将軍家 総論編　野口朋隆著 ＊
南部家 盛岡藩　兼平賢治著 ＊
井伊家 彦根藩　野田浩子著 ＊
毛利家 萩藩　根本みなみ著 ＊
前田家 加賀藩　宮下和幸著
伊達家 仙台藩　J・F・モリス著
島津家 薩摩藩　佐藤宏之著

各2200円（価格は税別）　＊は既刊